ChaseDream GMAT 备考系列丛书

GMAT
高频词汇精粹 第2版

毕 出　王钰儿 ◎编著

U0146843

机械工业出版社
CHINA MACHINE PRESS

GMAT 考试涉及的词汇较普通英语考试的词汇略难。本书中的3 000个词均是 GMAT 考试中出现的高频核心词汇，部分词汇选自历年真题，部分词汇选自 GMAT 考试各类官方出版物。大部分单词配有常用中英文释义、记忆法、派生词，以及真题例句或常用语境，有利于考生结合各种方法记忆单词、巩固学习效果。另外，书中还附有 GMAT 阅读中常见的背景故事，涉及天文、地理、数学、人文等各学科知识；最后附录部分还提供了 GMAT 数学的常见词汇。作者在书中力求词汇专而不广，释义常见而不生僻，记忆方法实用而不烦琐。

由于一部分词汇的选取并非来自于已有真题，而是来自于常考领域，所以本书对考试中可能出现的重点词汇具有很好的预测作用，避免了仅对现有题目进行总结的弊端。

图书在版编目（CIP）数据

GMAT 高频词汇精粹 / 毕出，王钰儿编著 . —2 版.
—北京：机械工业出版社，2022.5
（ChaseDream GMAT 备考系列丛书）
ISBN 978 - 7 - 111 - 70879 - 7

Ⅰ . ① G⋯ Ⅱ . ① 毕⋯ ② 王⋯ Ⅲ . ①英语—词汇—研究生—入学考试—自学参考资料 Ⅳ . ①H319.34

中国版本图书馆 CIP 数据核字（2022）第 091744 号

机械工业出版社（北京市百万庄大街 22 号 邮政编码 100037）
策划编辑：苏筛琴 责任编辑：苏筛琴
责任校对：张晓娟 责任印制：张 博
中教科（保定）印刷股份有限公司印刷

2022 年 8 月第 2 版 • 第 1 次印刷
132mm×203mm • 14.375 印张 • 1 插页 • 527 千字
标准书号：ISBN 978 - 7 - 111 - 70879 - 7
定价：58.00 元

凡购本书，如有缺页、倒页、脱页，由本社发行部调换
电话服务 网络服务
服务咨询热线：（010）88361066 机 工 官 网：www.cmpbook.com
读者购书热线：（010）68326294 机 工 官 博：weibo.com/cmp1952
（010）88379203 教育服务网：www.cmpedu.com
封面无防伪标均为盗版 金 书 网：www.golden-book.com

特别鸣谢

中欧国际工商学院 MBA 项目对本书提供的帮助。

Special thanks to
CEIBS MBA Programme for their kind help.

中欧国际工商学院

01 中欧简介

中欧国际工商学院（China Europe International Business School，以下简称中欧）成立于1994年，是由中国政府和欧盟委员会合作创办的高等教育机构，学校坐落于风景优美的上海浦东碧云国际社区。中欧以培养兼具中国深度和全球广度、积极承担社会责任的领导者为使命，提供兼具中国特色与国际竞争力的教育。

中欧MBA是我人生最正确的选择之一。她自带的国际化基因，帮助我获取全球视野，提升处理复杂商业问题的能力。今天的阿里巴巴是一家全球性企业，我们的战略需要跨越和融合多个产业，业务遍及全球，中欧所学促进了我对战略的深刻理解从而更有效地推进战略实施。

——张勤（职业投资人），中欧MBA2002级学员，阿里巴巴集团前副总裁

2022年，中欧MBA项目继续位列英国《金融时报》（以下简称FT）MBA百强排名全球第一梯队，蝉联亚洲第一（同位列第一梯队的商学院还包括哈佛商学院、宾夕法尼亚大学沃顿商学院、斯坦福大学商学院、欧洲工商管理学院、麻省理工大学斯隆商学院、伦敦商学院、哥伦比亚大学商学院、巴黎高等商学院、芝加哥大学布斯商学院）。2005年至今，已连续18年跻身FT MBA百强排名全球25强，累计12次荣登亚洲第

一的位置。FT 排名是工商管理教育领域最具权威的国际排名之一，参评学校须通过第三方机构的严格审计，以独立调查机构大范围收集毕业生薪资、职业发展表现、教研实力和国际化水平等体系化指标对商学院进行严格的评估。多年来 FT 排名全球前五基本都被哈佛、斯坦福、沃顿、INSEAD 和伦敦商学院等学校占据。近几年中欧 MBA 项目也屡屡被美国《商业周刊》和《福布斯》杂志列为亚洲第一。

1. 立足中国

中欧 MBA 非常重视国际商业理论和技能在中国的实际应用。在 MBA 教学中，除了选用哈佛、斯坦福、INSEAD 等顶尖商学院的案例之外，还大量采用中欧案例发展中心编写的针对中国的案例，结合中国实践讲授管理理念；将"融入世界的中国"课程作为 MBA 必修课，

02
中欧 MBA 项目特点

让学生了解中国在全球政治、经济、社会和文化等领域所承担的责任和角色；同时提供题为"中国探索"的一系列讲座，为学生把握中国市场机遇提供了重要的指引。

地理位置对于商学院的学生非常关键，如同纽约之于美国一样，上海之于中国的优势十分明显。许多世界顶尖跨国企业都在此设立总部，本土企业发展势头迅猛，这意味着许多求职和社交的机会。

我在中欧 MBA 有幸接受如此自由、开放和市场化的教育。中欧深切地关心着实实在在的经济生活，不同背景的精英在这里汇聚，不同工作经历的同学们相互之间的思维碰撞打开了每个人的视野。在中欧学到的除了知识，更多的是思路、视角和方法，掌握这些，结合工作实际，为市场的发展和团队的进步带来的变化意义非凡。这是一段无与伦比的求学体验。

——刘芹（被福布斯评为风险投资人 Top 100，亚洲 Top 3），

中欧 MBA 98，晨兴创投全球合伙人

2. 放眼世界

为了帮助学生开阔国际视野，中欧与 40 所世界顶尖的商学院合作建立了海外交换项目，包括美国的 Wharton、Chicago Booth、Kellogg、Michigan

Ross 等，欧洲的 IESE、INSEAD、伦敦商学院等，海外交换名额充足。海外交换学习在第二学年的 9 月至 12 月进行。与此同时，中欧也吸纳了来自上述院校的交换学生，进一步丰富了学校的国际化氛围。

中欧 MBA 课程联合国际知名院校提供双学位课程，学员在获取工商管理学位的同时可以根据兴趣攻读其他专业领域硕士学位。合作课程包括中欧 – 塔夫茨大学弗莱彻法律与外交学院 MBA/MALD 课程，中欧 – 约翰霍普金斯大学布隆伯格公共卫生学院 MBA/MPH 课程。

随着中国经济的崛起，作为世界第二大经济体，中国独特的发展模式吸引了来自全球的关注。为此，中欧 MBA 开展中国模块选修课，通过中欧独创的实境教学法，将课堂讨论与实地观察相结合，希冀加深学生对中国商业背景下的企业全球化发展、家族企业管理、创新模式以及领导力培养的了解。

此外，中欧还开设海外选修课，帮助学生深入了解国际经济、政治和商务环境。已开设过的海外选修课包括德国与瑞士的"创新、精度与设计：欧洲卓越之道"、美国的"硅谷创新与新科技"、日本的"创业与创新"、以色列的"战略思维与创新"、加纳的"非洲营商之道"，以及马来西亚的"社会责任领导力"。

In line with the school motto of "China Depth，Global Breadth" CEIBS has helped me to bridge my understanding of Asia and the West.

I was able to collaborate with diverse industry leaders in the classroom. But more importantly, I graduate with friendships that will last a lifetime. As CEIBS has given me a great platform to unleash my potential, I very much looking forward to sharing the success of my peers.

— *David Gan（Forbes 30 Under 30）, CEIBS MBA 2018,*
Managing Director, Huobi Labs

3. 人脉雄厚

中欧拥有中国大陆地区享有较高名望的校友网络，截至 2021 年 8 月已有 26000 多名校友（作为专业且唯一从事高端工商管理教育的商学院，绝大多数校友的层次处于企业的最高管理层，2 万多的数字足以在中国乃至全球具备极大的商业影响力），并在全球 65 个国家或地区成立了分会，为当地校友搭建起持续学习和共同进步的平台。这得益于它开设了世界上规模最大的 EMBA 课程，聚集超过 2000 名董事局主席 /CEO 资深校友，带给 MBA 学生的机遇是十分宝贵的。同时，中欧 MBA 课程提供的"良师益友"项目为 EMBA 和 MBA 学生之间的交流提供了有效的平台，帮助学生们获得了有益的职业生涯指导；校

友会及其组织的丰富多彩的活动也为校友和学生之间的交流提供了畅通的渠道。

03 中欧 MBA 课程设置

中欧 MBA 为全职全英文项目，学制为 12 或 16 个月，课程共计 64 个学分，其中包括必修课程 33 个学分，选修课程 31 个学分，以综合管理为主线，提供金融财务、市场营销、创业学及数字化商业管理四个方向，以满足不同学生的个人兴趣和职业发展需求。

第二学年，学生可根据自身需要制订学习计划，包括进行选修课、国际交换项目等。留在本校的学员可与来自其他全球顶尖商学院的百余名交换学生共同学习、互相交流。学员也可灵活选择不同长度的学制。

During my time at CEIBS, I grew a lot from working in teams of international students. This exposure was very helpful for my career, as I joined a very global team after graduation. My classmates are helping me to grow Castbox's business in the USA, Europe, India and Asia by introducing me to relevant business contacts. As the VP of CEIBS MBA Media and Entertainment club, I was exposed to many nuances of modern media and creative industries, all of which I continue to leverage in my new role.

— Valentina Kaledina, CEIBS MBA 2019, Business Development Manager, Castbox

04 强有力的职业发展支持

在中国大陆率先拥有职业发展中心（CDC）的中欧 MBA 课程，学员从入学起就享受全方位就业指导，包括职业规划、提升软技能的职业发展课

程、与职业顾问一对一咨询等。另外，职业发展中心还与哈佛商学院、伦敦商学院、INSEAD、IE 和 IESE 顶尖院校建立职业发展互惠合作，拓展学生的海外就业市场。

中欧已成为众多跨国企业及领导力发展项目在亚洲的重要合作伙伴，MBA 毕业生得到了雇主的广泛认可。毕业生的就业率、薪资涨幅、职业发展服务和校友推荐都在亚洲院校中处于领先位置。以 2021 届 159 名毕业生为例，毕业后三个月内，95.5% 的毕业生收到工作邀约，其中 84.5% 的学生成功实现了职业转型。根据 2022 年英国《金融时报》的排名，中欧 MBA 毕业生薪资涨幅居第一梯队商学院之首。

In 2009 I declined an offer to join BCG（Boston Consulting Group）as a Strategy Consultant，opting instead to join Tencent. Without the intensive business training and diversified student body experienced at CEIBS，I wouldn't have had the vision and the confidence to devote myself to the rising and dynamic company. I can testify that the methodology and problem solving skills developed in the classroom have been proven on the "battlefield" of the real business world. Without a doubt，the CEIBS MBA program was the wisest investment I have ever made.

— Billy Zhang（张敏毅），CEIBS MBA 2009, Assistant General Manager,
Strategy & Investment, Tencent

中欧 MBA 平均每年招生约 150 人，海外学生比例在 30% 左右。以过去三年入学的班级为例，学生来自 20 多个不同的国家和地区，来自科技、咨询、金融、制造业等行业，平均工作经验 5.7 年，平均 GMAT 成绩 677 分。申请人要求持有学士学位、2 年或以上全职工作经验、英文流利、拥有 GMAT / GRE 成绩或参加中欧入学笔试。

05 申请中欧 MBA

06 财务资助

2022 年入学学费为 45.8 万人民币。中欧为优秀的申请人提供丰厚的奖学金和低息贷款，大约 35%~40% 的学生能获得占学费 25%~100% 不等的奖励。

1. 奖学金

1）由校方颁发的无需额外申请的奖学金
2）校友企业赞助的奖学金
3）中欧教授捐助的各类奖 / 助学金

2. 滴水泉助学贷款项目

中欧公益金融贷款项目是由中欧国际工商学院号召发起，汇聚海内外中欧校友捐赠资金，借助浦发银行专业贷款平台，向全日制 MBA 同学提供低息助学贷款，助力年轻学子圆梦中欧。为向符合条件的同学提供零息贷款，中欧基金会联合校友出资，以保证金形式做担保，并在浦发银行提供的优惠利率基础上，按月补贴所有利息。

07 全球青年领袖训练营

全球青年领袖训练营（英文课程）由中欧国际工商学院 MBA 课程组织，项目旨在帮助高潜力的大学生提升个人领导力并对自己未来的职业发展积累具有竞争力的优势。在为期两天的训练营中，参与者将完成精心设计的课程，包括工作坊、课堂讲座以及企业参访。参与者也将有机会与中欧的在读学生和资深校友进行互动交流。

申请条件：大三、大四的本科在读学生；拥有一年以内工作经验的本科毕业生；需要英语口语流利，可使用英语作为授课语言。

了解更多信息，请扫描二维码留下个人信息，中欧 MBA 招生办公室老师会尽快与你联系。

中欧 MBA 授课地点仅限中欧上海校园，更多信息，欢迎查询：

官方网站：http://cn.ceibs.edu/mba

招生咨询电话：021-28905555

联系中欧 MBA
老师

中欧 MBA
微信公众号

"考 GMAT 我需要背哪本单词书?" 可能是过去的 14 年中我被问得最多的问题之一了。通常我都回复——你随便找本托福单词书背背吧。

为什么呢? 因为 GMAT 不以单词为考点啊! 你只要看懂文章就可以了, 哪本托福单词书不能解决这个问题呢?

但说实话, 托福词汇和 GMAT 词汇覆盖的范围还是有些不同的, 经常有人事后对我抱怨说: "背完了托福单词, 考 GMAT 的时候还是有很多很重要的单词不认识。" 也有很多人没有听从我的建议, 找了本 GMAT 单词书背, 结果往往还不如背托福单词, 很多关键词依然不认识。原因很简单, 因为现有的 GMAT 单词书基本都是把已公布的官方题中的单词按照出现的频率排序罗列一下。这会造成一个很大的问题: 已公布的官方题倒是都认识了, 但真正考试时, 都是全新的题, 单词障碍依旧存在。托福词汇反而略好, 因为它涉猎的范围相对更广。

但此时此刻, 我不用再推荐 "托福词汇书" 了, 因为这本《GMAT 高频词汇精粹》终于和大家见面了。"效率" 是这本 GMAT 词汇书的核心关键词:

- 毕老师利用多年的 GMAT 考试与教学经验, 结合实战, 选出最值得背诵的单词。要知道, 这些词, 有些是实战的记忆, 有些是高频的精粹, 不再是对已有题目的机械总结。
- 我们舍弃了很多单词, 只留下了最可能影响阅读的单词。比如 rhesus, 你可能并不知道是什么动物, 但 rhesus monkey, 你至少知道是只猴儿吧? 类似于 rhesus 这类的单词是不影响阅读的, 本书将完全舍弃。

- 还有一些词，可能只是大学英语四级水平，但权衡了半天，还是决定留下。因为这些词的中文语义容易让人混淆，GMAT 考试中也反复出现，必须加深印象。

ChaseDream 在过去的近 20 年中积累了 500 余万条 GMAT 讨论帖，这些网友在复习过程中遇到的问题及其讨论的内容是我们的宝贵财富，正是在对这些内容的全程参与、深度分析和积极总结后，我们才能够清楚地了解每一道 GMAT 题目考生的痛点在哪儿，哪个单词如果不会就会直接导致做错题目。也正因为如此，这本《GMAT 高频词汇精粹》请一定不要错过！

steven

ChaseDream 总编

前　言

多年前第一次备考 GMAT 时，单词书是我在书店里买的第一本复习资料。相信现在捧着这本书的你，也是刚开始接触这个考试。此时此刻，我有一个好消息和一个坏消息要告诉你。好消息是，GMAT 考试不直接测试单词，这就意味着，它不会玩那些诸如发音、拼写、翻译、听写等高中时期英语考试的把戏，考生只要做到看到单词能"认识"即可。坏消息是，单词量是 GMAT 考试的基础，如果达不到一定的积累，那么考取高分绝对是奢望。

GMAT 考试是美国研究生入学考试，全称是"管理学研究生入学考试（Graduate Management Admission Test）"。这就和中国的考研类似，本科毕业生们需要在考试中达到一定的分数才能被研究生院校录取。这个特点注定了 GMAT 考试不是一个测试"英语"的考试。试想，中国的本科毕业生在考研时，会被测试汉语习惯用法和基本字词的写法吗？当然不会。这也是为什么会有那个"好消息"。但是，"坏消息"也正是由于同样的原因。由于这是一个主要针对美国本科毕业生设计的考试，所以英语是考试的媒介语言（甚至可以说，GMAT 考试默认英语是考生的母语），任何的考点都是通过"默认考生能完全看懂"来实现的。

看懂英语的第一步，即是看懂单词。这也是我写这本书的目的。本书中的 3 000 个单词均是 GMAT 考试中常见的核心词，部分取材于各类官方出版物，部分取材于实战考题。我不能说掌握了本书的词汇，你就不会再碰到生词了，但我可以说，掌握了本书的词汇，你就拥有了完成 GMAT 考试所需要的词汇基础，不会再经常因看不懂单词而造成句意的理解困难。

那么，还等什么？现在就开启你的 GMAT 备考之旅吧！

毕出

于 2022 年春

本书使用说明

★ 扫描"机工外语"的微信
二维码，输入五位书号
（70879），免费下载全
书音频。

★ 按字母顺序列出一个Word
List 的单词，方便预习。
对于已熟练掌握的单词，
你可以在单词前面的□中
打√。

★ 单词选择：GMAT考试
必背核心词汇。

★ 标识框：熟练掌握的
打√，一般掌握的打
○，没掌握的打×。

★ 英文释义：源自英文权
威词典，与中文释义一
一对应。

★ 记忆方法：采用联想、
词根、词缀、谐音等各
种方法记忆单词。

★ 派生词：举一反三，
扩充词汇量。

★ 中文释义： GMAT考试各
类官方出版物和历年真题
中的常考和常用释义。

□ **democracy**
[dɪˈmɑːkrəsi]
n. 民主国家；民主主义；民主政治
英 Democracy is a system of government in which
people choose their rulers by voting for them in
elections.
记 demo（人民）＋cracy（统治或政体）→民主
政治
派 democratic adj. 民主的

□ **demographic**
[ˌdeməˈɡræfɪk]
adj. 人口统计学的；人口学的
记 demo（人民）＋graph（写，图）＋ic（的）→用
图表的方式写人民＝统计人民的→人口统计的
派 demographical adj. 人口统计的

□ **demolish**
[dɪˈmɑːlɪʃ]
vt. 推翻；拆毁（建筑物等）
例 A storm moved directly over the island,
demolishing buildings and flooding streets. //
暴风雨径直席卷该岛，摧毁了建筑物，淹没
了街道。

★ 例句：真题例句或常
用语境，直击考点。

★ 译文：有助于准确理
解句子内容和结构。

阅读中常见的背景故事

什么是彗星?

彗星（Comet），是进入太阳系内亮度和形状会随日距变化而变化的绕日运动的天体，呈云雾状的独特外貌。彗星分为彗核、彗发、彗尾三部分。彗核由冰物质构成，当彗星接近恒星时，彗星物质升华，在冰核周围形成朦胧的彗发和一条稀薄物质流构成的彗尾。由于太阳风的压力，彗尾总是指向背离太阳的方向形成一条很长的彗尾。彗尾一般长几千万千米，最长可达几亿千米。彗星的形状像扫帚，所以俗称扫帚星。彗星的运行轨道多为抛物线或双曲线，少数为椭圆。目前人们已发现绕太阳运行的彗星有 1700 多颗。著名的哈雷彗星绕太阳一周的时间为 76 年。

★ 提供GMAT考试中常涉及的天文、地理、数学、人文等各学科知识，扫清背景知识不足的障碍。

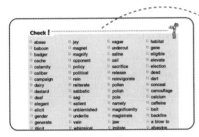

★ 复习栏：列出前一个Word List的乱序单词表，考生可以在学习完一个Word List后对前一个进行简单回顾，以巩固学习效果。

附录　GMAT 数学常见词汇

★ 扫除数学专业术语不熟悉的障碍，便于更有效地备考。

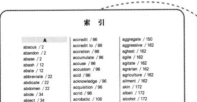

索　引

★ 按照字母顺序排列的Index，既利于最后进行总复习，又便于在正文中迅速找到该词。

目 录

中欧国际工商学院
ChaseDream 总编推荐序
前言
本书使用说明

Word List

01

扫码关注后回复 70879
免费下载配套音频

看看有没有已经认识的单词

- a blow to
- abacus
- abandon
- abase
- baboon
- backfire
- badger
- bait
- cache
- caffeine
- calamity
- calcium
- caliber
- camouflage
- campaign
- conceal
- dairy

- dart
- dastard
- dead
- deaf
- election
- elegant
- elevate
- elicit
- eligible
- gender
- gene
- generate
- habitat
- illicit
- illuminate
- illustrate

- imitate
- jag
- jaw
- jay
- magistrate
- magnet
- magnificently
- magnify
- namely
- opponent
- pole
- policy
- polish
- political
- pollen
- refund

- rein
- reiterate
- release
- sacrifice
- sag
- sail
- sailor
- salient
- saline
- unblemished
- undercut
- underlie
- vague
- vain
- whelm
- whimsical

□ **a blow to** 一下/次打击

例 He killed the tyrannical lion with a blow to the head. // 他冲着暴戾的狮子的头部猛击了一下；把它打死了。

□ **abacus**
['æbəkəs]
n. 算盘

□ **abandon**
[ə'bændən]
vt. 抛弃；中止

英 to leave behind

例 When he was six, he was abandoned by his parents. // 在他六岁的时候，他的父母抛弃了他。

n. 放弃

□ **abase**
[ə'beɪs]
vt. 使谦卑；使感到羞耻

记 abase＝a＋base（基础；底部）→在底部→降低

□ **baboon**
[bə'buːn]
n. [脊椎] 狒狒

□ **backfire**
['bækfaɪr]
vi. 发生回火；产生出乎意料及事与愿违的结果

英 If a plan or project backfires, it has the opposite result to the one that was intended.

例 But some economists worry that the plan may backfire at a time when the global economy needs more lending, not less. // 但一些经济学家担心，在全球经济急需更多贷款之际，这样的计划或许会适得其反。

□ **badger**
['bædʒər]
n. 獾；獾皮毛

□ **bait**
[beɪt]
vt. 引诱；折磨

例 They used fake signal lights to bait the enemy ships onto the rocks. // 他们用假信号灯诱使敌船触礁。

□ **cache**
[kæʃ]
n. 电脑高速缓冲存储器；贮存物

例 Afterwards, we will discuss what each cache does and how you can tune it. // 然后，我们将讨论每个缓存的功能和如何优化每个缓存。

□ **caffeine**
['kæfiːn']

n. [药] 咖啡因；茶精（兴奋剂）

记 caffee（咖啡）＋ine（状态；药物等）→caffeine →咖啡因

□ **calamity**
[kə'læmɪti]

n. 不幸；灾祸

英 A calamity is an event that causes a great deal of damage, destruction or personal distress.

派 calamitous *adj.* 不幸的

例 He described drugs as the greatest calamity of the age. // 他称毒品是这个时代最大的祸害。

□ **calcium**
['kælsɪəm]

n. [化] 钙

英 Calcium is a soft white element which is found in bones and teeth and also in limestone, chalk and marble.

□ **caliber**
['kæləbər]

n. 口径；才干；水准

英 diameter of a tube or gun barrel

例 The first hope is that he will incubate companies of Google's caliber with Chinese characteristics. // 第一个期望是他能发展出有着 Google 水准并有中国特色的高素质公司。

□ **camouflage**
['kæməflɑːʒ]

vi. & vt. & n. 伪装；掩饰

例 They camouflaged in the bushes. // 他们隐藏在灌木丛中。

□ **campaign**
[kæm'peɪn]

vi. 作战；参加（发起）运动

英 If someone campaigns for something, they carry out a planned set of activities over a period of time in order to achieve their aim.

例 We are campaigning for law reform. // 我们正在宣传呼吁进行法律改革。

n. 运动；战役；竞选运动

□ **conceal**
[kən'siːl]

vt. 隐藏；隐瞒

英 If you conceal something, you cover it or hide it carefully.

例 Francis decided to conceal the machine behind a hinged panel. // 弗朗西斯决定把机器藏在带铰链的嵌板的后面。

□ **dairy**
['deri]

adj. 乳品的

英 Dairy is used to refer to foods such as butter and cheese that are made from milk.

例 dairy produce // 乳制品

n. 牛奶场；乳品店

□ **dart**
[dɑːt]

vt. 投掷，投射

例 The soldier darted a dagger at his enemy. // 那位战士把匕首掷向了敌人。

□ **dastard**
['dæstəd]

n. 懦夫

例 Yes, you pitiful dastard. // 是的，你这个卑鄙的胆小鬼。

adj. 怯懦的，畏缩的

□ **dead**
[ded]

adv. 突然；完全

例 The train stopped dead after hitting the wall. // 撞上墙后，火车完全停了下来。

n. 死者　*adj.* 死去的

□ **deaf**
[def]

adj. 聋的

□ **election**
[ɪ'lekʃn]

n. 选举；选择权

记 elect（*v.* 选举；推选；选择；做出选择）+ion（表名词）→*n.* 选举；选择权；当选

例 This party may go out at next election. // 该政党在下次选举时可能下台。

□ **elegant**
['elɪgənt]

adj. （人或物）典雅的；（文字、想法、计划等）简洁的

例 Patricia looked beautiful and elegant as always. // 帕特里夏一如既往地美丽优雅。

□ **elevate**
['elɪveɪt]

vt. 提高

例 He used a couple of bolsters to elevate his head. // 他用两个垫枕垫头。

□ **elicit**
[ɪ'lɪsɪt]

vt. 引出；探出；诱出（回答等）

例 Phone calls elicited no further information. // 几个电话都没有打听到进一步的消息。

□ **eligible**
['elɪdʒəbl]

adj. 合格的；合适的

派 eligibility *n.* 适任；合格

例 He is an eligible young man. // 他是一个合格的年轻人。

□ **gender**
['dʒendər]

n. 性别

□ **gene** [dʒiːn]	*n.* ［生］基因；遗传因子 派 genetic *adj.* 起源的；基因的 例 genetic disease // 遗传疾病
□ **generate** ['dʒenəreɪt]	*vt.* 形成；造成
□ **habitat** ['hæbɪtæt]	*n.* 栖息地 英 The habitat of an animal or plant is the natural environment in which it normally lives or grows. 记 habit（居住；习惯）＋at（表示地方）→住的地方
□ **illicit** [ɪ'lɪsɪt]	*adj.* 不正当的；非法的 英 An illicit activity or substance is not allowed by law or the social customs of a country. 记 illicit＝il（不）＋licit（允许）→不允许→不合法的 例 Dante clearly condemns illicit love. // 丹蒂旗帜鲜明地谴责不正当恋情。
□ **illuminate** [ɪ'luːmɪneɪt]	*vt.* 照亮；阐明；启发 记 il（使……成为；进入；再）＋lumin（光）＋ate（表动词）→使……光明→说明 派 illuminator *n.* 照明者 例 They use games and drawings to illuminate their subject. // 他们用游戏和图画来阐明他们的主题。
□ **illustrate** ['ɪləstreɪt]	*vt.* 说明；阐明 例 The example of the attorney illustrates this point. // 那个律师的例子证明了这一点。
□ **imitate** ['ɪmɪteɪt]	*vt.* 模仿；伪造 英 If you imitate someone, you copy what they do or produce. 例 a genuine German musical which does not try to imitate the American model // 一部不刻意模仿美国模式的真正的德国音乐剧
□ **jag** [dʒæg]	*n.* 缺口
□ **jaw** [dʒɔː]	*n.* 下巴；唠叨；狭窄入口　*vt.* 闲谈；教训

□ **jay**
[dʒeɪ]

n. ［鸟］松鸦（产于欧洲，羽毛鲜艳，喜鸣叫）

□ **magistrate**
［'mædʒɪstreɪt]

n. 地方法官；文职官员

英 A magistrate is an official who acts as a judge in law courts which deal with minor crimes or disputes.

□ **magnet**
［'mægnət]

n. 磁铁；有吸引力的人或物

例 a fridge magnet // 冰箱磁铁

□ **magnificently**
[mæg'nɪfɪsəntli]

adv. 值得赞扬地；壮丽地；宏伟地

例 The team played magnificently. // 球队发挥得非常出色。

□ **magnify**
［'mægnəfaɪ]

vi. & vt. 放大；夸大；夸奖

英 To magnify an object means to make it appear larger than it really is, by means of a special lens or mirror.

例 This version of the Digges telescope magnifies images 11 times. // 这种型号的迪格斯望远镜可将图像放大 11 倍。

□ **namely**
［'neɪmli]

adv. 即；也就是

□ **opponent**
[ə'poʊnənt]

n. 对手；敌手

□ **pole**
[poʊl]

n. 杆；［物］极点；地极

例 The truck crashed into a telegraph pole. // 卡车撞到了电线杆上。

vi. & vt. 用篙撑船；撑船

□ **policy**
［'pɑːləsi]

n. 政策；方针；保险单

例 a company's reimbursement policy // 公司的报销制度

□ **polish**
［'pɑːlɪʃ]

vi. & vt. 磨光；润色 *n.* 光泽剂；擦亮

□ **political**
[pə'lɪtɪkəl]

adj. 政治的

派 politically *adv.* 政治上

□ **pollen**
［'pɑːlən]

n. 花粉；［虫］粉面 *vt.* 传授花粉给

□ **rein**
[reɪn]

n. 缰绳；驾驭（法） *vt.* 驾驭 *vi.* 勒住马

□ **refund**
[rɪ'fʌnd]

n. 退款 *vt.* 退还（款）

□ **reiterate**
[ri'ɪtəreɪt]

vt. （通常为了强调）重复讲；反复说

例 He reiterated his opposition to the creation of a central bank. // 他重申了自己反对成立央行的立场。

□ **release**
[rɪ'liːs]

vt. 释放；发布；发行

例 He is expected to be released from hospital today. // 他有望今天出院。

□ **sailor**
['seɪlər]

n. 水手

□ **sacrifice**
['sækrəfaɪs]

vi. & vt. 牺牲；把……奉献给……

英 If you sacrifice something that is valuable or important, you give it up, usually to obtain something else for yourself or for other people.

例 She sacrificed family life to her career. // 她为事业舍弃了家庭。

n. 牺牲；供奉

□ **sag**
['sæg]

vi. 下垂

英 When something sags, it hangs down loosely or sinks downwards in the middle.

例 The shirt's cuffs won't sag or lose their shape after washing. // 这件衬衫的袖口洗后照样挺括，不变形。

n. 下垂［沉；陷］；松垂

□ **sail**
[seɪl]

vi. & vt. 航行；起航

□ **salient**
['seɪliənt]

adj. 显著的；突出的

英 The salient points or facts of a situation are the most important ones.

派 salience *n.* 突出；特点

例 He read the salient facts quickly. // 他快速浏览了重要的事实。

n. 凸角；［建］突出部

☐ **saline**
['seɪliːn]

adj. 含盐的；咸的

派 salinity n. 盐度

例 a saline solution // 盐溶液

n. 盐湖

☐ **unblemished**
[ʌn'blemɪʃt]

adj. 无瑕疵的；（人的名声、记录或性格）无污点的

☐ **undercut**
[ˌʌndər'kʌt]

vt. 压低（价格）

例 promise to undercut air fares on some routes by 40 percent // 承诺将一些航线的票价降低 40%

☐ **underlie**
[ˌʌndər'laɪ]

vt. 位于……的下面

例 the energy which seems to underlie all human success // 人类一切成功的背后似乎都不可缺少的干劲

☐ **vague**
[veɪg]

adj. （形状等）模糊不清的；（想法等）不明确的

派 vagueness n. 暧昧；含糊

vaguely adv. 含糊地

例 vague information // 不明确的信息

☐ **vain**
[veɪn]

adj. 徒劳的；自负的；无用的

英 A vain attempt or action is one that fails to achieve what was intended.

例 The drafting committee worked through the night in a vain attempt to finish on schedule. // 起草委员会为按计划完成草案已通宵加班，但结果仍是徒劳。

☐ **whelm**
[welm]

v. 淹没；压垮

例 We whelm with tears at this time. // 我们在这个时刻不由得感动得流泪。

☐ **whimsical**
['wɪmzɪkl]

adj. 怪异的；反复无常的

阅读中常见的背景故事

什么是彗星？

彗星（Comet），是进入太阳系内亮度和形状会随日距变化而变化的绕日运动的天体，呈云雾状的独特外貌。彗星分为彗核、彗发、彗尾三部分。彗核由冰物质构成，当彗星接近恒星时，彗星物质升华，在冰核周围形成朦胧的彗发和一条稀薄物质流构成的彗尾。由于太阳风的压力，彗尾总是指向背离太阳的方向形成一条很长的彗尾。彗尾一般长几千万千米，最长可达几亿千米。彗星的形状像扫帚，所以俗称扫帚星。彗星的运行轨道多为抛物线或双曲线，少数为椭圆。目前人们已发现绕太阳运行的彗星有1700多颗。著名的哈雷彗星绕太阳一周的时间为76年。

彗星没有固定的体积，它在远离太阳时，体积很小；接近太阳时，彗发变得越来越大，彗尾变长，体积变得十分巨大。彗尾最长可达2亿多千米。彗星的质量非常小，彗核的平均密度为1克/立方厘米。彗发和彗尾的物质极为稀薄，其质量只占总质量的1%～5%，甚至更小。彗星物质主要由水、氨、甲烷、氰、氮、二氧化碳等组成，而彗核则由凝结成冰的水、二氧化碳（干冰）、氨和尘埃微粒混杂组成，是个"脏雪球"！

那么，彗星的起源是什么样子的呢？另外，除了一些周期性的彗星外，不断有开放式或封闭式轨道的新彗星造访内太阳系。新彗星来自何处？这个问题需要从太阳系的起源谈起：

太阳系的前身，是气体与尘埃所组成的一大团云气，在46亿年前，这团云气或许受到超新星爆炸震波的压缩，开始缓慢旋转与陷缩成盘状，圆盘的中心是年轻的太阳。盘面的云气颗粒相互碰撞，有相当比率的物质凝结成为行星与它们的卫星，另有部分残存的云气物质凝结成彗星。

当太阳系还很年轻时，彗星可能随处可见，这些彗星常与初形成的行星相撞，对年轻行星的成长与演化，有很深远的影响。地球上大量的水，可能是与年轻地球相撞的许多彗星的遗产，而这些水，后来更孕育了地球上各式各样的生命。

太阳系形成后的40多亿年中，靠近太阳系中心区域的彗星，或与太阳、行星和卫星相撞，或受太阳辐射的蒸发，已经消失殆尽，我们所见的彗星应来自太阳系的边缘。如假设残存在太阳系外围的彗星物质，历经数十亿年未变，研究这些彗星，则有助于了解太阳系的原始化学组成与状态。

Word List
02

扫码关注后回复 70879
免费下载配套音频

看看有没有已经认识的单词

- abash
- abate
- balance
- balloon
- ballot
- campsite
- canal
- canary
- candid
- candidate
- canopy
- canton
- dean
- debate
- debilitate
- debris
- debt

- eliminate
- elite
- elongate
- eloquent
- gaze
- gel
- hail
- imitation
- immense
- immerse
- imminent
- jelly
- jeopardy
- jerk
- maintain
- maize

- majestic
- malady
- narrate
- narrow
- opportune
- pollinate
- polygraph
- ponder
- populate
- portable
- portent
- portray
- posterity
- relegate
- religion
- relinquish

- reluctant
- salary
- sallow
- salmon
- salvage
- sanction
- sanctuary
- sand burial
- tactic
- tad
- tail
- underlying
- undermine
- valiant
- validate
- whiplash

□ **abash**
[əˈbæʃ]

vt. 使羞愧；使窘迫　　*adj.* 窘迫的　　*adv.* 窘迫地　　*n.* 窘迫

□ **abate**
[əˈbeɪt]

vi.&vt. 减少；减轻

英 If something bad or undesirable abates, it becomes much less strong or severe.

例 The storms had abated by the time they rounded Cape Horn. // 他们绕过合恩角时，暴风雨已经减弱了。

n. 减轻；折扣

□ **balance**
[ˈbæləns]

n. 平衡；天平；平衡力

例 You must learn to keep your balance in skating. // 在溜冰时你得学会保持平衡。

□ **balloon**
[bəˈluːn]

vi. 大幅度增加

例 Membership of the club has ballooned beyond all expectations. // 该俱乐部会员人数出乎意料地激增了。

□ **ballot**
[ˈbælət]

vt. 投票表决

英 If you ballot a group of people, you find out what they think about a subject by organizing a secret vote.

例 The union said they will ballot members on whether to strike. // 工会称他们将要求会员投票表决是否罢工。

n. 投票

□ **campsite**
[ˈkæmpsaɪt]

n. 野营地

英 a place where people who are on holiday can stay in tents

例 The smell of the food might attract dangerous animals to our campsite. // 食物的气味还可能会招引危险的动物到我们的营地来。

□ **canal**
[kəˈnæl]

n. 运河；[建] 管道
vt. 在……开凿运河

□ **canary**
[kəˈneri]

n. 金丝雀；淡黄色

□ **candid**
[ˈkændɪd]

adj. 公正的；率直的

英 When you are candid about something or with someone, you speak honestly.

例 Nat is candid about the problems she is having with Steve. // 娜特对眼下她和史蒂夫之间的问题毫不隐瞒。

□ **candidate**
['kændɪdeɪt]

n. 报考者；候选人

英 A candidate is someone who is being considered for a position, for example someone who is running in an election or applying for a job.

例 The Democratic candidate is still leading in the polls. // 民主党候选人的得票数依然领先。

□ **canopy**
['kænəpi]

n. 天篷；华盖

英 a decorated cover, often made of cloth, which is placed above something such as a bed or a seat

例 The map above shows forest canopy height for the United States in shades of green. // 上面的地图通过绿色阴影的深浅标示出美国森林的树冠高度。

vt. 遮盖

□ **canton**
['kæntən]

n. 州；行政区（尤指瑞士的州，法国的区）

派 cantonal *adj.* 州的；市区的

□ **dean**
[diːn]

n. 院长；系主任

例 Our dean hasn't turned 40 yet. // 我们系主任还不到 40 岁。

□ **debate**
[dɪ'beɪt]

vi. & *vt.* 辩论；仔细考虑

英 If people debate a topic, they discuss it fairly formally, putting forward different views. You can also say that one person debates a topic with another person.

例 The United Nations Security Council will debate the issue today. // 联合国安理会今天将就这个问题展开讨论。

n. 讨论；争论

□ **debilitate**
[dɪ'bɪlɪteɪt]

vt. 使衰弱

记 de（去掉）+bili（=abili 能力）+tate=ate（表动词）→去掉能力→使衰弱

派 debilitation *n.* [医] 虚弱；无力

例 a debilitating disease // 使人虚弱的疾病

□ **debris**
[də'briː]

n. 碎片；残骸

□ **debt**
[det]

n. 债务

□ **eliminate**
[ɪˈlɪməneɪt]

vt. 排除；消除

派 eliminable *adj.* 可消除的

例 *The Sex Discrimination Act* has not eliminated discrimination in employment. // 《反性别歧视法》并未根除工作中的歧视。

□ **elite**
[ɪˈliːt]

n. ＜法＞精华；精锐

例 We have a political elite in this country. // 我们国家有一群政治精英。

□ **elongate**
[ɪˈlɔːŋgeɪt]

vt. 延长；加长

英 make long or longer by pulling and stretching

记 e（出，出来）＋long（长）＋ate（表动词或形容词）→长出来

□ **eloquent**
[ˈeləkwənt]

adj. 雄辩的；有口才的

例 I heard him make a very eloquent speech at that dinner. // 在那次晚宴上，我听到他做了一番非常有说服力的陈词。

□ **gaze**
[geɪz]

vi. 凝视；注视

例 She stood gazing at herself in the mirror. // 她站在那儿，凝视着镜中的自己。

n. 凝视

□ **gel**
[dʒel]

n. 胶体；凝胶

□ **hail**
[heɪl]

vt. 赞扬；称颂（人、事件或成就）

英 If a person, event, or achievement is hailed as important or successful, they are praised publicly.

例 Faulkner has been hailed as the greatest American novelist of his generation. // 福克纳被誉为他那一代人中最伟大的美国小说家。

n. 冰雹；一阵　*vi.* 下冰雹

□ **imitation**
[ˌɪmɪˈteɪʃn]

n. 模仿；模拟

例 He gave his imitation of Queen Elizabeth's royal wave. // 他模仿伊丽莎白女王挥手致意。

□ **immense**
[ɪˈmens]

adj. 极大的；无边际的

派 immensity *n.* 无限；巨大

例 an immense cloud of smoke // 大片的烟云

□ **immerse**
[ɪ'mɜːrs]

vt. 浸没；陷入

例 Since then I've lived alone and immersed myself in my career. // 自那以后，我一直一个人生活，全身心投入我的事业当中。

□ **imminent**
['ɪmɪnənt]

adj. 迫在眉睫的

英 If you say that something is imminent, especially something unpleasant, you mean it is almost certain to happen very soon.

记 imminent＝im＋min（最小）＋ent→最小的时间做事→紧迫的

例 There appeared no imminent danger. // 眼前似乎没有危险。

□ **jelly**
['dʒeli]

n. 果冻；果酱

□ **jeopardy**
['dʒepərdi]

n. 危险；危险境地

例 A series of setbacks have put the whole project in jeopardy. // 一系列的挫折使整个项目面临失败。

□ **jerk**
[dʒɜːrk]

vt. 急拉；猛推

英 If you jerk something or someone in a particular direction, or they jerk in a particular direction, they move a short distance very suddenly and quickly.

例 Mr Griffin jerked forward in his chair. // 格里芬先生坐在椅子上猛地向前一倾。

n. 傻瓜

□ **maintain**
[meɪn'teɪn]

vt. 保持；维持

派 maintainable *adj.* 可维持的；主张的

例 The Department maintains many close contacts with the chemical industry. // 这个部门与化工行业保持着众多密切的联系。

□ **maize**
[meɪz]

n. 玉米；玉米色

□ **majestic**
[mə'dʒestɪk]

adj. 宏伟的；壮丽的

例 Anna looked tanned and majestic in her linen caftan. // 安娜穿着亚麻长袍，衬出其棕色的皮肤，显得十分高贵。

□ **malady**
['mælədi]

n. 疾病；病症

例 He was stricken at twenty-one with a crippling malady. // 他 21 岁时突患致残重疾。

□ **narrate**
[nə'reɪt]

vt. 叙述；讲述；做旁白说明

派 narration *n.* 叙述；故事

例 The three of them narrate the same events from three perspectives. // 他们三人从三个不同的视角讲述了同样的事件。
She also narrated a documentary about the Kirov Ballet School. // 她还为一部关于基洛夫芭蕾舞学院的纪录片做过解说。

□ **narrow**
['næroʊ]

adj. 狭窄的

例 She had long, narrow feet. // 她的双脚瘦长。

vt. 限制，限定

□ **opportune**
[ˌɑːpər'tuːn]

adj. 适时的；（时间）合适的

例 I believe that I have arrived at a very opportune moment. // 我想我到得正是时候。

□ **pollinate**
['pɑːləneɪt]

vt. 给……传授花粉

例 Many of the indigenous insects are needed to pollinate the local plants. // 需要很多种土生昆虫给当地植物授粉。

□ **polygraph**
['pɑːligræf]

n. （描记脉搏、呼吸速率的）多种波动描记器

□ **ponder**
['pɑːndə(r)]

vt. 思索；衡量

英 If you ponder something, you think about it carefully.

派 ponderous *adj.* 笨重的；沉重的

例 I found myself constantly pondering the question: How could anyone do these things? // 我发现自己总在思考这个问题：怎么会有人做出这样的事情呢？

vi. 仔细考虑；沉思

□ **populate**
['pɑːpjuleɪt]

vt. 居住于

例 Before all this the island was populated by native American Arawaks. // 在所有这一切发生之前，这个岛上居住的是印第安阿拉瓦克人。

□ **portable**
['pɔːrtəbl]

adj. 轻便的；手提的

例 There was a little portable television switched on behind the bar. // 柜台后面有一台开着的便携式小型电视机。

□ **portent**
['pɔːrtent]

n. 征兆；预兆

例 The savage civil war there could be a portent of what's to come in the rest of the region. // 那里发生的野蛮内战可能预示这一地区其他地方将会发生什么。

□ **portray**
[pɔːr'treɪ]

vt. 画（人物；风景等）；（用语言）描写

□ **posterity**
[pɑː'sterəti]

n. 后代；儿孙

例 It is important to preserve for posterity as much information as could be adequately recorded before the cultures disappeared forever. // 在这些文化永远消失前，为子孙后代保留尽可能多的信息是很重要的。

□ **relegate**
['relɪgeɪt]

vt. 贬谪；降级

记 re（反）＋leg（法律）＋ate（表动词）→反法律的人被放逐

□ **religion**
[rɪ'lɪdʒən]

n. 宗教

记 re＋lig（捆绑，约束）＋ion→受信念约束的

派 religious *adj.* 宗教的
religiously *adv.* 笃信地；虔诚地

例 religious groups // 宗教团体

□ **relinquish**
[rɪ'lɪŋkwɪʃ]

vt. 放弃；出让（权力，财产等）

例 He does not intend to relinquish power. // 他没有打算放弃权力。

□ **reluctant**
[rɪ'lʌktənt]

adj. 不情愿的

派 reluctance *n.* 不愿意；勉强

例 Mr Spero was reluctant to ask for help. // 斯佩罗先生不愿意寻求帮助。

□ **salary**
['sæləri]

n. 薪水

□ **sallow**
['sæloʊ]

adj. （尤指面色）蜡黄的

salmon
['sæmən]

n. 鲑鱼；三文鱼

---

salvage
['sælvɪdʒ]

n. 海上营救

记 salv（救助）＋age（状态）→ *n. & v.*（从灾难中）抢救，海上救助

例 The salvage operation went on. // 海上营救行动继续进行。

vt.（从火灾、海难等中）抢救（某物）

---

sanction
['sæŋkʃn]

n. 认可；批准；约束力

记 sanct（神圣）＋ion→给予神的权力

例 In 1935 the League of Nations imposed sanctions against Italy following its invasion of Ethiopia. // 1935 年国际联盟在意大利入侵埃塞俄比亚之后对其实施了制裁。

vi. 批准

---

sanctuary
['sæŋktʃueri]

n. 圣所；庇护所

例 They sought sanctuary in the church. // 他们在教堂避难。

---

sand burial

沙埋

---

tactic
['tæktɪk]

n. 手段；策略

派 tactical *adj.* 战术的；策略上的

例 The new tactic was put into operation early in 1939. // 这个新的战术是在 1939 年初开始运用的。

---

tad
[tæd]

n. 小孩子；小男孩

---

tail
[teɪl]

n. 尾巴，尾部

---

underlying
[ˌʌndərˈlaɪɪŋ]

adj. 潜在的；基础的；[法] 优先的

英 The underlying features of an object, event, or situation are not obvious, and it may be difficult to discover or reveal them.

例 To stop a problem you have to understand its underlying causes. // 要想杜绝问题的发生，必须弄清它的深层原因。

□ **undermine**
[ˌʌndərˈmaɪn]

vi. & vt. 逐渐削弱

英 If you undermine something such as a feeling or a system, you make it less strong or less secure than it was before, often by a gradual process or by repeated efforts.

例 Offering advice on each and every problem will undermine her feeling of being adult. // 对每个问题都给出建议会令她觉得自己不像个成年人。

□ **valiant**
[ˈvæljənt]

adj. 勇敢的；坚定的   *n.* 勇士

□ **validate**
[ˈvælɪdeɪt]

vt. 使有效；证实

记 valid (*adj.* 有效的；有根据的；正确的) + ate (使……) → v. 使有效，使生效

派 validation *n.* 确认

例 This discovery seems to validate the claims of popular astrology. // 这个发现似乎能印证流行占星术的一些说法。

□ **whiplash**
[ˈwɪplæʃ]

n. 鞭绳   *vt.* 鞭打；反方向猛扭

Check !

□ abase	□ jay	□ vague	□ habitat
□ baboon	□ magnet	□ undercut	□ gene
□ badger	□ magnify	□ saline	□ eligible
□ cache	□ opponent	□ sail	□ elevate
□ calamity	□ policy	□ sacrifice	□ election
□ caliber	□ political	□ release	□ dead
□ campaign	□ rein	□ refund	□ dart
□ dairy	□ reiterate	□ pollen	□ conceal
□ dastard	□ sailor	□ polish	□ camouflage
□ deaf	□ sag	□ pole	□ calcium
□ elegant	□ salient	□ namely	□ caffeine
□ elicit	□ unblemished	□ magnificently	□ bait
□ gender	□ underlie	□ magistrate	□ backfire
□ generate	□ vain	□ jaw	□ a blow to
□ illicit	□ whimsical	□ imitate	□ abandon
□ illustrate	□ whelm	□ illuminate	□ abacus
□ jag			

Word List
03

扫码关注后回复 70879
免费下载配套音频

看看有没有已经认识的单词

- abbreviate
- abdicate
- abrupt
- balmy
- banish
- bankrupt
- canvas
- capable
- capacity
- capital
- capricious
- debunk
- debut
- decade
- decay
- elucidate

- emanate
- emancipation
- embargo
- gaunt
- halo
- halt
- immoral
- immune
- impair
- impeach
- joint
- journal
- malleable
- mammal
- mammoth

- narrative
- opposition
- oppress
- posthumous
- postpone
- postulate
- potential
- pottery
- poverty
- practically
- remark
- remarkable
- remedy
- reminiscent
- sanitation

- sarcasm
- satiate
- satire
- satisfaction
- saturate
- savage
- tangible
- tardy
- unearth
- unilateral
- unionism
- valley
- valve
- vandalize
- whirl

□ **abbreviate**
[əˈbriːvieɪt]

vt. 缩略；使简短

英 If you abbreviate something, especially a word or a piece of writing, you make it shorter.

例 He abbreviated his first name to Alec. // 他将自己的名字缩写为亚历克。

□ **abdicate**
[ˈæbdɪkeɪt]

vi. & vt. 放弃（职责、权力等）

派 abdication *n.* 退位，辞职

例 The last French king was Louis Philippe, who abdicated in 1848. // 法国末代国王是 1848 年逊位的路易·菲力普。

□ **abrupt**
[əˈbrʌpt]

adj. 突然的；意外的

例 I've already lost some of my dear ones in an abrupt manner. // 由于突然的原因我已经失去了一部分最亲的人。

□ **balmy**
[ˈbɑːmi]

adj. 温暖的；芳香的

英 Balmy weather is fairly warm and pleasant.

例 a balmy summer's evening // 宜人的夏夜

□ **banish**
[ˈbænɪʃ]

vt. 放逐；驱逐

英 If someone or something is banished from a place or area of activity, they are sent away from it and prevented from entering it.

例 John was banished from England. // 约翰被逐出了英格兰。

□ **bankrupt**
[ˈbæŋkrʌpt]

adj. 破产的，倒闭的

英 People or organizations that go bankrupt do not have enough money to pay their debts.

例 If the firm cannot sell its products, it will go bankrupt. // 如果公司的产品卖不出去，公司就会倒闭。

vt. 使破产 *n.* 破产者

□ **canvas**
[ˈkænvəs]

n. 帆布；油画（布）

□ **capable**
[ˈkeɪpəbəl]

adj. 能干的；有才能的

英 If a person or thing is capable of doing something,

they have the ability to do it.

例 He appeared hardly capable of conducting a coherent conversation. // 他好像连话都说不清楚。

□ **capacity**
[kə'pæsɪti]

n. 容量

英 Your capacity for something is your ability to do it, or the amount of it that you are able to do.

例 Our capacity for giving care, love and attention is limited. // 我们能够给予的关怀、关爱和关注是有限的。

□ **capital**
['kæpɪtl]

n. 首都；资本；大写字母

派 capitalism *n.* 资本主义
capitalize *vi. & vt.* 利用；使资本化
capitalization *n.* 资本化

□ **capricious**
[kə'prɪʃəs]

adj. 变化无常的

派 capriciously *adv.* 任性地，善变地

例 capricious and often brutal leaders // 任意妄为且残忍成性的领导人

□ **debunk**
[ˌdiː'bʌŋk]

vt. 揭穿；暴露

派 debunker *n.* <美俚>暴露者，揭穿真面目者

例 debunk advertising slogans // 揭穿夸张的广告语

□ **debut**
[deɪ'bjuː]

n. 初次表演

英 The debut of a performer or sports player is their first public performance, appearance, or recording.

例 Dundee United's Dave Bowman makes his international debut. // 邓迪联队的戴夫·鲍曼首次亮相国际比赛。

vi. & vt. 初次表演

□ **decade**
['dekeɪd]

n. 十年；十年期

□ **decay**
[dɪ'keɪ]

vi. 腐烂；腐朽

记 de（向下）+cay（落下）→向下掉→衰退

派 decayed *adj.* 腐败的

例 The tree began to decay as soon as it was cut down. // 树一被砍倒，就开始腐朽。

n. 腐败

□ **elucidate** [ɪˈluːsɪdeɪt]	*vt.* **阐明；解释** 派 elucidation *n.* 说明，阐明
□ **emanate** [ˈeməneɪt]	*vi.* **发出；散发** 例 Great sadness emanated from her song. // 她的歌曲流露出巨大的忧伤之情。
□ **emancipation** [ɪˌmænsɪˈpeɪʃn]	*n.* **解放；释放** 记 emancipate（*v.* 解放）+ ion（表动作或状态）→emancipation（解放） 例 *The Emancipation Proclamation* abolished slavery in the United States. //《解放宣言》在美国废除了黑奴制度。
□ **embargo** [ɪmˈbɑːrgoʊ]	*n.* **禁运（令）；停止通商（令）** *vt.* **禁运**
□ **gaunt** [gɔːnt]	*adj.* **憔悴的** 派 gauntly *adv.* 贫瘠地，荒凉地 例 gaunt hand // 瘦骨嶙峋的手
□ **halo** [ˈheɪloʊ]	*n.* **（环绕日月等的）晕；晕圈**
□ **halt** [hɔːlt]	*vi.* **暂停；停止** 例 Growth halts temporarily and then starts again. // 该作物的生长在一个短暂的停滞后，又开始继续生长。
□ **immoral** [ɪˈmɔːrəl]	*adj.* **不道德的；伤风败俗的** 派 immorality *n.* 不道德，淫荡 例 a reflection of our society's immorality // 对我们社会道德败坏的反映
□ **immune** [ɪˈmjuːn]	*adj.* **有免疫力的；不受影响的** 例 This blood test will show whether or not you're immune to the disease. // 这个血检会显示你对这种疾病是否具有免疫力。
□ **impair** [ɪmˈper]	*vt.* **削弱；损害** 例 Consumption of alcohol impairs your ability to drive a car or operate machinery. // 饮酒会削弱你驾驶汽车或操控机器的能力。
□ **impeach** [ɪmˈpiːtʃ]	*vt.* **[法律] 控告；检举** 英 If a court or a group in authority impeaches a president

or other senior officials, it charges them with committing a crime which makes them unfit for office.

派 impeachable *adj.* 可控告的

例 an opposition move to impeach the President // 弹劾总统的反对议案（美国前总统克林顿曾因性丑闻案遭遇弹劾，就是用的这个单词 impeach）

□ **joint**
[dʒɔɪnt]

adj. 共同的；联合的

例 She and Frank had never gotten around to opening a joint account. // 她和弗兰克还没有抽出时间去开联名账户。

vt. 结合　　*n.* 关节

□ **journal**
['dʒɜːrnl]

n. 日报，日志

记 journ（日期）＋al（……的）→ *n.* 定期刊物

□ **malleable**
['mæliəbl]

adj. 可锻造的；有延展性的

派 malleability *n.* 有延展性

□ **mammal**
['mæml]

n. 哺乳动物

□ **mammoth**
['mæməθ]

n. [动] 猛犸（象）　　*adj.* 庞大的

□ **narrative**
['nærətɪv]

n. 记叙文；故事

英 A narrative is a story or an account of a series of events.

例 Mr W began his narrative with the day of the murder. // W 先生以发生谋杀案的那天作为故事的开端。

□ **opposition**
[ˌɑːpə'zɪʃn]

n. （强烈的）反对，敌对

英 Opposition is strong, angry, or violent disagreement and disapproval.

例 The government is facing a new wave of opposition in the form of a student strike. // 政府面临着学生通过罢课掀起的新一轮反对浪潮。

□ **oppress**
[ə'pres]

vi. & *vt.* 使烦恼；压迫

例 These people are often oppressed by the governments of the countries they find themselves in. // 这些人经常受到所在国政府的压迫。

□ **posthumous**
['pɑːstʃəməs]

adj. 死后的

英 after death

记 post（在后面）＋hum（土）＋ous（……的）→入土表示死→死后的

□ **postpone**
[poʊ'spoʊn]

vi. & *vt.* 使延期；延缓

例 He decided to postpone the expedition until the following day. // 他决定把探险推迟到第二天。

□ **postulate**
['pɑːstʃəleɪt] /
['pɑːstʃələt]

vt. 假定；提出要求

例 Let's postulate that she is a cook. // 我们假定她是一位厨师。

n. 假定

例 Offe also challenges the postulate of an "organized capitalism". // 奥费也质疑 "有组织的资本主义" 的假设。

□ **potential**
[pə'tenʃl]

adj. 潜在的　*n.* 可能性

例 The firm has identified 60 potential customers at home and abroad. //该公司已在国内外找到 60 个潜在客户。

□ **pottery**
['pɑːtəri]

n. 陶器；陶器厂

□ **poverty**
['pɑːvəti]

n. 贫穷；缺乏

例 Women in the nineteenth century organized themselves into societies committed to social issues such as temperance and poverty. // 在 19 世纪，妇女们组织起来投身于解决诸如节欲和贫困等社会问题。

□ **practically**
['præktɪkli]

adv. 实际上；事实上

例 I find it practically impossible to give up smoking. // 我觉得戒烟实际上是不可能的。

□ **remark**
[rɪ'mɑːrk]

n. 观察；评论

例 She has made outspoken remarks about the legalization of cannabis in Britain. // 她对英国关于大麻的立法进行了大胆评论。

□ **remarkable**
[rɪ'mɑːrkəbl]

adj. 值得注意的

派 remark *vt.* & *vi.* 评论；觉察

例 a remarkable achievement // 一项非凡的成就

□ **remedy**
['remɪdi]

n. 治疗法

例 a remedy for economic ills // 解决经济问题的良方妙策

□ **reminiscent**
[ˌremə'nɪsənt]

adj. 怀旧的

派 reminiscently *adv.* 回忆地，怀旧地

例 The way he laughed was strongly reminiscent of his father. // 他笑的样子让人很容易想起他的父亲。

□ **sanitation**
[ˌsænɪ'teɪʃn]

n. 公共卫生；环境卫生

记 sanit = san（健康的）+ ation（表名词）→ *n.* [公共] 卫生，卫生设施

派 sanitary *adj.* 清洁的；卫生的

例 the hazards of contaminated water and poor sanitation // 水污染和恶劣卫生环境的危害

□ **sarcasm**
['sɑːrkæzəm]

n. 讥讽；讽刺话

派 sarcastic *adj.* 讥讽的
sardonic *adj.* 讽刺的

例 "What a pity," Graham said with a hint of sarcasm. // "太遗憾了，"格雷厄姆略带挖苦地说道。

□ **satiate**
['seɪʃieɪt]

vt. 充分满足；使腻烦

英 If something such as food or pleasure satiates you, you have all that you need or all that you want of it, often so much that you become tired of it.

例 The dinner was enough to satiate the gourmets. // 晚餐足以让这些美食家们大饱口福。

□ **satire**
['sætaɪər]

n. 讽刺；讽刺作品

英 Satire is the use of humor or exaggeration in order to show how foolish or wicked some people's behavior or ideas are.

派 satirist *n.* 讽刺作家

例 The commercial side of the Christmas season is an easy target for satire. // 圣诞季商业化的一面很容易招来讥讽。

□ **satisfaction**
[ˌsætɪs'fækʃn]

n. 满足，满意；（债务的）清偿；（伤害的）赔偿

英 Satisfaction is the pleasure that you feel when you

do something or get something that you wanted or needed to do or get.

例 She felt a small glow of satisfaction. // 她有了一丝满足感。

□ **saturate**
['sætʃəreɪt]

vt. 浸湿；使充满

英 If someone or something is saturated, they become extremely wet.

例 If the filter has been saturated with motor oil, it should be discarded and replaced. // 过滤器如果已经被机油浸透，则应丢弃并换上新的。

□ **savage**
['sævɪdʒ]

adj. 野蛮的；凶猛的

英 Someone or something that is savage is extremely cruel, violent, and uncontrolled.

记 sav（森林）＋age（年龄）→在森林里度过很多年→野蛮的

例 This was a savage attack on a defenseless young girl. // 这是对一个毫无自卫能力的年轻女孩的野蛮袭击。

vt. （动物）凶狠地攻击（或伤害）；猛烈批评

n. 野兽

□ **tangible**
['tændʒəbl]

adj. 可触知的；确实的，真实的

英 If something is tangible, it is clear enough or definite enough to be easily seen, felt, or noticed.

派 tangibility *n.* 确切性

例 There should be some tangible evidence that the economy is starting to recover. // 应该有一些明显迹象表明经济开始复苏了。

□ **tardy**
['tɑːrdi]

adj. 行动缓慢的

英 If you describe someone or something as tardy, you are criticizing them because they are slow to act.

例 companies who are tardy in paying bills // 迟迟不付账的公司

□ **unearth**
[ʌnˈɜːrθ]

vt. 发掘；揭露

例 Researchers have unearthed documents indicating her responsibility for the forced adoption of children. // 调查人员已经发现了证明她对强制收养儿童事件负有责任的文件。

□ **unilateral**
[ˌjuːnɪˈlætrəl]

adj. **一方的；单方面的**

记 uni（一个，单一）＋lateral（边）→单边的

派 unilaterally *adv.* 单方面做出地

例 unilateral nuclear disarmament // 单方面核裁军

□ **unionism**
[ˈjuːnɪənɪzəm]

n. **工会主义**

□ **valley**
[ˈvæli]

n. **山谷，溪谷**

□ **valve**
[vælv]

n. **阀；（心脏的）瓣膜** *vt.* **装阀于**

□ **vandalize**
[ˈvændəlaɪz]

vt. **肆意破坏（尤指公共财产）**

英 If something such as a building or part of a building is vandalized by someone, it is damaged on purpose.

例 About 1,000 rioters vandalized buildings and looted stores. // 大约 1 000 名暴徒一路捣毁建筑，抢劫商店。

□ **whirl**
[wɜːrl]

vi.&vt. **（使）旋转；（使）回旋**

英 If something or someone whirls around or if you whirl them around, they move around or turn around very quickly.

例 Not receiving an answer, she whirled round. // 没有得到答案，她飞快地转过身去。

n. **旋转**

Check !

□ balance	□ portray	□ populate	□ abash
□ ballot	□ relinquish	□ opportune	□ balloon
□ candid	□ salmon	□ majestic	□ canary
□ dean	□ sand burial	□ jeopardy	□ canton
□ debt	□ underlying	□ immense	□ debris
□ eloquent	□ whiplash	□ gaze	□ elongate
□ imitation	□ undermine	□ eliminate	□ hail
□ jelly	□ tactic	□ debate	□ imminent
□ maize	□ salvage	□ candidate	□ maintain
□ narrow	□ reluctant	□ campsite	□ narrate
□ ponder	□ posterity	□ abate	□ polygraph

☐ portent   ☐ valiant   ☐ portable   ☐ gel

☐ religion   ☐ tad   ☐ pollinate   ☐ elite

☐ sallow   ☐ sanction   ☐ malady   ☐ debilitate

☐ sanctuary   ☐ salary   ☐ jerk   ☐ canopy

☐ tail   ☐ relegate   ☐ immerse   ☐ canal

☐ validate

阅读中常见的背景故事

美国南北战争 (1)

南北战争（American Civil War）即美国内战，是美国历史上唯一一次内战，参战双方为北方美利坚合众国（北方联邦）和南方的美利坚联盟国（南方联邦）。战争最终以北方联邦胜利告终，战争之初本为一场维护国家统一的战争，后来演变为一场了黑奴自由的新生而战的革命战争。

起因：

美国独立后，南方和北方沿着两条不同的道路发展。

在北方，资本主义经济发展迅速，从19世纪20年代起，北部和中部各州开始了工业革命，到50年代完成。南方实行的则是种植园黑人奴隶制度，南方1860年已有黑人奴隶400万人。

斗争主要围绕西部土地展开。北方要求在西部地区发展资本主义，限制甚至禁止奴隶制度的扩大；南方则力图在西部甚至全国扩展奴隶制度。双方矛盾到19世纪50年代在局部地区已酿成武装冲突。在奴隶主的进逼面前，北方人民发起了声势浩大的"废奴运动"，南方黑奴也不断展开暴动。在人民斗争的推动下，北方资产阶级开始主张废除奴隶制度。

1854年在北方成立了共和党。同年，南方奴隶主企图用武力把奴隶制扩张到堪萨斯州，于是在堪萨斯爆发了西部农民与来自自由州的移民反对南方奴隶主的武装斗争，斗争持续到1856年，揭开内战序幕。1857年奴隶主又利用斯科特判决案企图把奴隶制扩展到美国全部领土上去，导致约翰·布朗起义。

1860年主张废除奴隶制的共和党人林肯当选总统，南方奴隶主发动叛乱。南方蓄奴州纷纷独立，南方7州退出联邦，于1861年2月组成"美利坚诸州联盟"，定都里士满，戴维斯任总统。同年4月12日至14日，南方邦联军先发制人攻占萨姆特要塞，内战爆发。

经过：

战争初期北方实力大大超过南方，北方23个州有2 234万人口，南方 7 个州只有 910 万人口，而且其中有 380 多万人是黑奴。北方有发达的工业，年产值 15 亿美元，130 万工人，22 000 英里①的铁路网和丰富的粮食，而南方工业薄弱，年产值 1550 万美元，工人仅 11 万人，铁路也只有 9 000 英里。

但南方有充分的军事准备。得益于不久前结束的美墨战争，南方军队素质较高，指挥官经验丰富，并得到了英法等国的援助。而且，内战前夕 J. 布坎南总统（奴隶主的代理人）曾设法把大量武器和金钱输送到南方。南方想速战速决地打败北方。

南北战争可以分为两个阶段——"有限战争阶段"和"革命战争阶段"。

有限战争阶段

1861 年 4 月至 1862 年 9 月是"有限战争阶段"。双方都集中兵力于东战场，为争夺对方首都而展开激战。南方军队统帅是杰出的军事家罗伯特·李，他根据双方力量悬殊的状况，制定了以攻为守的战略，集中兵力寻歼北军主力，迫使北方签订城下之盟。而北方对战争准备不足，又采取了所谓的"大蛇计划"，把兵力分散在 8 000 英里长的战线上，加上同情奴隶主的指挥官麦克莱兰采取消极战术，使北军连连受挫。

林肯政府在内战初期进行战争的目的是恢复南北的统一，担心触动奴隶制度会把一些边境奴隶州推向南方叛乱者一方，从而失掉边境诸州这个重要的战略地区。由于北方政府不肯宣布解放奴隶，所以，在内战第一阶段，北方在军事上连遭失败。

马那萨斯会战

1861 年 7 月东战场举行马那萨斯会战。7 月 21 日，北方发起向南方首都里士满进军的攻势，3.5 万北方军队排着整齐的队形，在军乐声中向里士满进军。由于北方事先大张声势，认为南军不堪一击，加上这一天是星期六，于是许多华盛顿市民、国会议员、记者等身着盛装，携妻带子，提着装有野餐的篮子，有的坐马车，有的随军队步行，像过节一样，前来战地观光，看热闹。

南方军队 2.2 万人在铁路枢纽马那萨斯列阵相迎。北方军队在观众的欢呼声中向南军发起攻击，猛烈的炮火把南军阵地笼罩在烟雾中。北军继而跨过布尔河向对岸发起冲击。谁想南军指挥官是名将托马斯·杰克逊，他沉着指挥，击退了北军五次冲锋，因此获得"石墙"的美称。战斗十分激烈，由于双方军服几乎相同，一时敌我难辨，战场一片混乱。不久，南军 9 000 人援军赶到，发起反攻。缺乏训练的北军一触即溃，丢下大批枪支弹药逃回华盛顿。这一仗，北军损兵折将 3 000 人，南军损失不到 2 000 人。

---

① 1 英里≈1.61 千米

Word List 04

扫码关注后回复 70879
免费下载配套音频

看看有没有已经认识的单词

- abide
- abject
- abnormal
- abolish
- banquet
- caption
- capture
- carbon dioxide
- carbonate
- carcass
- carcinogen
- deceive
- decent
- deceptive
- decimate
- decorate

- decree
- embark
- embed
- embrace
- gauge
- hammock
- hamper
- impede
- impend
- imperative
- imperceptible
- judicious
- Jupiter
- jurisdiction
- justice

- mandate
- maneuver
- nasally
- oppression
- optic
- optical
- pragmatic
- prairie
- praise
- prank
- prawn
- preach
- precept
- remnant
- rend

- render
- renounce
- renovation
- savor
- scale
- scan
- scandal
- scant
- target
- tariff
- unprecedented
- unravel
- unrelenting
- unveil
- vanish

□ abide
[ə'baɪd]

vt. 遵守；容忍；等候

英 If you can't abide someone or something, you dislike them very much.

派 abide by 遵守；信守

例 I can't abide people who can't make up their minds. // 我受不了优柔寡断的人。

vi. 持续；经受住，顶住；居住，逗留

□ abject
['æbdʒekt]

adj. 凄惨的；卑鄙的

英 You use abject to emphasize that a situation or quality is extremely bad.

例 Both of them died in abject poverty. // 他们两个人都在穷困潦倒中死去。

□ abolish
[ə'bɑːlɪʃ]

vt. 废除；废止

英 to get rid of

例 Slavery was abolished in 19th century in America. // 美国的奴隶制度在 19 世纪被废止了。

□ abnormal
[æb'nɔːrml]

adj. 反常的，异常的

□ banquet
['bæŋkwɪt]

n. 筵席；宴会

英 A banquet is a grand formal dinner.

例 Last night he attended a state banquet at Buckingham Palace. // 昨晚他出席了在白金汉宫举行的国宴。

□ caption
['kæpʃn]

vt. 给（图片、照片等）加说明文字

英 When someone captions a picture or cartoon, they put a caption under it.

例 *The Sun* had captioned a picture of Princess Diana "Princess of Veils". //《太阳报》在黛安娜王妃的一张照片下写了一段说明文字——披着面纱的王妃。

n. 字幕；说明文字

□ capture
['kæptʃər]

vt. 俘获；夺取

例 The guerrillas shot down one aeroplane and captured the pilot. // 游击队击落了一架飞机，并俘获了飞行员。

n. 捕获

carbon dioxide
['kɑːrbən daɪ'ɑːksaɪd]

n. 二氧化碳

---

carbonate
['kɑːrbənət] /
['kɑːrbəneɪt]

n. 碳酸盐

例 1,500 milligrams of calcium carbonate // 1 500 毫克碳酸钙

vt. 充二氧化碳于

---

carcass
['kɑːrkəs]

n. (人或动物的) 尸体

---

carcinogen
[kɑːr'sɪnədʒən]

n. 致癌物

---

deceive
[dɪ'siːv]

vt. 欺诈；误导

英 If you deceive someone, you make them believe something that is not true, usually in order to get some advantage for yourself.

例 He has deceived and disillusioned us all. // 他欺骗了大家，让我们失望至极。

---

decent
['diːsənt]

adj. 正派的；得体的

英 Decent is used to describe something which is morally correct or acceptable.

例 But, after a decent interval, trade relations began to return to normal. // 但是适当地间断一段时间后，贸易关系开始恢复正常。

---

deceptive
[dɪ'septɪv]

adj. 迷惑的；欺诈的

记 de (坏) + cept (拿，抓，握住) + ive (……的) → 拿坏的东西来 → 欺骗性的

派 deceptiveness *n.* 欺骗，误解

例 Each article contained content that could be misleading or deceptive. // 每一篇文章的内容都可能产生误导或欺骗。

---

decimate
['desɪmeɪt]

vt. 取十分之一；大批杀害

派 decimation *n.* 多数人的杀害；大量毁灭

例 The population was decimated by a plague. // 人口中的大部分被一场瘟疫所毁。

---

decorate
['dekəreɪt]

vt. 装饰；布置

例 We decorated the house for the holidays. // 我们装饰房子迎接假期的到来。

□ **decree**
[dɪ'kriː]

vi. & *vt.* 命令；颁布……为法令

例 The UN Security Council has decreed that the election must be held by May. // 联合国安理会已通过决议，规定选举必须在 5 月前举行。

n. 法令；命令

□ **embark**
[ɪm'bɑːrk]

vi. & *vt.* 上飞机；着手，从事

英 If you embark on something new, difficult, or exciting, you start doing it.

例 He's embarking on a new career as a writer. // 他即将开始新的职业生涯——当一名作家。

□ **embed**
[ɪm'bed]

vi. & *vt.* 把……嵌入；栽种

例 One of the bullets passed through Andrea's chest before embedding itself in a wall. // 其中一颗子弹射穿了安德烈亚的胸部，打入一面墙中。

□ **embrace**
[ɪm'breɪs]

vi. & *vt.* 拥抱；包含；信奉

记 em（进入……之中）＋brace（两臂，胳膊）→进入怀抱

派 embracer *n.* 拥抱者；信奉者；接受者；企图以非法手段笼络法庭或陪审团的人

例 He embraced his daughter tenderly. // 他温柔地拥抱女儿。

n. 拥抱，怀抱

□ **gauge**
[ɡeɪdʒ]

n. 尺度；评估

例 pressure gauges // 压力计

vt. 测量

□ **hammock**
['hæmək]

n. 吊床

英 a piece of strong cloth or netting which is hung between two supports and used as a bed

□ **hamper**
['hæmpər]

n. 食盒；阻碍物

例 a picnic hamper // 野餐篮子

vt. 妨碍；束缚

□ **impede**
[ɪm'piːd]

vt. 阻碍；妨碍

派 impediment *n.* 妨碍，阻碍

英 If you impede someone or something, you make their movement, development, or progress difficult.

例 Fallen rock is impeding the progress of rescue workers. // 坠落的石头阻碍了救援人员的救援进程。

□ **impend**
[ɪmˈpend]

vi. 即将发生

英 be imminent or about to happen

例 Crucial events impend in Europe. // 欧洲即将发生具有决定意义的事变。

□ **imperative**
[ɪmˈperətɪv]

adj. 必要的；紧急的

记 imper（命令，统治）+ ative（……的）→命令的，强制的

派 imperatively *adv.* 命令式地

例 The most important political imperative is to limit the number of US casualties. // 现在的头等政治大事就是要控制美国人的伤亡人数。

□ **imperceptible**
[ˌɪmpərˈseptəbl]

adj. 察觉不出的；极细微的

记 im（不）+ percept（知觉）+ ible（能……的；可……的）→觉察不到的

□ **judicious**
[dʒuːˈdɪʃəs]

adj. 明智的；有见地的；审慎的

英 If you describe an action or decision as judicious, you approve of it because you think that it shows good judgment and sense.

例 The President authorizes the judicious use of military force to protect our citizens. // 总统授权可以明智而审慎地动用军队保护我们的公民。

□ **Jupiter**
[ˈdʒuːpɪtər]

n. ［天］木星；朱庇特（罗马神话中的宙斯神）

□ **jurisdiction**
[ˌdʒʊrɪsˈdɪkʃn]

n. 司法；司法权

记 juris（发誓，法律；正确，正直）+ dict（说，命令）+ ion（表名词）→法律上命令→司法权

例 have jurisdiction over something // 对某事有管辖权限

□ **justice**
[ˈdʒʌstɪs]

n. 正义；审判员，法官

例 He has a good overall sense of justice and fairness. // 他极富正义感和公平意识。

□ **mandate**
[ˈmændeɪt]

vt. 批准；颁布；强制执行

例 Quebec mandated that all immigrants send their children to French schools. // 魁北克省颁布法令，强制所有移民将子女送进法语学校就读。

□ **maneuver**
[mə'nuːvər]

vt. 调遣；操纵

例 The pilot instinctively maneuvered to avoid them. // 飞行员本能地驾机避开他们。

n. 策略

□ **nasally**
['neɪzəli]

adv. 鼻声地；鼻音地

□ **oppression**
[ə'preʃn]

n. 压迫；压制

英 Oppression is the cruel or unfair treatment of a group of people.

□ **optic**
['ɑːptɪk]

adj. 光学的；眼睛的

例 The reason for this is that the optic nerve is a part of the brain. // 这其中的原因在于视神经是大脑的一部分。

□ **optical**
['ɑːptɪkl]

adj. 视力的；光学的

英 Optical devices, processes, and effects involve or relate to vision, light, or images.

例 optical telescopes // 光学望远镜

□ **pragmatic**
[præg'mætɪk]

adj. 实用主义的

英 Pragmatic way of dealing with something is based on practical considerations, rather than theoretical ones. A pragmatic person deals with things in a practical way.

派 pragmatically *adv.* 实用主义地

例 Robin took a pragmatic look at her situation. // 罗宾实际地考虑了一下她的处境。

□ **prairie**
['preri]

n. 大草原；牧场

□ **praise**
[preɪz]

vt. 赞扬，赞美

派 praiseful *adj.* 赞扬的

英 If you praise someone or something, you express approval for their achievements or qualities.

例 The American president praised Turkey for its courage. // 美国总统赞扬了土耳其的勇气。

□ **prank**
[præŋk]

n. 胡闹；恶作剧

英 A prank is a childish trick.

□ **prawn**
[prɔːn]

n. 对虾

□ **preach**
[priːtʃ]

vi. & vt. 宣扬；说教

例 At High Mass the priest preached a sermon on the devil. // 牧师在大弥撒上布道驱邪。

n. 说教

□ **precept**
['priːsept]

n. 规诫，箴言

□ **remnant**
['remnənt]

n. 残余；剩余部分　*adj.* 残留的

□ **rend**
[rend]

vi. & vt. 撕碎；分裂

例 pain that rends the heart // 钻心的疼痛

□ **render**
['rendər]

vt. 给予；提出；执行

记 rend（给）＋er（表动词）→呈报

例 The money was in fact payment by the CIA for services rendered. // 这些钱其实是中央情报局付的工作报酬。

□ **renounce**
[rɪ'naʊns]

vi. & vt. 宣布放弃；抛弃（信仰或行为方式）

□ **renovation**
[ˌrenə'veɪʃn]

n. 翻新；整修

例 a property which will need extensive renovation // 需要进行大规模整修的房产

□ **savor**
['seɪvə]

n. 滋味；气味　*vi. & vt.* 品尝

□ **scale**
[skeɪl]

n. 规模；比例（尺）；鱼鳞；级别

英 If you refer to the scale of something, you are referring to its size or extent, especially when it is very big.

例 However, he underestimates the scale of the problem. // 然而，他低估了问题的严重性。

vi. & vt. 衡量

□ **scan**
[skæn]

vi. & vt. ＜计＞扫描；细看　*n.* 扫描；浏览

英 When you scan written materials, you look through it quickly in order to find important or interesting information.

例 She scanned the advertisement pages of the newspapers. // 她浏览了一下报纸的广告页。

□ **scandal**
['skændl]

n. 丑闻

例 a financial scandal // 金融丑闻

□ **scant**
[skænt]

adj. 不足的；缺乏的

派 scantly *adv.* 不足地；缺乏地

例 pay scant attention // 不够关注

□ **target**
['tɑːrgɪt]

n. 靶子；目标

□ **tariff**
['tærɪf]

n. 关税

英 A tariff is a tax that a government collects on goods coming into a country.

例 America wants to eliminate tariffs on items such as electronics. // 美国打算取消电子产品等的关税。

□ **unprecedented**
[ʌn'presɪdentɪd]

adj. 空前的；前所未有的

□ **unravel**
[ʌn'rævəl]

vi. & vt. 解开；拆散

例 Her marriage unraveled. // 她的婚姻破裂了。

□ **unrelenting**
[ˌʌnrɪ'lentɪŋ]

adj. 无情的；不屈不挠的

□ **unveil**
[ʌn'veɪl]

vi. & vt. 公布；为……揭幕

英 If someone formally unveils something such as a new statue or painting, they draw back the curtain which is covering it.

例 Mr Werner unveiled his new strategy this week. // 沃纳先生本周公布了其新策略。

□ **vanish**
['vænɪʃ]

vi. & vt. 突然不见；消失

派 van（空）＋ish（表动词）→空空→消失

例 Near the end of Devonian times, thirty percent of all animal life vanished. // 在泥盆纪末期，30％的动物物种都灭绝了。

Check !

- abbreviate
- abdicate
- bankrupt
- capital
- decade
- emancipation
- halt
- impeach
- mammal
- oppress
- potential
- remark
- sanitation
- satisfaction
- tardy
- valley

- whirl
- unionism
- tangible
- satire
- reminiscent
- practically
- postulate
- opposition
- malleable
- impair
- halo
- emanate
- debut
- capacity
- banish

- abrupt
- canvas
- capricious
- decay
- embargo
- immoral
- joint
- mammoth
- posthumous
- pottery
- remarkable
- sarcasm
- saturate
- unearth
- valve

- vandalize
- unilateral
- savage
- satiate
- remedy
- poverty
- postpone
- narrative
- journal
- immune
- gaunt
- elucidate
- debunk
- capable
- balmy

Word List 05

扫码关注后回复 70879
免费下载配套音频

看看有没有已经认识的单词

- □ abound
- □ abrasion
- □ abridge
- □ abroad
- □ abrogate
- □ barb
- □ bare
- □ cabin
- □ cardinal
- □ cardiovascular
- □ cargo
- □ carnivore
- □ carpentry
- □ cartography
- □ carve
- □ decrepit

- □ dedicate
- □ deduce
- □ deduct
- □ deem
- □ defect
- □ embryo
- □ emend
- □ emerge
- □ eminence
- □ garrison
- □ handicap
- □ imperial
- □ impetus
- □ implant
- □ justification
- □ justify

- □ juvenile
- □ mangrove
- □ mania
- □ manifest
- □ nasty
- □ optimal
- □ optimistic
- □ option
- □ precipitate
- □ precise
- □ preclude
- □ precursor
- □ predate
- □ predatory
- □ predestine
- □ repatriate

- □ repeal
- □ repel
- □ scar
- □ scarce
- □ scare
- □ scarlet
- □ scatter
- □ tarnish
- □ tatter
- □ upheaval
- □ upwell
- □ vanity
- □ vanquish
- □ vapid
- □ whisk

□ **abound**
[ə'baʊnd]

vi. 充满；丰富

英 If things abound, or if a place abounds with things, there are very large numbers of them.

例 Stories abound about when he was in charge. // 关于他在任时的传闻数不胜数。

□ **abrasion**
[ə'breɪʒn]

n. 擦伤，磨损

派 abrasive *adj.* 研磨的

例 She has abrasions on her face and shoulder. // 她的脸上和肩膀上都有些擦伤。

□ **abridge**
[ə'brɪdʒ]

vt. 缩短；节略

英 lessen, diminish, or curtail

例 The time is limited, so he abridged his composition. // 时间有限，他缩短了他的作文。

□ **abroad**
[ə'brɔːd]

adj. 往国外的

□ **abrogate**
['æbrəgeɪt]

vt. 取消；废除（法律等）　　*n.* 取消；废除

英 If someone in a position of authority abrogates something such as a law, agreement, or practice, they put an end to it.

例 The next prime minister could abrogate the treaty. // 下一任首相可能会废除这个条约。

□ **barb**
[bɑːrb]

vt. 装倒钩于；挖苦

例 She barbed her answer angrily. // 她生气地反唇相讥。

□ **bare**
[ber]

adj. 光秃秃的；赤裸的

英 If a part of your body is bare, it is not covered by any clothing.

例 She was wearing only a thin robe over a flimsy nightdress, and her feet were bare. // 她只在薄如蝉翼的睡衣外套了一件薄睡袍，而且光着脚。

vt. 使赤裸

□ **cardinal**
['kɑːrdɪnl]

adj. **基本的**

英 A cardinal rule or quality is the one that is considered to be the most important.

例 As a salesman, your cardinal rule is to do everything you can to satisfy a customer. // 作为推销员，你的首要任务是竭尽全力让顾客满意。

n. **红衣凤头鸟；基数**

□ **cardiovascular**
[ˌkɑːrdioʊˈvæskjələ(r)]

adj. **心血管的**

□ **cargo**
['kɑːrgoʊ]

n. **货物**

□ **carnivore**
['kɑːrnɪvɔː(r)]

n. **[动]食肉动物；食虫植物**

记 carni＝carn（肉，肉欲）＋vor（吃）＋e→吃肉的［动物］

□ **carpentry**
['kɑːrpəntri]

n. **木工手艺；木匠业**

□ **cabin**
['kæbɪn]

n. **小屋；（轮船上工作或生活的）隔间；（飞机的）座舱**

□ **cartography**
[kɑːrˈtɑːgrəfi]

n. **制图学；绘图法**

派 cartographer *n.* 制图者

□ **carve**
[kɑːrv]

vi. & vt. **雕刻；切**

英 If you carve writing or a design on an object, you cut it into the surface of the object.

例 He carved his name on his desk. // 他把名字刻在自己的课桌上。

□ **decrepit**
[dɪˈkrepɪt]

adj. **衰朽的；衰老的**

□ **dedicate**
['dedɪkeɪt]

vt. **致力于；献身**

记 de（加强）＋dic（说话，断言，写）＋ate（表动词）→一再说→努力献身

派 dedicator *n.* 献身者

例 She dedicated her life to science. // 她献身科学。

□ **deduce**
[dɪˈduːs]

vt. **推论，推断；演绎**

记 de（向下）+duce（引导，带来）→向下引→推论

派 deducible *adj.* 可推论的

例 She hoped he hadn't deduced the reason for her visit. // 她希望他还没有推断出她此次来访的原因。

□ **deduct**
[dɪˈdʌkt]

vt. **扣除，减去**

例 Once you deduct your expenses, there is nothing left. // 一旦扣除你的费用，就什么也没有了。

□ **deem**
[diːm]

vi. & vt. **认为；主张**

英 If something is deemed to have a particular quality or to do a particular thing, it is considered to have that quality or do that thing.

例 French and German were deemed essential. // 法语和德语被认为是必不可少的。

□ **defect**
[ˈdiːfekt]

n. **瑕疵；毛病**

例 He was born with a hearing defect. // 他患有先天性听力缺损。

□ **embryo**
[ˈembriəʊ]

n. **胚胎；胚芽**

□ **emend**
[ɪˈmend]

vt. **校订，修改**

英 make improvements or corrections to

例 From the viewpoint of the phonology, we emend the words in different editions of Liu's poems. // 从音韵学的角度，我们对不同版本刘长卿近体诗进行了校勘。

□ **emerge**
[ɪˈmɜːrdʒ]

vi. **浮现；暴露**

记 e（出）+merg（投入；淹没）+e→淹没的东西出现→浮现

派 emergence *n.* 出现；发生

例 The sun emerges from behind the clouds. // 太阳从云层里露出来。

□ **eminence**
[ˈemɪnəns]

n. **显赫**

派 eminent *adj.* 知名的；杰出的

例 All the cultural and spiritual eminence of man is conditioned by the accumulation of capital. // 人类一切文化和精神的卓越成就都是以资本积累为前提条件的。

garrison
['gærɪsn]

vt. 驻防

例 British troops still garrisoned the country. // 英军依然驻守在该国。

n. 警卫部队；要塞

---

handicap
['hændɪkæp]

vt. 妨碍

记 hand（手）+i（=in 进入）+cap（帽）→指古代彩票赌马将罚金置于帽中→设置不利条件

英 If an event or a situation handicaps someone or something, it places them at a disadvantage.

例 Greater levels of stress may seriously handicap some students. // 压力的加重可能会给一些学生带来严重的负面影响。

n. 障碍；缺陷

例 Being a foreigner was not a handicap. // 身为外国人并不是一个障碍。

---

imperial
[ɪm'pɪriəl]

adj. 帝国的；皇帝的　　*n.* 纸张尺寸，通常是 23×23 英寸②

记 imper（帝国）+ial（……的）→帝国的

---

impetus
['ɪmpɪtəs]

n. 推动；促进

---

implant
[ɪm'plænt]/
['ɪmplænt]

vi. & vt. 移植；灌输

英 To implant something into a person's body means to put it there, usually by means of a medical operation.

例 Doctors in Arizona say they have implanted an artificial heart into a 46-year-old woman. //亚利桑那州的医生称他们已经把一颗人造心脏移植到一名 46 岁妇女的体内。

n. 移植的组织

---

justification
[ˌdʒʌstɪfɪ'keɪʃn]

n. 辩解；无过失

英 A justification for something is an acceptable reason or explanation for it.

例 I knew there was no justification for what I was doing. // 我知道我的所作所为毫无道理。

---

justify
['dʒʌstɪfaɪ]

vi. & vt. 证明……有理；为……辩护

例 No argument can justify a war. // 任何理由都不能为战争开脱。

---

② 1 英寸=2.54 厘米

☐ **juvenile**
['dʒuːvənl]

adj. 少年的；幼稚的

英 Juvenile activity or behaviour involves young people who are not yet adults.

例 Juvenile crime is increasing at a terrifying rate. // 青少年犯罪正在以惊人的速度增长。

n. 少年

☐ **mangrove**
['mæŋɡroʊv]

n. 红树属树木；海榄雌

例 mangrove swamps // 红树林沼泽

☐ **mania**
['meɪniə]

n. 热衷；狂爱

例 It seemed to some observers that the English had a mania for travelling. // 在某些观察家看来，英国人对旅行似乎抱有一种狂热。

☐ **manifest**
['mænɪfest]

vt. 表明；证明

记 mani（＝man 手）＋fest（打击）→用手打击→不隐藏→表明

例 The virus needs several years to manifest itself. // 这种病毒潜伏数年时间才会发作。

adj. 显然的

派 manifestly *adv.* 明白地

☐ **nasty**
['næsti]

adj. 肮脏的；下流的

英 Something that is nasty is very unpleasant to see, experience, or feel.

派 nastiness *n.* 污秽，不洁

例 an extremely nasty murder // 令人发指的谋杀

☐ **optimal**
['ɑːptɪməl]

adj. 最佳的；最优的

记 optim（最好，乐观）＋al（……的）→最佳的，最理想的

派 optimality *n.* 最优性；最佳性

☐ **optimistic**
[ˌɑːptɪ'mɪstɪk]

adj. 乐观的，乐观主义的

例 The President says she is optimistic that an agreement can be worked out soon. // 总统说她对很快达成协议持乐观态度。

☐ **option**
['ɑːpʃn]

n. 选项；选择

□ **precipitate**
[prɪˈsɪpɪteɪt]

vt. 加速；促使

记 pre（前面）＋cipit（头）＋ate（表动词，也可表示形容词和名词）→一头往前冲

派 precipitation *n.* 沉淀

例 A slight mistake could precipitate a disaster. // 小错误可能会招致大灾难。

n. [化] 沉淀物

□ **precise**
[prɪˈsaɪs]

adj. 清晰的；精确的

记 pre（预先）＋cise（切开，杀）→预先切好→精确的

派 preciseness *n.* 准确

□ **preclude**
[prɪˈkluːd]

vt. 排除；阻止

英 If something precludes an event or action, it prevents the event or action from happening.

例 At 84, John feels his age precludes too much travel. // 84 岁的约翰感到自己年事已高，不能进行太多的旅行。

□ **precursor**
[priːˈkɜːrsə(r)]

n. 前辈；先驱

□ **predate**
[priːˈdeɪt]

vt. 提早日期；居先

例 His troubles predated the recession. // 他的问题在经济萧条前就出现了。

□ **predatory**
[ˈpredətɔːri]

adj. 以捕食其他动物为生的；掠夺性的

英 Predatory animals live by killing other animals for food.

例 the predatory behavior of the investment banks // 投资银行的掠夺行为

□ **predestine**
[priːˈdestɪn]

vt. 注定；命定

□ **repatriate**
[ˌriːˈpeɪtrieɪt] /
[ˌriːˈpeɪtriət]

vt. 回国；遣返

英 If a country repatriates someone, it sends them back to their home country.

派 repatriation *n.* 遣送回国

例 It was not the policy of the government to repatriate genuine refugees. // 遣返真正的难民回国并非政府的政策。

n. 被遣返回国者

□ **repeal**
[rɪ'piːl]

vt. 废除；撤销

英 If the government repeals a law, it officially ends it, so that it is no longer valid.

例 The government has just repealed the law segregating public facilities. // 政府刚刚废止了不同种族分开使用公共设施的法令。

n. 撤销

□ **repel**
[rɪ'pel]

vt. 击退；抵制

派 repellent *adj.* 击退的 *n.* 驱虫剂

例 They have fifty thousand troops along the border ready to repel any attack. // 他们有 5 万人的部队驻扎在边境，随时准备击退任何进攻。

□ **scar**
[skɑːr]

n. 伤痕；精神上的创伤

英 A scar is a mark on the skin which is left after a wound has healed.

例 He had a scar on his forehead. // 他的前额有一道疤。

vi. & *vt.* 结疤

□ **scarce**
[skers]

adj. 缺乏的；罕见的

□ **scare**
[sker]

vt. & *n.* 惊吓

□ **scarlet**
['skɑːrlət]

adj. 深红的

英 Something that is scarlet is bright red.

例 her scarlet lipstick // 她鲜红色的唇膏

n. 猩红色；象征罪恶的深红色

□ **scatter**
['skætər]

vi. & *vt.* （使）散开

英 If you scatter things over an area, you throw or drop them so that they spread all over the area.

例 She tore the rose apart and scattered the petals over the grave. // 她掰开玫瑰花，将花瓣撒在坟墓上。

After dinner, everyone scattered. // 晚餐后，大家各奔东西。

n. 撒布，散播

□ **tarnish**
['tɑːrnɪʃ]

vi. & *vt.* （通常指金属）（使）失去光泽；玷污

英 If you say that something tarnishes someone's reputation or image, you mean that it causes people to have a worse opinion of them than they would otherwise have had.

例 The affair could tarnish the reputation of the prime minister. // 这一事件可能有损首相的名誉。

n. 污点

☐ **tatter**
['tætər]

n. 破布条；碎片　*vi. & vt.* 扯碎

☐ **upheaval**
[ʌp'hiːvl]

n. 动乱；剧变

例 The epidemic greatly intensified the political and religious upheaval that ended the Middle Ages. // 这场流行病大大加剧了政治和宗教的动荡，这场动荡使中世纪终结。

☐ **upwell**
[ʌp'wel]

vi. 往上涌出

☐ **vanity**
['vænɪti]

n. 自负；虚荣

英 If you refer to someone's vanity, you are critical of them because they take great pride in their appearance or abilities.

例 Men who use steroids are motivated by sheer vanity. // 使用类固醇的男人纯粹是受虚荣心的驱使。

☐ **vanquish**
['væŋkwɪʃ]

vt. 战胜；克服

英 To vanquish someone means to defeat them completely in a battle or a competition.

例 A happy ending is only possible because the hero has first vanquished the dragons. // 只有主人公先把那些恶龙制服，才有可能实现大团圆结局。

☐ **vapid**
['væpɪd]

adj. 乏味的；枯燥的

☐ **whisk**
[wɪsk]

vi. & vt. 搅拌；掸

例 He whisked her across the dance floor. // 他带着她飞快地穿过舞池。

n. 扫帚

Check !

□ abide	□ mandate	□ vanish	□ justice
□ abject	□ nasally	□ unrelenting	□ Jupiter
□ abnormal	□ optic	□ unprecedented	□ imperceptible
□ caption	□ pragmatic	□ target	□ impend
□ carbon dioxide	□ praise	□ scandal	□ hamper
□ carcass	□ prawn	□ scale	□ gauge
□ deceive	□ precept	□ renovation	□ embed
□ deceptive	□ rend	□ render	□ decree
□ decorate	□ renounce	□ remnant	□ decimate
□ embark	□ savor	□ preach	□ decent
□ embrace	□ scan	□ prank	□ carcinogen
□ hammock	□ scant	□ prairie	□ carbonate
□ impede	□ tariff	□ optical	□ capture
□ imperative	□ unravel	□ oppression	□ banquet
□ judicious	□ unveil	□ maneuver	□ abolish
□ jurisdiction			

阅读中常见的背景故事

美国南北战争（2）

半岛战役

进入 1862 年，战况更为激烈。林肯于 2 月 22 日下令 50 万大军发起总攻击。北军在西线节节胜利，几乎打通了南北大动脉——密西西比河。海军也攻克了南方最大的港口新奥尔良。但在东线战场，北军又连遭惨败。北军司令麦克莱兰拥有重兵 10 万，却几个月按兵不动，因为他把敌人的 5 万人马当成了 15 万。后在林肯的催促下，才发动"半岛战役"，企图攻占里士满。

罗伯特·李急率南军迎击。6 月 25 日至 7 月 1 日，李的 9 万军队同北军 10 万人展开"七日会战"，李以机动寻找战机，调动北军，然后对北军薄弱环节发起进攻，把北军逐出了里士满附近的半岛，使北军损失 1.65 万人，南军也损失 2 万人，但在战略上却取得了保卫首都的胜利。

李乘胜北上，8 月底，与北军进行第二次马那萨斯会战。南军有 5.4 万人，北军 8 万人。李高超的指挥艺术发挥得淋漓尽致，他以小部分队伍把北军主力吸引到阵地上，主力机动，从侧翼和后方发起进攻，然后正面、侧面夹击，一举击溃了北军。北军伤亡 1.4 万人，被俘 7 000 人，南军兵临华盛顿城下。北军 9 月在安提塔姆会战中才顶住了李军攻势。

在海战方面，虽然北方海军占压倒性优势，但南方的装甲战舰也给北方带来了很大麻烦。

解放宣言

北军虽然在西线取得一系列辉煌的战果，从南军手中夺取了几个重要战略据点，但是这些战果都被东线的惨败所抵消。在北方军事屡次失败的情况下，共和党内部的激进派及社会上的废奴主义者提出解放奴隶和武装黑人的主张。林肯也意识到解放奴隶的必要性。

1862 年，北军发动进攻，西线由格兰特指挥，进展顺利。2 月攻克亨利堡和多纳尔森堡，1862 年 4 月在夏洛战役中击败南军，1862 年 5 月攻克科林斯和孟菲斯，解放了肯塔基和田纳西。东线北军则进展迟缓，1862 年 7 月被罗伯特·李指挥的南军击溃，李乘胜北进。1862 年 8 月在布尔河南军再次击败北军，兵临华盛顿，1862 年 9 月两军进行安提塔姆会战，李被击退。12 月北军在弗雷德里斯克堡战役中再次被李击败。

1862 年 9 月 22 日，林肯发表预备性的解放宣言。宣布：假如在 1863 年 1 月 1 日以前南方叛乱者不放下武器，叛乱诸州的奴隶将从那一天起获得自由。消息传到南方后，成千上万的奴隶逃往北方。英国工人阶级也展开了支持北方的运动，迫使英国政府放弃了原来的干涉计划。

革命战争阶段

美国南北战争从 1862 年 9 月进入了"革命战争阶段"。

林肯政府还实行了一系列革命措施和政策：

1862—1863 年实行武装黑人的政策。因此，成千上万的黑人报名参加北方军队，其中主要是南方逃亡的奴隶；

1862 年 5 月颁布的《宅地法》规定：一切忠于联邦的成年人，只要交付 10 美元的登记费，就可以在西部领取 64.74 公顷③的土地，在土地上耕种 5 年后就可以成为这块土地的所有者。林肯政府严厉镇压反革命分子，清洗军队中南方代理人。

1863 年开始实行征兵法，以代替募兵制，增强了北方的兵力。同时，林肯调整了军事领导机构，实行统一指挥，任命有卓越军事才能的格兰特为全军统帅。

1863 年元旦林肯颁布《解放宣言》宣布解放黑奴，允许黑人参加北方军队，允许所有美国人得到西部的土地。同年 5 月，北军再次

---

③　1 公顷＝10 000 平方米

进攻里士满，在切斯罗维尔被李击退。5 月 22 日北军发动总攻，进行了长达 47 天的炮击，6 月李再次北进。

1863 年 7 月 1 日两军在葛底斯堡展开决战，7 月 3 日南军被击败。南军损失 2.8 万人，成为内战的转折点，战场上的主动权转到北方军队手中。在李北进的同时，格兰特在西线包围了南军防守密西西比河的要塞——维克斯堡，7 月 4 日南军投降。7 月 8 日北军占领哈得逊港，南军被分割成东西两部分。9 月北军攻克查塔努加，11 月击退南军的反击。

1864 年，北方最高统帅采用新的战略方针，在东、西两线同时展开强大攻势。在东线以消耗敌人力量为主要目标；在西线用强大兵力深入敌方腹地，切断"南部同盟"的东北部与西南部的联系。

1864 年 9 月，谢尔曼将军麾下的北军一举攻下亚特兰大，两个月后开始著名的"向海洋进军"，在进军中彻底摧毁了敌人的各种军事设施，沉重地打击了敌人的经济力量，使南方经济陷于瘫痪。在东线，格兰特将军统率北军把敌军驱逼到叛乱"首都"里士满附近。

1865 年初，奴隶纷纷逃亡，种植场经济濒于瓦解。北方海军实行的海上封锁，几乎断绝了南方与欧洲的贸易。同时，南方内部也出现反对派，许多小农加入"联邦派"，从事反战活动。南方逃兵与日俱增，粮食及日用品匮乏。

1865 年 4 月 9 日，李的部队陷入北方军队的重围之中，被迫向格兰特请降。南北战争终止，美国恢复统一。

结果

战争最终以联邦胜利告终。战争之初本为一场维护国家统一的战争，后来演变为一场为了黑奴自由的新生而战的革命战争。南北战争的局限性在于林肯只是废除了南方叛乱诸州的奴隶制，这些黑人虽然被解放了，但是并没有获得和白人一样的权利。

Word List
06

扫码关注后回复 70879
免费下载配套音频

看看有没有已经认识的单词

- absolute
- absolve
- absorb
- abstain
- abstract
- bargain
- barge
- bark
- cascade
- casino
- cast
- castigate
- catalog
- catastrophe
- defer

- deficient
- deficit
- deflect
- deforest
- deformation
- eminent
- emission
- emit
- empathize
- empathy
- garnish
- haphazard
- implausible
- implicate
- keen

- ken
- manifold
- manipulate
- native
- orbit
- orchestra
- predicate
- predominantly
- preempt
- prejudice
- preliminary
- repertory
- repetition
- replenish
- replicate

- reply
- scavenger
- scenario
- scheme
- scholar
- school
- scope
- taw
- tax
- tease
- urban
- urge
- vaporize
- wholesale

□ **absolute** ['æbsəluːt]	*adj.* 绝对的；完全的
□ **absolve** [əb'zɑːlv]	*vt.* 宣告……无罪；免除责任 英 If a report or investigation absolves someone from blame or responsibility, it formally states that he or she is not guilty or is not to blame. 例 A police investigation yesterday absolved the police of all blame in the incident. // 警方昨天的调查廓清了其在此事件中的所有责任。
□ **absorb** [əb'sɔːrb]	*vt.* 吸收（液体、气体等）；吸引 例 Refined sugars are absorbed into the bloodstream very quickly. // 精制糖被迅速吸收进血液中。
□ **abstain** [æb'steɪn]	*vi.* 戒（尤指酒）；（投票时）弃权 英 If you abstain from something, usually something you want to do, you deliberately do not do it. 例 Abstain from sex or use condoms. // 禁绝性事或使用安全套。 Three Conservative MPs abstained in the vote. // 三位保守党下院议员投了弃权票。
□ **abstract** [æb'strækt]/ ['æbstrækt]	*adj.* 抽象的 英 An abstract idea or way of thinking is based on general ideas rather than on real things and events. 例 abstract principles such as justice // 正义等抽象原则 *vt.* 提取；分离 英 If you abstract something from a place, you take it from there. 例 a license to abstract water from the River Axe // 从阿克斯河中抽水的许可证 *n.* 摘要
□ **bargain** ['bɑːrgən]	*n.* 契约；交易；特价商品 例 Fresh salmon is a bargain at the supermarket this week. // 这周超市的新鲜鲑鱼特价销售。
□ **barge** [bɑːrdʒ]	*n.* 驳船 英 a flat bottom boat for carrying heavy loads (especially on canals)

例 A barge ferried a truck over, then returned bearing cars and cyclists. // 一艘驳船摆渡了一辆卡车后，又返回去接小汽车和骑自行车的人。

□ **bark**
[bɑːrk]

vt. 狗叫

例 The dog barks at strangers. // 狗一见陌生人就叫。

n. 树皮；狗叫

□ **cascade**
[kæˈskeɪd]

vi. 倾泻；大量落下

英 If water cascades somewhere, it pours or flows downwards very fast and in large quantities.

例 She hung on as the freezing, rushing water cascaded past her. // 她抓得紧紧的，任凭冰冷湍急的水流从她身上倾泻而下。

n. 小瀑布

□ **casino**
[kəˈsiːnoʊ]

n. 赌场

□ **cast**
[kæst]

n. 演员表

英 The cast of a play or film is all the people who act in it.

例 The show is very amusing and the cast are very good. // 演出妙趣横生，演员的表演也很出彩。

vi. & vt. 铸造；投射；脱落

□ **castigate**
[ˈkæstɪɡeɪt]

vt. 严厉批评

英 If you castigate someone or something, you speak to them angrily or criticize them severely.

派 castigation *n.* 严厉的责骂

例 Marx never lost an opportunity to castigate colonialism. // 马克思从来没有丢掉严厉批评殖民主义的机会。

□ **catalog**
[ˈkætəlɔːɡ]

n. 目录 *vi. & vt.* 把……按目录分类

□ **catastrophe**
[kəˈtæstrəfi]

n. 大灾难

英 A catastrophe is an unexpected event that causes great suffering or damage.

例 From all points of view, war would be a catastrophe. // 不管从哪方面说，战争都将是一场灾难。

□ **defer**
[dɪˈfɜːr]

vi. & vt. **拖延，推迟**

例 Customers often defer payment for as long as possible. // 顾客常常会尽可能地拖延付款。

□ **deficient**
[dɪˈfɪʃənt]

adj. **不足的；有缺陷的**

例 a diet deficient in vitamin B // 缺乏维生素 B 的饮食

deficient landing systems // 存在缺陷的降落系统

□ **deficit**
[ˈdefɪsɪt]

n. **赤字；不足额**

记 de（去掉，不）＋fic（做）＋it（表抽象名词）→做得不够→亏空；不足

例 We have a great deficit this year. // 我们今年有很大亏损。

□ **deflect**
[dɪˈflekt]

vi. & vt. **偏转；偏离**

例 He stuck out his boot and deflected the shot over the bar seconds before the final whistle. // 就在终场哨响前几秒，他伸脚一挡，使射门的球变向飞过了球门横梁。

□ **deforest**
[ˌdiːˈfɔːrɪst]

vt. **砍伐森林**

□ **deformation**
[ˌdiːfɔːrˈmeɪʃn]

n. **变形**

例 Changing stresses bring about more cracking and rock deformation. // 不断变化的引力导致更多的断裂和岩石变形。

□ **eminent**
[ˈemɪnənt]

adj. **显赫的**

英 An eminent person is well-known and respected, especially because they are good at their profession.

例 The order was created in 1902 as a special distinction for eminent men and women. //该勋位设立于 1902 年，作为一项殊荣授予杰出的男性和女性。

□ **emission**
[ɪˈmɪʃn]

n. **排放；（书刊）发行**

英 An emission of something such as gas or radiation is the release of it into the atmosphere.

例 The emission of gases such as carbon dioxide should be stabilized at their present level. // 二氧化碳等气体的排放应该稳定在当前水平。

□ **emit**
[ɪ'mɪt]

vt. 发出；放射

例 The chimney emitted smoke. // 烟囱冒烟。

□ **empathize**
['empəθaɪz]

vt. 移情；神会

例 His ability to empathize with people made him an excellent marriage counsellor. // 他与人能引发心灵上的共鸣使他成为一名优秀的婚姻问题咨询顾问。

□ **empathy**
['empəθi]

n. 神入；移情作用

记 em (进入……之中，包围，成为) ＋path (感情) ＋y→进入感情

派 empathetic *adj.* 移情作用的

例 And it all starts, not with aggression and dominance, but with empathy and bonding. // 这一过程首先不是基于进攻性和统治性，而是首先基于移情和感情连接。

□ **garnish**
['gɑːrnɪʃ]

vt. 装饰；文饰

英 If you garnish cooked or prepared food, you decorate it with a garnish.

例 She had finished the vegetables and was garnishing the roast. // 她已经做好了蔬菜，正在给烤肉添加饰菜。

n. 装饰品

□ **haphazard**
[hæp'hæzərd]

adj. 偶然的；随意的

英 If you describe something as haphazard, you are critical of it because it is not at all organized or is not arranged according to a plan.

例 The investigation does seem haphazard. // 调查工作确实看起来缺乏计划。

□ **implausible**
[ɪm'plɔzəbl]

adj. 难以置信的

英 If you describe something as implausible, you believe that it is unlikely to be true.

例 an implausible excuse // 让人难以相信的借口

□ **implicate**
['ɪmplɪkeɪt]

vt. 意味着

记 im (进入) ＋plic (重叠，重复) ＋ate (表动词) → [说话] 进入重叠，不直说→含蓄表达

派 implication *n.* 含义
implicative *adj.* 含蓄的

例 He was obliged to resign when one of his own aides was implicated in a financial scandal. // 当他的一位助手被牵涉进一起金融丑闻时，他被迫辞职。

□ **keen**
[kiːn]

adj. 热心的

□ **ken**
[ken]

n. 视野

英 If something is beyond your ken, you do not have enough knowledge to be able to understand it.

例 The subject matter was so technical as to be beyond the ken of the average layman. // 该主题专业性太强，一般的外行人很难理解。

□ **manifold**
['mænɪfoʊld]

adj. 各式各样的 *vt.* 复写；复印

记 mani (=many 多)+fold (倍，双)→*adj.* 繁多的，多种的

派 manifoldness *n.* 多样性

□ **manipulate**
[məˈnɪpjəleɪt]

vt. 操纵；操作

英 If you say that someone manipulates people, you disapprove of them because they skillfully force or persuade people to do what they want.

派 manipulation *n.* 操纵；控制

例 He is a very difficult character and manipulates people. // 他是个极难对付的角色，总是把人玩弄于股掌之间。

□ **native**
['neɪtɪv]

adj. 本国的；天生的

例 Mother Teresa visited her native Albania. // 特雷莎修女访问了她的祖国阿尔巴尼亚。

n. 当地人

□ **orbit**
['ɔːrbɪt]

n. 轨道 *vi. & vt.* 在……轨道上运行

□ **orchestra**
['ɔːrkɪstrə]

n. 管弦乐队

□ **predicate**
['predɪkət]

vi. & vt. 断言，断定

英 If you say that one situation is predicated on another, you mean that the first situation can be true or real only if the second one is true or real.

例 Financial success is usually predicated on having money or being able to obtain it. // 先要有钱或者能弄到钱才能够赚钱。

n. 谓语

□ **predominantly**
[prɪˈdɑːmɪnəntli]

adv. **占主导地位地**

英 You use predominantly to indicate which feature or quality is most noticeable in a situation.

派 predominant *adj.* 占优势的

例 The landscape has remained predominantly rural in appearance. // 这里的风景看上去还是以田园风光为主。

□ **preempt**
[priˈempt]

vt. **先占；先发制人**

例 You can preempt pain by taking a painkiller at the first warning sign. // 刚出现征兆时，你可以服用止痛片来预防疼痛。

□ **prejudice**
[ˈpredʒədɪs]

n. **成见；偏见**

例 There was a deep-rooted racial prejudice long before the two countries became rivals and went to war. // 早在这两个国家成为敌人并且兵戎相见之前，它们之间就有了根深蒂固的种族偏见。

□ **preliminary**
[prɪˈlɪmɪneri]

adj. **初步的**

例 Preliminary results show... // 初步结果显示……

n. **准备工作**

□ **reply**
[rɪˈplaɪ]

n. & v. **回复；答复**

□ **repertory**
[ˈrepərtɔːri]

n. **(演奏家、剧团等的) 保留节目轮演**

□ **repetition**
[ˌrepɪˈtɪʃn]

n. **重复，反复**

□ **replenish**
[rɪˈplenɪʃ]

vt. **补充；重新装满**

记 re (c 重新) ＋plan (满) ＋ish→重新填满→补充

例 Three hundred thousand tons of cereals are needed to replenish stocks. // 需要 30 万吨谷类补充库存。

□ **replicate**
['replɪkeɪt]

vt. **复制，复写**

英 If you replicate someone's experiment, work, or research, you do it yourself exactly in the same way.

例 He invited her to his laboratory to see if she could replicate the experiment. // 他邀请她到他的实验室看她能否复制该实验。

□ **scavenger**
['skævɪndʒər]

n. **清扫工；食腐动物**

例 scavengers such as rats // 老鼠之类的食腐动物

□ **scenario**
[sə'nærioʊ]

n. **剧情概要；分镜头剧本**

例 In the worst-case scenario, you could become a homeless person. // 最坏的情况是你可能会无家可归。

□ **scheme**
[skiːm]

vi. & vt. **策划**

英 If you say that people are scheming, you mean that they are making secret plans in order to gain something for themselves.

例 Everyone's always scheming and plotting. // 人人时刻都在谋划着。

n. **计划**

例 schemes to help combat unemployment // 有助于减少失业的方案

□ **scholar**
['skɑːlə(r)]

n. **学者**

派 scholarship *n.* 学术

□ **school**
[skuːl]

n. **（鱼、海豚的）群**

英 A school of fish or dolphins is a large group of them moving through water together.

□ **scope**
[skoʊp]

n. **范围**

□ **taw**
[tɔː]

n. **硝制，鞣制**

□ **tax**
[tæks]

n. **税**

---

tease
[tiːz]

vt. 挑逗；取笑

英 To tease someone means to laugh at them or make jokes about them in order to embarrass, annoy, or upset them.

例 I thought she was teasing, playing the innocent, but looking back, I'm not so sure. //我当时以为她是在勾引我，装纯情，不过现在回想起来，我又说不准了。

urban
['ɜːrbən]

adj. 都市的；市内的

派 urbanism *n.* 都市生活

例 urban planning // 城市规划

urge
[ɜːrdʒ]

vi. & vt. 极力主张；强烈要求

例 I urge vigorous actions to be taken immediately. // 我强烈要求立即采取有力的措施。

vaporize
['veɪpəraɪz]

vi. & vt. （使）蒸发；（使）汽化

例 The benzene vaporized and formed a huge cloud of gas. // 苯蒸发了，形成了一大团气体。

wholesale
['hoʊlseɪl]

adj. 批发的　*n.* 批发

派 wholesaler *n.* 批发商

Check !

abound	juvenile	whisk	implant
abrasion	mania	vanquish	imperial
abroad	nasty	upwell	garrison
bare	optimistic	tatter	emerge
cardiovascular	precipitate	scatter	embryo
carnivore	preclude	scare	deem
cabin	predate	scar	deduce
carve	predestine	repeal	decrepit
dedicate	repatriate	predatory	cartography
deduct	repel	precursor	carpentry
defect	scarce	precise	cargo
emend	scarlet	option	cardinal
eminence	tarnish	optimal	barb
handicap	upheaval	manifest	abrogate
impetus	vanity	mangrove	abridge
justification	vapid	justify	

Word List 07

扫码关注后回复 70879
免费下载配套音频

看看有没有已经认识的单词

- absurd
- abundance
- abuse
- accede
- accelerate
- barley
- barrel
- barren
- café
- cater
- caterpillar
- cattle
- caustic
- cautious
- cease

- deft
- defy
- degradation
- deity
- delegate
- emphasize
- empirical
- empower
- emulate
- enact
- garment
- harbor
- implicit
- imply
- import

- impose
- kernel
- kidney
- mantle
- manufacture
- naval
- orchid
- ordain
- prelude
- premise
- premium
- preponderant
- prescient
- prescribe
- reprieve

- reproduce
- reptile
- scramble
- scrap
- scrape
- scratch
- screen
- tectonic
- tedium
- temper
- urgent
- urine
- varnish
- widow

□ **absurd**
[əb'sɜːrd]

adj. 荒谬的；荒唐的

例 It is absurd to be discussing compulsory redundancy policies for teachers. // 讨论针对教师的强制裁员政策真是滑稽可笑。

□ **abundance**
[ə'bʌndəns]

n. 丰富；充裕

派 abundant *adj.* 大量的

例 The area has an abundance of wildlife. // 这片地区有丰富的野生动植物。

□ **abuse**
[ə'bjuːz]

vt. 滥用；虐待

记 ab (坏) ＋ use (用) → 用坏 → 滥用

例 those who work with abused children // 那些从事帮助受虐儿童工作的人们

□ **accede**
[æk'siːd]

vi. 答应；同意；开始任职

例 Britain would not accede to France's request. // 英国不肯同意法国的要求。

when Henry VIII acceded to the throne // 当亨利八世即位时

□ **accelerate**
[æk'seləreɪt]

vi. & vt. (使) 加快；(使) 增速

派 acceleration *n.* 加速

例 Growth will accelerate to 2.9 per cent next year. // 明年的增长会加快到 2.9%。

□ **barley**
['bɑːrli]

n. [植] 大麦

□ **barrel**
['bærəl]

n. 桶

例 This barrel can store 40 gallons of red wine. // 该桶可装 40 加仑红葡萄酒。

□ **barren**
['bærən]

adj. 贫瘠的　*n.* 荒原，不毛之地

□ **cater**
['keɪtər]

vi. & vt. 投合；迎合

派 caterer *n.* (尤指职业的) 筹办者

例 These two products cater to two different audiences. // 这两种产品迎合了两种不同的受众。

□ **caterpillar**
['kætərpɪlər]

n. 毛毛虫

cattle
['kætl]

n. （总称）牛；牲口

---

café
[kæ'feɪ]

n. 咖啡馆

---

caustic
['kɔːstɪk]

adj. （化学物质）腐蚀性强的；（语言）刻薄的；尖刻的

例 caustic cleaning agents // 强腐蚀性的洗涤剂
His abrasive wit and caustic comments were an interviewer's nightmare. // 他睿智刁钻，评论尖刻，对任何采访他的人而言都是梦魇。

---

cautious
['kɔːʃəs]

adj. 小心；谨慎的

记 caut(小心)＋ious(……的)→谨慎的，小心的
派 cautiously *adv.* 小心地
例 He is a very cautious man. // 他做事很谨慎。

---

cease
[siːs]

n.＆vi.＆vt. 停止；终止

英 If something ceases, it stops happening or existing.
例 At one o'clock the rain had ceased. // 一点钟时，雨已停了。

---

deft
[deft]

adj. 灵巧的；熟练的

---

defy
[dɪ'faɪ]

vt. 蔑视；不服从

英 If you defy someone or something that is trying to make you behave in a particular way, you refuse to obey them and behave in that way.
例 This was the first (and last) time that I dared to defy my mother. // 这是我第一次（也是最后一次）胆敢反抗我的母亲。

---

degradation
[ˌdegrə'deɪʃn]

n. 恶化；堕落

英 You use degradation to refer to a situation, condition, or experience which you consider shameful and disgusting, especially one which involves poverty or immorality.

例 They were sickened by the scenes of misery and degradation they found. // 目睹困苦、潦倒的景象，他们感到心里极不舒服。

□ **deity**
['diːəti]

n. 神；神性

□ **delegate**
['delɪɡeɪt]

n. 代表；代表团成员

英 A delegate is a person who is chosen to vote or make decisions on behalf of a group of other people, especially at a conference or a meeting.

派 delegation *n.* 授权

vt. 委派代表；授权给

□ **emphasize**
['emfəsaɪz]

vt. 强调；着重

记 em（进入）＋ phas（外貌，状态，显示）＋ ize（……化）→进入状态→强调，着重

例 But it's also been emphasized that no major policy changes can be expected to come out of the meeting. // 但是也已经强调过，此次会议预计不会带来重大政策的转变。

□ **empirical**
[ɪm'pɪrɪkl]

adj. 经验主义的

记 em（出）＋ piri（＝peri 尝试）＋ c→尝试出来的→经验

例 It's something that things in the empirical world can participate in or partake of to varying degrees. // 经验世界的各种事务以不同程度参与其中。

□ **empower**
[ɪm'paʊər]

vt. 授权；允许

派 empowerment *n.* 授权

例 Congress is empowered to levy taxes. // 国会被授权征税。

□ **emulate**
['emjəleɪt]

vt. 仿效；模仿

例 Sons are traditionally expected to emulate their fathers. // 历来认为儿子会仿效父亲。

□ **enact**
[ɪ'nækt]

vt. 颁布；制定法律

派 enactory *adj.* 制定法律的

例 Congress has enacted a new tax law. // 国会已经颁布了一项新的税法。

□ **garment**
['gɑːrmənt]

n. （一件）衣服

英 a piece of clothing, used especially in contexts where you are talking about the manufacture or sale of clothes

例 Many of the garments have the customers' name tags sewn into the linings. // 这些衣服有很多内衬上都缝有顾客的姓名签。

□ **harbor**
['hɑːrbər]

n. 港湾；避难所

□ **implicit**
[ɪm'plɪsɪt]

adj. 不言明 [含蓄] 的；固有的

例 This is seen as an implicit warning not to continue with military action. // 这被视为一个停止军事行动的含蓄警告。

□ **imply**
[ɪm'plaɪ]

vi. & vt. 暗示；意味

英 If you imply that something is the case, you say something which indicates that it is the case in an indirect way.

例 "Are you implying that I have something to do with those attacks?" she asked coldly. // "你在暗示我和那些袭击有关吗?"她冷冷地问。

□ **import**
['ɪmpɔːrt]

n. 进口

例 farmers protesting about cheap imports // 抗议进口廉价商品的农民

□ **impose**
[ɪm'poʊz]

vi. & vt. 强加；征税

例 Britain imposed fines on airlines which bring in passengers without proper papers. // 英国会对运载证件不齐全的乘客进入国内的航空公司罚款。

□ **kernel**
['kɜːrnl]

n. 核心；要点

英 The kernel of something is the central and most important part of it.

例 The kernel of that message was that peace must not be a source of advantage or disadvantage for anyone. // 那一信息的核心是和平绝不应该成为对任何人有利或不利的根源。

□ **kidney**
['kɪdni]

n. 肾脏

□ **mantle**
['mæntl']

n. [地] 地幔；披风

英 A mantle of something is a layer of it covering a surface, for example a layer of snow on the ground.

例 under a mantle of soot and ash // 在一层烟尘的笼罩之下

The parks and squares looked grim under a mantle of soot and ash. // 在一层烟尘的笼罩之下，公园和广场显得阴沉沉的。

□ **manufacture**
[ˌmænjəˈfæktʃər]

vt. 制造；生产

例 They manufacture the class of plastics known as thermoplastic materials. // 他们生产这类被称为热塑材料的塑料制品。

n. 制造

□ **naval**
['neɪvl]

adj. 海军的；军舰的

□ **orchid**
['ɔːrkɪd]

n. 兰花　*adj.* 淡紫色的

□ **ordain**
[ɔːrˈdeɪn]

vt. 授予……圣职；规定；决定

例 Destiny has ordained that they are who they are. // 命运已经决定了他们的性格为人。

□ **prelude**
['preljuːd]

n. 序曲；前奏曲

例 Most unions see privatization as an inevitable prelude to job losses. // 大多数工会认为私有化会不可避免地导致失业。

例 the famous E minor prelude of Chopin // 肖邦著名的 E 小调前奏曲

□ **premise**
['premɪs]

n. 前提

□ **premium**
['priːmiəm]

n. 费用

记 pre（前面）＋em（拿，获得，拿走后 [变空]）＋ium→（在前面 [的人] 拿到）→ premium（奖品）

例 the price premium // 溢价

□ **preponderant**
[prɪˈpɑːndərənt]

adj. 占有优势的

派 preponderance *n.* 数量上的优势

prescient
['presiənt]

adj. 有预知能力的

记 pre（预先）＋sci（知道）＋ent（……的）→预先知道的

派 prescience *n.* 预知

prescribe
[prɪ'skraɪb]

vi. & vt. 规定；开处方；给医嘱

英 If a person or set of laws or rules prescribes an action or duty, they state that it must be carried out.

派 prescript *n.* 药方；命令

例 article II of the constitution, which prescribes the method of electing a president // 规定了总统选举方法的宪法第二条

reprieve
[rɪ'priːv]

vt. 对……缓期执行

英 If someone who has been sentenced in a court is reprieved, their punishment is officially delayed or cancelled.

例 Fourteen people, waiting to be hanged for the murder of a former prime minister, have been reprieved. // 因谋杀前首相而即将处以绞刑的 14 个人已获缓刑。

n. 暂缓

reproduce
[ˌriːprə'djuːs]

vi. & vt. 复制；重现；繁殖；生育

例 I shall not try to reproduce the policemen's English. // 我不会试图模仿那名警察讲的英语。

a society where women are defined by their ability to reproduce // 用生育能力衡量女性价值的社会

reptile
['reptl]

n. 爬行动物

英 Reptiles are a group of cold-blooded animals which have skins covered with small hard plates called scales and lay eggs.

例 Snakes, lizards, and crocodiles are reptiles. // 蛇、蜥蜴和鳄鱼是爬行动物。

scramble
['skræmbl]

vi. & vt. 攀登

英 If you scramble over rocks or up a hill, you move quickly over them or up it using your hands to help you.

例 Tourists were scrambling over the rocks looking for the perfect camera angle. // 游客们正爬上岩石寻找最佳的拍摄角度。

□ **scrap**
[skræp]

n. 废料；残余物

例 A crumpled scrap of paper was found in her handbag. // 在她的手提包里发现了一张皱巴巴的小纸片。

□ **scrape**
[skreɪp]

vi. & vt. 擦；擦去

英 If you scrape something from a surface, you remove it, especially by pulling a sharp object over the surface.

例 She went round the car scraping the frost off the windows. // 她把结霜的车窗挨个儿擦干净。

□ **scratch**
[skrætʃ]

vi. & vt. 擦；刮

例 He scratched himself under his arm. // 他在胳膊下面挠了挠。

例 The branches tore at my jacket and scratched my hands and face. // 树枝刮破了我的夹克，划伤了我的手和脸。

□ **screen**
[skriːn]

n. 屏幕　*vt.* 检查；拍摄

□ **tectonic**
[tekˈtɑːnɪk]

adj. 构造的；建筑的

例 the tectonic plates of the Pacific region // 太平洋地区的地壳构造板块

□ **tedium**
[ˈtiːdiəm]

n. 单调乏味

派 tedious *adj.* 枯燥的

□ **temper**
[ˈtempər]

n. 性情；脾气

□ **urgent**
[ˈɜːrdʒənt]

adj. 紧迫的

英 If something is urgent, it needs to be dealt with as soon as possible.

例 There is an urgent need for food and water. //现在亟需食物和水。

□ **urine**
[ˈjʊrən]

n. 尿

□ **varnish**
[ˈvɑːrnɪʃ]

vi. & vt. 给……涂清漆；上清漆

例 Varnish the table with two or three coats of water-based varnish. // 给桌子上两到三层的水性清漆。

n. 清漆，罩光漆

☐ **widow**
['wɪdoʊ]

n. 寡妇；遗孀

英 A widow is a woman whose husband has died and who has not married again.

Check !

☐ deformation	☐ keen	☐ wholesale	☐ implicate
☐ emission	☐ manifold	☐ urge	☐ haphazard
☐ empathize	☐ native	☐ tease	☐ empathy
☐ absolute	☐ orchestra	☐ taw	☐ emit
☐ absolve	☐ predominantly	☐ school	☐ eminent
☐ abstain	☐ prejudice	☐ scheme	☐ deforest
☐ bargain	☐ reply	☐ scavenger	☐ deficit
☐ bark	☐ repetition	☐ replenish	☐ defer
☐ casino	☐ replicate	☐ repertory	☐ catalog
☐ castigate	☐ scenario	☐ preliminary	☐ cast
☐ catastrophe	☐ scholar	☐ preempt	☐ cascade
☐ deficient	☐ scope	☐ predicate	☐ barge
☐ deflect	☐ tax	☐ orbit	☐ abstract
☐ garnish	☐ urban	☐ manipulate	☐ absorb
☐ implausible	☐ vaporize	☐ ken	

↘阅读中常见的背景故事

鱼群效应

海中成群游动的鱼，整齐划一。遇到猎手攻击的时候，迅速聚散，就像一个严密分工协作的组织。实际上，鱼并没有发达的神经，其两侧有颜色特殊的侧线，每条鱼都以周围1、2条同伴的侧线为观察标志，调节自己的游向和速度，以保持适当的距离。

鱼群，对于猎手而言，既是个诱惑，又是个陷阱。好像猎物很多，但是等你扑过去，却很难会有收获。一方面是鱼群闪动的鳞光，会起到干扰和分散猎手注意力的作用；另一方面，当近处的鱼快速逃避的时候，会给猎手一个严重的心理错觉，以为远处的鱼还没有发觉，于是扑向另外的对象，但是侧线反馈机制会使远处的鱼逃避得更快。结果自然是一无所获。

猎物的进化同样也会促进猎手的进步。为对付鱼群，猎手们也改进了捕猎的方式，不再是单独追捕了，而是形成了组织合作，进行集体围捕。多条鲨鱼从各个方向接近鱼群，但并不进攻，而是利用鱼群的侧线反馈机制进行驱赶行动，将鱼群赶得更密集，更接近水面。然后，鲨鱼们进行分工，一部分继续执行驱赶的任务，防止鱼群四散逃奔，一部分冲进鱼群进行猎食。猎手们就是依靠这种合作，轮流进食。鲸鱼还有一招，高速喷气和跃出水面拍打，将小鱼们震晕，然后从容进食。

许多人将鱼群效应应用在了股票市场中。如果我们是猎手，而股票分时线或者分日线相当于每条小鱼。这时候就要像鲨鱼一样，不要盲目出手，而是退而关注更广阔的市场，先看出鱼群整体的游向（月线），然后出手，一击致命。

Word List
08

扫码关注后回复 70879
免费下载配套音频

看看有没有已经认识的单词

- access
- acclaim
- accommodate
- accompany
- barricade
- barrier
- celestial
- celsius
- cement
- censorship
- census
- century
- delegation
- delete
- deliberate
- delinquency
- enamel
- enclave
- enclose
- encompass
- fusion
- futile
- gale
- gallery
- harmonious
- harness
- impoverish
- impressive
- imprison
- impulse
- kindle
- kinship
- manure
- margin
- navigate
- occupy
- ordinance
- ordinarily
- preservative
- preserve
- preside
- prestige
- presume
- repulse
- repute
- require
- screen
- screw
- scribble
- scribe
- script
- scrub
- temperament
- temperate
- tempest
- tenacious
- tenant
- utility
- vary
- wield
- wiggle

□ **access**
['ækses]

n. 入口；接近

英 If you have access to a building or other place, you are able or allowed to go into it.

派 accessible *adj.* 易到达的

例 The facilities have been adapted to give access to wheelchair users. // 这些设施已经改造过以方便轮椅使用者进入。

vt. 接近，进入

□ **acclaim**
[ə'kleɪm]

vi. & *vt.* 称赞；赞扬

例 She has been acclaimed for the TV drama *Prime Suspect*. // 她凭借电视剧《头号嫌疑犯》而受到好评。

n. 公开赞扬

□ **accommodate**
[ə'kɑːmədeɪt]

vt. 容纳；向……提供住处

记 ac（加强）＋com（共同）＋mod（量度，方式，模式，风度）＋ate（表动词）→方式相同→符合

例 The CD-ROMs will accommodate the works of all English poets from 600 to 1900. // 这些光盘能存下从公元 600 年到 1900 年所有英国诗人的作品。

□ **accompany**
[ə'kʌmpəni]

vi. & *vt.* 陪伴；为……伴奏

例 Ken agreed to accompany me on a trip to Africa. // 肯答应陪我一起去非洲。

□ **barricade**
['bærɪkeɪd]

n. 路障；障碍物

例 The rioters barricaded streets with piles of blazing tires. // 暴徒用一堆堆燃烧的轮胎在大街上筑起了路障。

□ **barrier**
['bæriə]

n. 障碍；分界线

例 Some people experience shyness as a barrier to communication, but this can be broken down gradually. // 有些人觉得羞怯，成为交际上的障碍，但这是可以逐渐克服的。

□ **celestial**
[sə'lestʃl]

adj. 天上的

英 Celestial is used to describe things relating to heaven or to the sky.

例 Gravity governs the motions of celestial bodies. // 万有引力控制着天体的运动。

□ **celsius**
['selsɪəs]

n. 摄氏度

□ **cement**
[sɪ'ment]

vt. **巩固**

英 Something that cements a relationship or agreement makes it stronger.

例 Nothing cements a friendship between countries so much as trade. // 没有什么比贸易最能增强国家间的友谊。

n. **水泥；胶合剂**

□ **censorship**
['sensərʃɪp]

n. **审查制度；审查机构**

英 Censorship is the censoring of books, plays, films, or reports, especially by government officials, because they are considered immoral or secret in some way.

例 The government today announced that press censorship was being lifted. // 政府今天宣布将取消新闻审查制度。

□ **census**
['sensəs]

n. **人口普查；人口调查**

例 In China, the 2010 census reveals there are now 118 boys for every 100 girls. // 中国 2010 年人口普查结果显示，现在男女比例为 118∶100。

□ **century**
['sentʃəri]

n. **100 年；世纪**

□ **delegation**
[ˌdelɪ'geɪʃn]

n. **代表团；委托**

例 What these claims failed to recognize was that the actual delegation of authority was the foreman, not the workers. // 这些说法没有认识到的是权力的实际代表是工头，而不是工人。

□ **delete**
[dɪ'liːt]

vi. & vt. **删除**

英 If you delete something that has been written down or stored in a computer, you cross it out or remove it.

派 deletion *n.* 删除

例 He also deleted files from the computer system. // 他还从计算机系统里删除了文件。

□ **deliberate**
[dɪ'lɪbərɪt]

adj. **深思熟虑的**

英 If you do something that is deliberate, you planned

or decided to do it beforehand, and so it happens on purpose rather than by chance.

记 de（不）＋liberate（释放）→不释放→深思熟虑的

例 It has a deliberate policy to introduce world art to Britain. // 它在政策上有意识地将世界艺术介绍给英国。

☐ **delinquency**
[dɪ'lɪŋkwənsi]

n. 不法行为

英 Delinquency is criminal behavior, especially that of young people.

例 He had no history of delinquency. // 他没有违法记录。

☐ **enamel**
[ɪ'næml]

n. 搪瓷；指甲油

例 a white enamel saucepan on the oil stove // 煤油炉上的白色搪瓷炖锅

☐ **enclave**
['enkleɪv]

n. 孤立地区

英 An enclave is an area within a country or a city where people live who have a different nationality or culture from the people living in the surrounding country or city.

例 Nagorno-Karabakh is an Armenian enclave inside Azerbaijan. // 纳戈尔诺—卡拉巴赫是阿塞拜疆境内亚美尼亚人聚居的一块孤立地区。

☐ **enclose**
[ɪn'kloʊz]

vt. （用墙、篱笆等）把……围起来；把……装入信封

英 If a place or object is enclosed by something, the place or object is inside that thing or completely surrounded by it.

例 The rules state that samples must be enclosed in two watertight containers. // 规则要求样本必须装在两个水密容器中。

☐ **encompass**
[ɪn'kʌmpəs]

vt. 围绕，包围

记 en（进入）＋compass（范围）→包围

例 The map shows the rest of the western region, encompassing nine states. // 地图上显示了西部地区的其他部分，包括 9 个州。

☐ **fusion**
['fjuːʒn]

n. 熔化；熔解

派 fusional *adj.* 熔化的

□ **futile** [ˈfjuːtl]	*adj.* 无用的；徒劳的 例 He brought his arm up in a futile attempt to ward off the blow. // 他扬起胳膊徒劳地想要挡住这一拳。
□ **gale** [geɪl]	*n.* 强风；（突发的）一阵 例 gales of laughter from the audience // 观众的阵阵哄笑声
□ **gallery** [ˈɡæləri]	*n.* 画廊
□ **harmonious** [hɑːrˈmoʊniəs]	*adj.* 协调的；和谐的 英 A harmonious relationship, agreement, or discussion is friendly and peaceful. 派 harmoniously *adv.* 和谐地 例 Their harmonious relationship resulted in part from their similar goals. // 他们关系融洽的部分原因是他们有着相似的目标。
□ **harness** [ˈhɑːrnɪs]	*n.* 马具 英 a set of leather straps and metal links fastened round a horse's head or body
□ **impoverish** [ɪmˈpɑːvərɪʃ]	*vt.* 使贫穷 英 Something that impoverishes a person or a country makes them poor. 例 We need to reduce the burden of taxes that impoverish the economy. // 我们需要减轻导致经济困顿的税收负荷。
□ **impressive** [ɪmˈpresɪv]	*adj.* 给人印象深刻的；引人注目的 例 It is an impressive achievement. // 那是一项了不起的成就。
□ **imprison** [ɪmˈprɪzn]	*vt.* 关押，监禁 记 im（进入）+prison（监狱）→监禁 派 imprisonment *n.* 监禁；关押
□ **impulse** [ˈɪmpʌls]	*n.* 凭冲动行事 英 An impulse is a sudden desire to do something.
□ **kindle** [ˈkɪndl]	*vi. & vt.* 点燃；照耀 例 The second world war kindled his enthusiasm for politics. // 第二次世界大战激起了他的政治热情。 *n.* 电子书阅读器

□ **kinship**
[ˈkɪnʃɪp]

n. 亲属关系

例 The ties of kinship may have helped the young man find his way in life. // 亲情可能帮这个年轻人找到了生活的方向。

□ **manure**
[məˈnʊr]

n. 粪肥；肥料

例 organic manures // 有机肥

□ **margin**
[ˈmɑːrdʒən]

n. 边缘；利润，盈余

英 The margin of a place or area is the extreme edge of it.

派 marginal *adj.* 页边的
marginality *n.* 边缘

例 the low coastal plain along the western margin // 沿着西部边缘的地势低平的沿海平原

vt. 留边

□ **navigate**
[ˈnævɪɡeɪt]

vi. & vt. 为（船只、飞机等）导航

记 navi（海军）＋gate（大门）→海军关上门后需要导航→导航

例 Captain Cook safely navigated his ship without accident for 100 voyages. // 库克船长驾驶的船安全出航 100 次无事故。

□ **occupy**
[ˈɑːkjupaɪ]

vt. 占据；使用

□ **ordinance**
[ˈɔːrdɪnəns]

n. 法令；法规

例 ordinances that restrict building development // 限制房屋开发的法规

□ **ordinarily**
[ˌɔːrdnˈerəli]

adv. 通常；惯常

□ **preservative**
[prɪˈzɜːrvətɪv]

adj. 防腐的

记 preserve（保存）＋ative（有……倾向/性质的；……的）→防腐的

□ **preserve**
[prɪˈzɜːrv]

vi. & vt. 保存；保鲜

例 We need to preserve the forest. // 我们需要保护森林。

□ **preside**
[prɪˈzaɪd]

vi. 主持；指挥

英 If you preside over a meeting or an event, you are in charge of it.

例 The Prime Minister presided over a meeting of his inner Cabinet. // 首相主持了一次核心内阁会议。

□ **prestige**
[pre'sti:ʒ]

n. 声誉；威信
派 prestigious *adj.* 有名望的
例 efforts to build up the prestige of the United Nations // 为树立联合国的威望所做的努力

□ **presume**
[prɪ'zu:m]

vt. 推测；假定
派 presumably *adv.* 大概
例 The legal definition of "know" often presumes mental control. // "知晓"的法律定义通常假定存在思维控制能力。

□ **repulse**
[rɪ'pʌls]

vt. 击退；拒绝
记 re（相反）+pulse（推）→反着推→击退
例 The armed forces were prepared to repulse any attacks. // 武装部队已做好击退任何进攻的准备。

□ **repute**
[rɪ'pju:t]

n. 名誉
派 reputation *n.* 名誉
例 Under his stewardship, the UN's repute has risen immeasurably. // 在他的管理下，联合国的声望得到了极大提升。
vt. 把……称为

□ **require**
[rɪ'kwaɪr]

vt. 需要；要求
派 requisite *adj.* 需要的；必要的
requisition *n.* 征用令

□ **screen**
['skri:n]

vt. 掩护；隔开
例 Most of the road behind the hotel was screened by a block of flats. // 宾馆后面的那条路大部分被一片公寓楼遮住了。

□ **screw**
[skru:]

vi. 扭转
例 Kelly screwed the silencer onto the pistol. // 凯利把消音器拧到手枪上。
n. 螺丝钉；螺旋状物

□ **scribble**
['skrɪbl]

vi. & vt. 潦草地书写；滥写（文学作品等）
例 She scribbled a note to tell Mum she'd gone out. // 她匆匆写了个便条告诉妈妈她已外出。
n. 乱写

□ **scribe** [skraɪb]	*n.* 抄写员 记 scrib（写）＋e→抄写员，作者
□ **script** [skrɪpt]	*vt.* 为电影（或戏剧等）写剧本 英 The person who scripts a film or a radio or television play writes it. 例 James Cameron is the one who scripted and directed both films. // 詹姆斯·卡梅伦是这两部电影的编剧兼导演。 *n.* 脚本；剧本、广播稿或者电影剧本
□ **scrub** [skrʌb]	*vi.*&*vt.* 用力擦洗 例 Surgeons began to scrub their hands and arms with soap and water before operating. // 外科医生们在做手术前开始用肥皂和水清洗双手和胳膊。 *n.* 灌木丛 派 scrubby *adj.* （个子）矮小的；树丛繁盛的
□ **temperament** ['temprəmənt]	*n.* 气质；性情 记 temper（情绪，脾气）＋ament→脾气状态→性情 例 His impulsive temperament got him into difficulties. // 他容易冲动，因此惹上了麻烦。
□ **temperate** ['tempərit]	*adj.* 有节制的；（气候）温和的 记 temper（情绪，脾气）＋ate（……的）→脾气[不坏]→有节制的 派 temperately *adv.* 有节制地 例 The Nile Valley keeps a temperate climate throughout the year. // 尼罗河流域一年四季气候温和。
□ **tempest** ['tempɪst]	*n.* 暴风雨；暴风雪
□ **tenacious** [tə'neɪʃəs]	*adj.* 紧握的；坚持的 派 tenaciously *adv.* 顽强地 例 He is very tenacious. // 他是个锲而不舍的人。
□ **tenant** ['tenənt]	*n.* 房客；佃户

□ **utility**
[juːˈtɪləti]

adj. 有多种用途的　　*n.* 效用，实用

□ **vary**
[ˈveri]

vi.&vt. 变化；偏离

英 If things vary, they are different from each other in size, amount, or degree.

派 varied *adj.* 多变的

例 As they're handmade, each one varies slightly. // 由于它们是手工制作的，彼此都会有些微小的差异。

□ **wield**
[wiːld]

vt. 支配

例 Steve remains chairman, but wields little power at the company. // 史蒂夫还是董事长，但在公司没有什么实权了。

□ **wiggle**
[ˈwɪgl]

vi.&vt. 摆动；扭动

派 wiggly *adj.* 扭动的

例 The baby tries to shuffle or wiggle along the floor. // 小宝宝拖着脚一扭一扭地学步。

Check !

□ deft	□ import	□ widow	□ imply
□ degradation	□ kernel	□ urine	□ harbor
□ absurd	□ mantle	□ temper	□ enact
□ abundance	□ naval	□ tectonic	□ empower
□ accede	□ ordain	□ scratch	□ emphasize
□ barley	□ premise	□ scrap	□ deity
□ barren	□ preponderant	□ reptile	□ defy
□ caterpillar	□ prescribe	□ reprieve	□ cease
□ café	□ reproduce	□ prescient	□ caustic
□ cautious	□ scramble	□ premium	□ cattle
□ delegate	□ scrape	□ prelude	□ cater
□ empirical	□ screen	□ orchid	□ barrel
□ emulate	□ tedium	□ manufacture	□ accelerate
□ garment	□ urgent	□ kidney	□ abuse
□ implicit	□ varnish	□ impose	

Word List
09

扫码关注后回复 70879
免费下载配套音频

看看有没有已经认识的单词

- accomplice
- accomplish
- account for
- accredit
- accredit to
- accretion
- barter
- baryon
- ceremonial
- certain of
- certify
- chain
- challenge
- chamber
- delinquent

- deliver
- delve
- demise
- encounter
- encroach
- encumber
- endeavor
- furnish
- furrow
- fuse
- genre
- genuine
- harrow
- in favor of
- in the light of

- knit
- marine
- navy
- organism
- presumption
- pretend
- prevail
- prevent
- prey
- rescue
- resemble
- resent
- reserve
- scrutinize

- scuba
- sculpture
- seal
- seam
- secede
- tenfold
- tension
- tentacle
- tentative
- utter
- vascular
- vast
- wisdom
- wistful

□ **accomplice**
[əˈkɑːmplɪs]

n. 共犯；帮凶

□ **accomplish**
[əˈkɑːmplɪʃ]

vt. 完成；达成

英 If you accomplish something, you succeed in doing it.

例 If we'd all work together, I think we could accomplish our goal. // 只要大家齐心协力，我想我们就能实现目标。

□ **account for**

说明（原因、理由等；是……的原因）

例 The gene they discovered today doesn't account for all those cases. // 他们发现的基因现在并不能解释那些所有案例。

□ **accredit**
[əˈkredɪt]

vt. 鉴定……为合格

例 This degree program is fully accredited by the Institution of Electrical Engineers. // 这门学位课程经电气工程师学院鉴定完全合格。

□ **accredit to**

委任；委派

例 The President proposed that Russian diplomats could be accredited to NATO headquarters. // 总统提议俄罗斯外交官可以被派驻北约总部。

□ **accretion**
[əˈkriːʃn]

n. 增加物；添加物

派 accretive *adj.* [医] 增积的；粘连的

例 A coral reef is built by the accretion of tiny, identical organisms. // 珊瑚礁是由许多相同的微生物不断堆积而成的。

□ **barter**
[ˈbɑːrtə(r)]

n. 换货　*vi. & vt.* 以货换货

□ **baryon**
[ˈbærɪɒn]

n. 重子

英 any of the elementary particles having a mass equal to or greater than that of a proton and that participate in strong interactions

例 The baryon numbers are absolutely conserved in the Standard Model. // 在标准模型中重子数是绝对守恒的。

□ **ceremonial**
[ˌserɪˈmoʊniəl]

adj. 仪式的；正式的

派 ceremonialism *n.* 讲究仪式
ceremony *n.* 典礼

| □ **certain of** | 有把握，确信 |
| | 例 He acted as if certain of success. // 他的举止就像一定会成功一样。 |

| □ **certify** ['sɜːrtɪfaɪ] | *vt.* （尤指书面）证明；发证书给…… |
| | 派 certification *n.* 证明 |

□ **chain** [tʃeɪn]	*n.* 链子；连锁
	例 food chain 食物链
	vt. 用铁链锁住；束缚
	英 If a person or thing is chained to something, they are fastened to it with a chain.
	例 The dog was chained to the leg of the one solid garden seat. // 狗被拴在公园一个固定座位的腿上。

□ **challenge** ['tʃæləndʒ]	*vi. & vt.* 质疑；向……挑战
	英 A challenge is something new and difficult which requires great effort and determination.
	例 The new Germany must rise to the challenge of its enhanced responsibilities. // 一个崭新的德国必须迎接挑战，承担更多的责任。

□ **chamber** ['tʃeɪmbər]	*n.* （身体或器官内的）室，房间
	记 camer（小室）→ *n.* 室，房间，议院，会所
	例 She went into a lonely forbidden chamber. // 她进入一个荒凉的禁室。

□ **delinquent** [dɪ'lɪŋkwənt]	*n.* 流氓
	例 a nine-year-old delinquent // 九岁的少年犯
	adj. 不尽责的；拖欠债务的
	派 delinquently *adv.* 不尽责地

□ **deliver** [dɪ'lɪvər]	*vt.* 发表；递送
	记 de（去掉）+ liver（自由）→释放自由→送出，释放
	派 deliverer *n.* 递送人
	例 deliver mails // 投递邮件

□ **delve** [delv]	*vi. & vt.* 探究；挖掘
	英 If you delve into something, you try to discover new information about it.
	例 Tormented by her ignorance, Jenny delves into her mother's past. // 珍妮为自己的一无所知而苦恼，开始探究起母亲的过去。

☐ **demise**
[dɪˈmaɪz]

n. 死亡；转让

记 de（分开）＋mise（送，放出）→分开送出→遗赠

☐ **encounter**
[ɪnˈkaʊntər]

vt. 不期而遇；遭遇

记 en（进入）＋counter（反对，相反）→在对面→遭遇

例 Every day of our lives we encounter stresses of one kind or another. // 我们在每天的生活中会面临这样或那样的压力。

☐ **encroach**
[ɪnˈkroʊtʃ]

vi. & *vt.* 侵犯；侵占

派 encroachment *n.* 侵入；侵蚀

例 encroach on Chinese territory // 侵犯中国领地

☐ **encumber**
[ɪnˈkʌmbər]

vt. 妨碍；拖累

例 Lead weights and air cylinders encumbered the divers as they walked to the shore. // 潜水员向海岸走去时，铅坠和氧气罐使他们举步维艰。

☐ **endeavor**
[ɪnˈdevər]

vi. & *vt.* 尝试；尽力 *n.* 努力

英 earnest and conscientious activity intended to do or accomplish something

例 We made an earnest endeavor to persuade her. // 我们郑重其事地努力说服她。

☐ **furnish**
[ˈfɜːrnɪʃ]

vt. 陈设，布置；装修（房屋）

例 Many proprietors try to furnish their hotels with antiques. // 许多经营者都想用古董装饰他们的酒店。

☐ **furrow**
[ˈfɜːroʊ]

n. 犁沟；车辙；皱纹

例 the deep furrows that marked the corners of her mouth // 她嘴角边刻着的深深的皱纹

☐ **fuse**
[fjuːz]

vi. & *vt.* （使）融合；（使）融化

例 The wire snapped at the wall plug and the light fused. // 墙上插座的电线短路烧断了保险丝，电灯跟着灭了。

n. 保险丝

☐ **genre**
[ˈʒɑːnrə]

n. 风俗画；（文学、绘画、音乐、电影等艺术作品的）体裁

英 a particular type of literature, painting, music, film, or other art form which people consider as a class because it has special characteristics

□ **genuine**
['dʒenjuɪn]

adj. 真诚的

派 genuinely *adv.* 真正地

例 genuine leather // 真皮

□ **harrow**
['hærəʊ]

n. 耙子　*vt.* 耙地

□ **in favor of**

赞成

□ **in the light of**

本着；鉴于

□ **knit**
[nɪt]

vi. & vt. 编织；接合（折骨等）

派 knitter *n.* 编织者

例 I had endless hours to knit and sew. // 我整天无休止地编织、缝纫。

□ **marine**
[mə'riːn]

adj. 海的；海军的；海事的

英 Marine is used to describe things relating to the sea or to the animals and plants that live in the sea.

例 breeding grounds for marine life // 海洋生物的繁殖地

n. 水兵

□ **navy**
['neɪvi]

n. 海军；船队

例 The government announced an order for three Type 23 frigates for the Royal Navy yesterday. // 政府昨天宣布为皇家海军订购 3 艘 23 型护卫舰。

□ **organism**
['ɔːrgənɪzəm]

n. 有机体；生物体；微生物

记 organ（器官，工具）＋ism（性质）→生物体，有机体

派 organismal *adj.* 有机体的；生物的

organic *adj.* 器官的；有机体的

□ **presumption**
[prɪ'zʌmpʃn]

n. 推测；设想

英 A presumption is something that is accepted as true but is not certain to be true.

例 the presumption that a defendant is innocent until proved guilty // 被告在被证实有罪之前都被视为无罪的假定

□ **pretend**
[prɪ'tend]

vi. & vt. 装扮；假装

派 pretense *n.* 借口

pretentious *adj.* 狂妄的

□ **prevail**
[prɪˈveɪl]

vt. 胜过；盛行

英 If a proposal, principle, or opinion prevails, it gains influence or is accepted, often after a struggle or argument.

派 prevalence *n.* 盛行
　　prevalent *adj.* 流行的

例 We hope that common sense would prevail. // 我们希望情理会占上风。
　　Justice will prevail. // 正义会得以伸张。

□ **prevent**
[prɪˈvent]

vi. & vt. 预防；阻碍

例 Further treatment will prevent cancer from developing. // 进一步的治疗将阻止癌症恶化。

□ **prey**
[preɪ]

vi. 捕食

例 The larvae prey upon small aphids. // 这种幼虫以小蚜虫为食。

□ **rescue**
[ˈreskjuː]

vt. 营救；救援

例 Privatization has not only rescued individual industries and a whole economy headed for disaster, but has also raised the level of performance in every area. // 私有化不仅挽救了个别企业和走向毁灭的整个经济，而且还提高了各行业的运作水平。

□ **resemble**
[rɪˈzembl]

vt. 像；类似于

例 She resembles her mother. // 她很像她母亲。

□ **resent**
[rɪˈzent]

vt. 怨恨；愤恨

英 If you resent someone or something, you feel bitter and angry about them.

例 She resents her mother for being so tough on her. // 她怨恨母亲对她太严厉。

□ **reserve**
[rɪˈzɜːrv]

vi. & vt. 储备；保留

派 reservoir *n.* 蓄水池

例 I'll reserve a table for five. // 我要预订一张5人的桌子。

n. 储备

□ **scrutinize**
[ˈskruːtənaɪz]

vt. 仔细检查

派 scrutiny *n.* 详细的检查

例 Her purpose was to scrutinize his features to see if he was an honest man. // 她的目的是通过仔细观察他的相貌判断他是否诚实。

□ **scuba**
['sku:bə]

n. 便携式水中呼吸器

□ **seam**
[si:m]

n. 接缝　*vt.* 缝合

□ **sculpture**
['skʌlptʃər]

n. 雕塑；雕像

□ **seal**
[si:l]

vi. & *vt.* 密封

英 When you seal an envelope, you close it by folding part of it over and sticking it down, so that it cannot be opened without being torn.

例 He sealed the envelope and put on a stamp. // 他封住信封并贴上一张邮票。

n. 海豹；封条

□ **secede**
[sɪ'si:d]

vi. & *vt.* 从……中脱离

英 If a region or group secedes from the country or larger group to which it belongs, it formally becomes a separate country or stops being a member of the larger group.

例 Singapore seceded from the Federation of Malaysia and became an independent sovereign state. // 新加坡脱离马来西亚联邦成为一个独立的主权国家。

□ **tenfold**
['tenfoʊld]

adj. & *adv.* 十倍的（地）

□ **tension**
['tenʃn]

n. 紧张；不安

英 Tension is the feeling that is produced in a situation when people are anxious and do not trust each other, and when there is a possibility of sudden violence or conflict.

例 The tension between the two countries is likely to remain. // 那两个国家间的紧张局面可能会持续下去。

vt. 使拉紧；使紧张

□ **tentacle**
['tentəkl]

n. ［动］触须

□ **tentative**
['tentətɪv]

adj. 试验性的；尝试的

派 tentatively *adv.* 试验性地

例 She saw the tentative boy over the counter. // 她看到吧台那边想来搭讪又在踌躇的男孩。

□ **utter**
['ʌtər]

vt. 发出（声音等）

例 They left without uttering a word. // 他们一言不发地离开了。

adj. 完全的；彻底的

派 utterly *adv.* 完全地

□ **vascular**
['væskjələr]

adj. 脉管的；血管的

记 vasc（＝vas 血管，脉管）＋ular（有……形状或性质的)→血管的，脉管的

□ **vast**
[væst]

adj. 广阔的；巨大的

派 vastness *n.* 巨大

□ **wisdom**
['wɪzdəm]

n. 智慧；好的判断力

英 Wisdom is the ability to use your experience and knowledge in order to make sensible decisions or judgments.

例 Many Lithuanians have expressed doubts about the wisdom of the decision. // 很多立陶宛人对该决定是否明智表示了怀疑。

□ **wistful**
['wɪstfl]

adj. 失意的；伤感的

例 I can't help feeling slightly wistful about the perks I'm giving up. // 我不禁对自己将要放弃的津贴感到有点儿不舍。

Check **!**

□ gallery	□ occupy	□ censorship	□ futile
□ harness	□ access	□ century	□ ordinarily
□ impressive	□ acclaim	□ delete	□ preserve
□ impulse	□ accompany	□ delinquency	□ prestige
□ kinship	□ barrier	□ enclave	□ repulse
□ margin	□ celsius	□ encompass	□ require

☐ screw	☐ tempest	☐ ordinance	☐ enclose
☐ scribe	☐ temperament	☐ navigate	☐ enamel
☐ scrub	☐ script	☐ manure	☐ deliberate
☐ temperate	☐ scribble	☐ kindle	☐ delegation
☐ tenacious	☐ screen	☐ imprison	☐ census
☐ vary	☐ repute	☐ impoverish	☐ cement
☐ wiggle	☐ presume	☐ harmonious	☐ celestial
☐ wield	☐ preside	☐ gale	☐ barricade
☐ utility	☐ preservative	☐ fusion	☐ accommodate
☐ tenant			

阅读中常见的背景故事

木星的四大卫星——伽利略卫星

到目前为止，天文学家发现木星有 66 颗卫星。其中最大的 4 颗，是最先由伽利略发现的，被称为伽利略卫星。

木卫一（Io）：16 颗卫星中最著名的一颗，离木星很近，密度和大小有些类似于月球，星球状，整个表面光滑而干燥，有开阔的平原、起伏的山脉和大峡谷，以及许多火山盆地。它的颜色特别鲜红，可能是太阳系中最红的天体，并有很频繁的火山活动。

木卫二（Europa）：是一颗体积比月球略小，但密度和月球差不多，表面光滑，被大量的冰覆盖着，从望远镜中看是一颗显得非常明亮的天体。其另一个特征是冰面上布满了许多纵横交错、密如蜘蛛网的明暗条纹，很可能是冰层的裂缝。在木卫二的表面覆盖着一层 50 千米厚的冰层，冰层下有一层厚度为 97 千米的海洋，是太阳系中储水量最大的天体。

木卫三（Ganymede）：是木星最大的一颗卫星，表面呈黄色，可分为盖满冰层的明亮区和冰上堆积着岩质灰尘的黑暗区，并有几处横向错开的断层、线状地形、互相平行的山脊与深沟。因此，木卫三可能曾经发生过类似地球的板块活动。值得注意的是，它的体积比水星还大。

木卫四（Callisto）：它的表面布满了密密麻麻的陨石坑，最明显的特征是一个像牛眼似的白色核心，外面被一层圆环包围着，类似同心圆盆地。木卫四除了坑洞以外再也找不到其他特殊的地形，因而推断它是太阳系中最古老的卫星表面。

扫码关注后回复 70879
免费下载配套音频

Word List
10

看看有没有已经认识的单词

- accumulate
- accuse
- accustom
- acid
- acknowledge
- acquisition
- acrid
- bastard
- be committed to
- bearing
- chaos
- characterize
- charismatic
- charitable
- charter
- chattering
- cherish
- demobilize

- democracy
- demographic
- demolish
- endorse
- endow
- endure
- enervate
- enfranchise
- fulfill
- fundamentally
- fungus
- funnel
- geriatric
- harsh
- hatch
- inadvertent
- incentive
- labor

- labyrinth
- marital
- mark
- marsh
- marvel
- necessitate
- needle
- orient
- primate
- primitive
- primordial
- principal
- prior
- pristine
- private
- reside
- resign
- resolute

- resume
- seclude
- secrete
- sect
- secular
- security
- sediment
- seduce
- segment
- segregate
- tenure
- termite
- terrace
- terrain
- vehicle
- veil
- wit
- withdraw

□ **accumulate**
[əˈkjuːmjəleɪt]

vi. & vt. **堆积；积累**

例 Households accumulate wealth across a broad spectrum of assets. // 家庭在以各种各样的资产形式积累财富。

□ **accuse**
[əˈkjuːz]

vi. & vt. **指控；谴责**

英 If you accuse someone of doing something wrong or dishonest, you say or tell them that you believe that they did it.

例 He was accusing my mum of having an affair with another man. // 他指责我妈妈与另一个男人有染。

□ **accustom**
[əˈkʌstəm]

vt. **使习惯**

例 The team has accustomed itself to the pace of first division rugby. // 球队适应了英式橄榄球甲级联赛的节奏。

□ **acid**
[ˈæsɪd]

n. **酸**

例 citric acid // 柠檬酸

adj. **酸味的；尖刻的**

□ **acknowledge**
[əkˈnɑːlɪdʒ]

vt. **承认；鸣谢**

例 Belatedly, the government has acknowledged the problem. // 政府迟迟承认了该问题。

□ **acquisition**
[ˌækwɪˈzɪʃn]

n. **获得；取得**

□ **acrid**
[ˈækrɪd]

adj. **（气味或味道）辛辣的**

□ **bastard**
[ˈbæstərd]

n. **私生子**

记 bast（愿意为结婚，后指不结婚而同居）＋ard（不好的人）→没结婚而生出来得的→私生子

例 But how can I let my three years of hard work be stolen by this sneaky bastard? // 但是我怎么能让我三年的努力学习被这个卑鄙的杂种窃取呢？

□ **be committed to**

献身于……；致力于……

□ **bearing**
[ˈberɪŋ]

n. **关系**

记 bear（承担）＋ing（表名词）→轴承，关系，方面，意义

例 This question has a bearing on a much more important one. // 这个问题关系到一个更重要的问题。

□ **chaos**
['keɪɑːs]
n. 混乱，紊乱

□ **characterize**
['kærəktəraɪz]
vi. &vt. 描述（人或物）的特性；具有……的特征
派 characterization *n.* 人物塑造
例 This play is characterized as a comedy. // 这出戏被认为是喜剧。

□ **charismatic**
[ˌkærɪz'mætɪk]
adj. 有魅力的；神赐能力的
英 A charismatic person attracts, influences, and inspires people by their personal qualities.
例 her striking looks and charismatic personality // 她出众的相貌和迷人的气质

□ **charitable**
['tʃærətəbl]
adj. 仁慈的；慈善的

□ **charter**
['tʃɑːrtə(r)]
n. 宪章；执照
英 A charter is a formal document describing the rights, aims, or principles of an organization or group of people.
vt. 特许；发给特许执照
记 chart 纸片＋er→纸上的东西→契约等
例 The government chartered a new bank in the capital. // 政府特许在首都建立一家新银行。

□ **chattering**
['tʃætərɪŋ]
n. [机] 震颤

□ **cherish**
['tʃerɪʃ]
vt. 珍爱；怀有（希望）
例 The president will cherish the memory of this visit to Ohio. // 总统将铭记这次俄亥俄之行。
These people cherish their independence and sovereignty. // 这些人珍视他们的独立和主权。

□ **demobilize**
[diː'moʊbəlaɪz]
vi. &vt. 遣散；＜正＞使复原
英 If a country or armed force demobilizes its troops, or if its troops demobilize, its troops are released from service and allowed to go home.

派 demobilization *n.* 遣散

例 Both sides have agreed to demobilize 70% of their armies. // 双方都同意各自遣散 70% 的军队。

□ **democracy**
[dɪˈmɑːkrəsi]

n. 民主国家；民主主义；民主政治

英 Democracy is a system of government in which people choose their rulers by voting for them in elections.

记 demo（人民）＋cracy（统治或政体）→民主政治

派 democratic *adj.* 民主的

□ **demographic**
[ˌdeməˈɡræfɪk]

adj. 人口统计学的；人口学的

记 demo（人民）＋graph（写，图）＋ic（的）→用图表的方式写人民→统计人民的→人口统计的

派 demographical *adj.* 人口统计的

□ **demolish**
[dɪˈmɑːlɪʃ]

vt. 推翻；拆毁（建筑物等）

例 A storm moved directly over the island, demolishing buildings and flooding streets. // 暴风雨径直席卷该岛，摧毁了建筑物，淹没了街道。

□ **endorse**
[ɪnˈdɔːrs]

vt. 支票的背书；签名；核准

英 If you endorse someone or something, you say publicly that you support or approve of them.

例 I can endorse their opinion wholeheartedly. // 我可以全力支持他们的意见。

□ **endow**
[ɪnˈdaʊ]

vt. 捐赠；资助

例 The ambassador has endowed a ＄1 million public-service fellowships program. // 大使资助了一项 100 万美元的公共服务奖学金计划。

□ **endure**
[ɪnˈdʊr]

vi.＆vt. 忍耐；容忍

派 endurable *adj.* 耐用的

例 The company endured heavy financial losses. // 那家公司遭受了严重的亏损。

□ **enervate**
[ˈenərveɪt]

vt. 使衰弱，使失去活力

英 weaken mentally or morally

例 Soft living will enervate the leaders, and those under their command will be changed into beasts. // 舒适的生命会弱化领导者，在他们的命令之下会变成兽。

□ **enfranchise**
[ɪnˈfræntʃaɪz]

vt. 给予选举权；（从奴隶制中）解放

派 enfranchisement *n.* 释放，解放

英 To enfranchise someone means to give them the right to vote in elections.

例 The company voted to enfranchise its 120 women members. // 公司投票决定给予其 120 名女职员选举权。

□ **fulfill**
[fʊlˈfɪl]

vt. 履行（诺言等）；执行（命令等）；达到（目的）

□ **fundamentally**
[ˌfʌndəˈmentəli]

adv. 根本上

派 fundamental *adj.* 基本的

例 Fundamentally, women like Han for his sensitivity and charming vulnerability. // 基本说来，女人喜欢韩是因为他细腻的情感和迷人的文弱气质。

□ **fungus**
[ˈfʌŋgəs]

n. 菌类植物；真菌

□ **funnel**
[ˈfʌnl]

n. 漏斗；（轮船、火车头等的）烟囱

□ **geriatric**
[ˌdʒeriˈætrɪk]

adj. 老年医学的；老年病学的

例 There is a question mark over the future of geriatric care. // 老年保健医学的前景还是一个问号。

□ **harsh**
[hɑːrʃ]

adj. 粗糙的；严厉的

派 harshen *v.* 使（变）粗糙

例 harsh desert environment // 恶劣的沙漠环境

□ **hatch**
[hætʃ]

vi. & vt. 孵化；秘密策划

英 If you hatch a plot or a scheme, you think of it and work it out.

例 As soon as the two chicks hatch, they leave the nest burrow. // 两只小鸟一出壳就离开了巢穴。
He has accused opposition parties of hatching a plot to assassinate the Pope. // 他指控反对党密谋暗杀教皇。

□ **inadvertent**
[ˌɪnədˈvɜːtənt]

adj. 不经意的

派 inadvertently *adv.* 漫不经心地

例 The government has said it was an inadvertent error. // 政府声称那是因疏忽造成的过失。

□ **incentive**
[ɪnˈsentɪv]
n. 动机
例 tax incentive // 税收优惠激励
adj. 刺激性的

□ **labor**
[ˈleɪbər]
n. 劳动；劳工

□ **labyrinth**
[ˈlæbərɪnθ]
n. 迷宫
记 莱布尼斯（拟声）的微积分很绕→迷宫
例 the labyrinth of corridors // 迷宫般的走廊

□ **marital**
[ˈmærɪtl]
adj. 婚姻的；夫妻（间）的
派 maritally *adv.* 婚姻上作为夫妻地
例 marital status // 婚姻状况

□ **mark**
[mɑːrk]
vt. 留下痕迹
英 If something marks a surface, or if the surface marks, the surface is damaged by marks or a mark.
例 The bank marks the check "certified". // 银行在支票上标有"保付"的字样。

□ **marsh**
[mɑːrʃ]
n. 沼泽，湿地

□ **marvel**
[ˈmɑːrvl]
n. 令人惊奇的事物（或人物）　　*vt.* 对……感到惊异

□ **necessitate**
[nəˈsesɪteɪt]
vt. 使……成为必要；强迫
例 A prolonged drought had necessitated the introduction of water rationing. // 由于持续的干旱，用水需要实行配给。

□ **needle**
[ˈniːdl]
n. 针

□ **orient**
[ˈɔːriənt]
vi. & vt. 标定方向；以……为参照
英 When you orient yourself to a new situation or course of action, you learn about it and prepare to deal with it.
例 You will need the time to orient yourself to your new way of eating. // 你还需要一些时间才能

适应新的饮食方式。

She lay still for a few seconds, trying to orient herself. // 她静静地躺了一会儿，试图弄清自己的方位。

□ **primate**
['praɪmɪt]

n. 灵长目动物

□ **primitive**
['prɪmɪtɪv]

adj. 原始的；早期的

记 prim（第一，主要的；首要）＋itive（……的）→ *adj.* 原始的，远古的，早期的；粗糙的，简单的

派 primitively *adv.* 最初地

例 studies of primitive societies // 对原始社会的研究

n. 文艺复兴前的艺术家（或作品）

□ **primordial**
[praɪ'mɔːrdiəl]

adj. 初生的；原始的

英 You use primordial to describe things that belong to a very early time in the history of the world.

例 Twenty million years ago, Idaho was populated by dense primordial forest. // 2 000 万年前，爱达荷州到处都是茂密的原始森林。

□ **principal**
['prɪnsəpl]

adj. 主要的；资本的

英 Principal means first in order of importance.

例 The principal reason for my change of mind is this. // 这是我改变主意的最主要原因。

n. 本金

□ **prior**
['praɪər]

adj. 优先的；占先的

□ **pristine**
[prɪ'stiːn]

adj. 原始状态的

记 prist（＝first 首先，最初）＋ine（……的）→ *adj.* 太古的；纯洁的；新鲜的

例 Now the house is in pristine condition. // 现在，这所房子一尘不染。

□ **private**
['praɪvɪt]

adj. 私有的

英 Private individuals are acting only for themselves, and are not representing any group, company, or organization.

派 privatize *vt.* 使私有化

例 The law insists that private citizens are not permitted to have weapons. // 法律坚持要求公民个人不得持有武器。

□ **reside**
[rɪˈzaɪd]

vi. 居住；定居

派 residual *adj.* 残留的
residue *n.* 残余

例 Margaret resides with her invalid mother in a London suburb. // 玛格丽特同她病弱的母亲住在伦敦郊区。

□ **resign**
[rɪˈzaɪn]

vi. & vt. 辞职；放弃

例 A hospital administrator has resigned over claims he lied to get the job. // 一位医院的管理人员辞职了，因为有人指责他为了得到这份工作而撒了谎。

□ **resume**
[rɪˈzuːm]

n. 简历；概述　　*vi. & vt.* 重新开始

□ **resolute**
[ˈrezəluːt]

adj. 坚决的

派 resolution *n.* 分辨率

例 Voters perceive him as a decisive and resolute international leader. // 投票者认为他是一位坚定果断的国际领导人。

□ **seclude**
[sɪˈkluːd]

vt. 使隔开；使隐退

例 They seclude their wives in the harem. // 他们将妻子隔绝在闺房中。

□ **secrete**
[sɪˈkriːt]

vt. ［生］分泌；隐匿

例 The sweat glands secrete water. // 汗腺分泌汗液。
She secreted the gun in the kitchen cabinet. // 她把枪藏在橱柜里。

□ **sect**
[sekt]

n. 宗派；教派

□ **secular**
[ˈsekjələr]

adj. 世俗的

例 He spoke about preserving the country as a secular state. // 他谈及了保持该国世俗化的问题。

security
[sə'kjʊrəti]

n. 安全；保证

---

sediment
['sedɪmənt]

n. ［地］沉淀物

派 sedimentation *n.* 沉淀；沉积

---

seduce
[sɪ'duːs]

vt. 勾引，引诱

英 If something seduces you, it is so attractive that it makes you do something that you would not otherwise do.

例 She has set out to seduce Stephen. // 她已经开始勾引斯蒂芬了。

---

segment
['segmənt]

vi. & vt. 分割

例 The big six record companies are multinational, and thus can segment the world market into national ones. // 六大唱片公司都是跨国经营，因此能够将世界市场按国家划分。

n. 环节；部分

---

segregate
['segrɪgeɪt]

vt. （使）分开；分离

记 se（分开）＋greg（群）＋ate（使……）→使……和人群分开→隔离

例 Many African American returned to a United States that was as segregated as it had been before the war. // 许多非洲裔美国人回到美国后，状况仍然与战前一样被隔离。

---

tenure
['tenjər]

n. （财产、职位等的）占有；占有权

记 ten（拿住，握住，支撑）＋ure（表名词）→拿住状态

---

termite
['tɜːrmaɪt]

n. 白蚁

---

terrace
['terɪs]

n. 阳台；台阶

---

terrain
[te'reɪn]

n. 地形；地势

例 The terrain changed quickly from arable land to desert. // 那个地带很快就由耕地变成了沙漠。

□ **vehicle**
['viːhɪkl]

n. 车辆；交通工具

英 A vehicle is a machine such as a car, bus, or truck which has an engine and is used to carry people from place to place.

例 The vehicle would not have the capacity to make the journey on one tank of fuel. // 这辆车单靠一箱燃料无法跑完整趟旅程。

□ **veil**
[veɪl]

n. 面纱；掩饰

例 The country is ridding itself of its disgraced prime minister in a veil of secrecy. // 这个国家暗地里正试图把失势的首相赶下台。

vt. 用面纱遮盖

□ **wit**
[wɪt]

n. 机智；才智

□ **withdraw**
[wɪð'drɔː]

vi.&vt. 撤退；（从银行）取（钱）

英 If you withdraw something from a place, you remove it or take it away.

例 He stated that all foreign forces would withdraw as soon as the crisis ended. // 他声明危机一结束，所有外国军队都将撤离。

Check !

□ pretend	□ deliver	□ wisdom	□ in favor of
□ prevent	□ demise	□ vascular	□ genuine
□ rescue	□ encroach	□ tentative	□ fuse
□ resent	□ endeavor	□ tension	□ furnish
□ scrutinize	□ furrow	□ secede	□ encumber
□ seam	□ genre	□ sculpture	□ encounter
□ seal	□ harrow	□ scuba	□ delve
□ accomplice	□ in the light of	□ reserve	□ delinquent
□ accomplish	□ marine	□ resemble	□ challenge
□ accredit	□ organism	□ prey	□ certify
□ accretion	□ tenfold	□ prevail	□ ceremonial
□ baryon	□ tentacle	□ presumption	□ barter
□ certain of	□ utter	□ navy	□ accredit to
□ chain	□ vast	□ knit	□ account for
□ chamber	□ wistful		

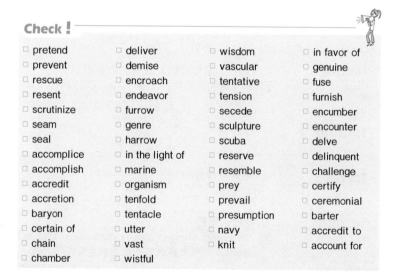

Word List
11

扫码关注后回复 70879
免费下载配套音频

看看有没有已经认识的单词

- acrobatic
- adapt
- adept
- admire
- advantage
- beaver
- beckon
- beet
- behalf
- chide
- chief
- cholera
- chronic
- chronological
- church
- circle
- circulate

- demonstrate
- denote
- denounce
- dense
- density
- denude
- engage
- engender
- engrave
- enigmatic
- enlarge
- fruitful
- frustrate
- fuel
- genius
- gimmick
- glove

- haul
- incidental
- incipient
- incline
- lack
- Marxist
- mass
- maternal
- negative
- origin
- ornament
- privilege
- probe
- procedure
- proceed
- resolve
- resort

- respective
- respiratory
- seism
- seismic
- seize
- semantic
- seminar
- senate
- senator
- sentiment
- terrestrial
- territory
- tertiary
- vein
- velocity
- wither

□ **acrobatic**
[ˌækrəˈbætɪk]

adj. 杂技的

例 He performed a sensational acrobatic feat. // 他表演了一套惊人的杂技功夫。

□ **admire**
[ədˈmaɪər]

vt. 钦佩

□ **adapt**
[əˈdæpt]

vi. 适应于（to）

英 If you adapt to a new situation or adapt yourself to it, you change your ideas or behaviour in order to deal with it successfully.

例 The world will be different, and we will have to be prepared to adapt to the change. // 世界会变得不同，我们必须做好准备以适应其变化。

vt. 改编

□ **advantage**
[ədˈvæntɪdʒ]

n. 有利条件；优势

□ **adept**
[əˈdept]/
[ˈædept]

adj. 精于……的；擅长于……的

例 He's usually very adept at keeping his private life out of the media. // 他通常很善于使自己的私生活避开媒体的关注。

n. 专家

□ **beaver**
[ˈbivər]

n. 海狸

□ **beckon**
[ˈbekən]

vi.&vt.（用头或手的动作）示意；召唤

英 If you beckon to someone, you signal to them to come to you.

例 He beckoned to the waiter. // 他招呼服务员过来。

□ **beet**
[biːt]

n. 甜菜；甜菜根

□ **behalf**
[bɪˈhæf]

n. 利益；维护

例 She made an emotional public appeal on her son's behalf. // 她代表儿子动情地发出了公开呼吁。

□ **chide**
[tʃaɪd]

vi. & vt. **责备；呵斥**

例 Cross chided himself for worrying. // 克罗斯怨怪自己瞎操心。

□ **chief**
[tʃiːf]

adj. **级别最高的** *n.* **族长**

□ **cholera**
[ˈkɑːlərə]

n. [医] **霍乱**

□ **chronic**
[ˈkrɑːnɪk]

adj. **慢性的；长期的**

记 chron (时间) + ic (……的) → *adj.* 长期的；慢性的

派 chronically *adv.* 慢性地，长期地

例 For those with chronic depression, she said, keep at it! // 对于那些长期受抑郁困扰的患者，她说：坚持！

□ **chronological**
[ˌkrɑːnəˈlɑːdʒɪkl]

adj. **按年代顺序排列的**

英 relating to or arranged according to temporal order

记 chrono (= chron 时间) + logical (逻辑的) → 根据时间的逻辑来排列

派 chronology *n.* 年代学；年表

例 It shouldn't be just a chronological journey or just a bunch of hanging works. // 这不仅仅是一个依时间顺序安排的旅程，也不仅仅是众多作品的组合。

□ **church**
[tʃɜːrtʃ]

n. [宗] **教堂；**[宗] **教徒**

□ **circle**
[ˈsɜːrkl]

n. **环绕；圆**

□ **circulate**
[ˈsɜːrkjəleɪt]

vi. & vt. **(使) 循环** *vi.* **传送**

记 circ (圆，环) + ulate (= ate 表动词) → 绕圈走 → 循环

派 circulation *n.* 血液循环

例 Gravitational pressure can cause blood to pool in the lower regions of the body, making it difficult to circulate blood to critical organs such as the brain. // 地心引力可以帮助血液流向离地面较近的器官，但给流向诸如大脑这样的重要器官造成了障碍。

□ **demonstrate** | *vt.* 证明；证实
['demənstreɪt]

英 To demonstrate a fact means to make it clear to people.

例 The study also demonstrated a direct link between obesity and mortality. // 该研究还表明了肥胖症和死亡率之间存在直接的联系。

□ **denote** | *vt.* 表示；指示
[dɪ'noʊt]

派 denotative *adj.* 指示的

例 Dark clouds denote rain. // 乌云预示有雨。

□ **denounce** | *vt.* 谴责；痛斥
[dɪ'naʊns]

例 The letter called for trade union freedom and civil rights, but did not openly denounce the regime. // 这封信呼吁保障工会自由和公民权利，但没有公开谴责该政权。

□ **dense** | *adj.* 密集的；愚钝的
[dens]

英 Something that is dense contains a lot of things or people in a small area.

例 Where Bucharest now stands, there once was a large, dense forest. // 布加勒斯特的所在地过去曾是一大片茂密的森林。

□ **density** | *n.* 密度；稠密
['densɪti]

记 dens（变浓厚）＋ity（性质，特性）→密集，密度，浓度

例 areas with high densities of immigrant populations // 移民人口稠密的地区

□ **denude** | *vt.* 剥夺；使裸露
[dɪ'nuːd]

派 denudation *n.* 裸露；剥下

例 The storm completely denuded the trees. // 这场暴风雨扫光了所有的树叶。

□ **engage** | *vi.* 订婚；从事
[ɪn'geɪdʒ]

派 engagement *n.* 约会

例 Investment in human capital generally benefits individuals by making them eligible to engage in well-paid occupations. // 在人力资源上的投资往往让人员可以胜任更高级的职务。

□ **engender** | *vi. & vt.* 产生；造成
[ɪn'dʒendər]

例 It helps engender a sense of common humanity. // 这有助于营造一种博爱的感觉。

□ **engrave**
[ɪnˈɡreɪv]

vt. （使）铭记；雕刻

□ **enigmatic**
[ˌɪnɪɡˈmætɪk]

adj. 神秘的；高深莫测的

英 Someone or something that is enigmatic is mysterious and difficult to understand.

派 enigmatically *adv.* 莫名其妙地

例 Haley studied her, an enigmatic smile on his face. // 黑利打量着她，脸上带着神秘的笑容。

□ **enlarge**
[ɪnˈlɑːrdʒ]

vt. 扩大；扩展

例 They've decided to enlarge the company. // 他们已决定扩大公司规模。

□ **fruitful**
[ˈfruːtfl]

adj. 富有成效的

□ **frustrate**
[ˈfrʌstreɪt]

vt. 挫败；阻挠　*adj.* 无益的

例 These questions frustrated me. // 这些问题让我沮丧。

□ **fuel**
[fjuəl]

vi. & vt. 给……加燃料；激起

英 To fuel a situation means to make it become worse or more intense.

例 The result will inevitably fuel speculation about the Prime Minister's future. // 这一结果将不可避免地加剧人们对首相未来的揣测。

n. 燃料

□ **genius**
[ˈdʒiːniəs]

n. 天才；天资

□ **glove**
[ɡlʌv]

n. 手套

□ **gimmick**
[ˈɡɪmɪk]

n. 花招，诡计

□ **haul**
[hɔːl]

vi. & vt. 拖；拉

英 If you haul something which is heavy or difficult to move, you move it using a lot of effort.

例 A crane had to be used to haul the car out of the stream. // 只好用了起重机,才将轿车从河里拖出来。

☐ **incidental**
[ˌɪnsɪ'dentl]

adj. 附属的

☐ **incipient**
[ɪn'sɪpiənt]

adj. 起初的

派 incipience n. 开始,早期

☐ **incline**
[ɪn'klaɪn]

vi. 倾斜;屈身

英 If you incline to think or act in a particular way, or if something inclines you to it, you are likely to think or act in that way.

例 I incline to the view that he is right. // 我倾向于认为他是正确的。

☐ **lack**
[læk]

n. 缺乏

英 If there is a lack of something, there is not enough of it or it does not exist at all.

例 Despite his lack of experience, he got the job. // 他虽然经验不足,但还是获得了这份工作。

vt. 缺乏;缺少

派 lacking adj. 缺乏的

☐ **Marxist**
['mɑːksɪst]

n. 马克思主义者

☐ **mass**
[mæs]

n. 大量;大多

例 On his desk is a mass of books and papers. // 他的书桌上有大堆的书籍和文件。

☐ **maternal**
[mə'tɜːrnl]

adj. 母亲的;母亲般的

派 maternity n. 母道
matrilineal adj. 母系的

例 She had little maternal instinct. // 她缺乏母性。

☐ **negative**
['negətɪv]

adj. 消极的   n. 否定词语

☐ **origin**
['ɔːrɪdʒɪn]

n. 出身;起源

英 You can refer to the beginning, cause, or source of something as its origin or origins.

例 theories about the origin of life // 有关生命起源的各种理论

□ **ornament**
['ɔːrnəmənt]

n. **装饰；装饰物**

记 orna（＝orn 装饰）＋ment（物）→装饰品

例 Christmas tree ornaments // 圣诞树装饰物

□ **privilege**
['prɪvəlɪdʒ]

n. **特权**

记 privi（＝priv 单个）＋lege（法律）→有个人法律→特权

例 have the privilege of meeting someone // 有幸和某人会面

vt. **给予……特权**

□ **probe**
[proʊb]

vi. & vt. **探索；调查**

例 The more they probed into his background, the more inflamed their suspicions would become. // 他们越调查他的背景，疑团就越多。

He probes the enemy's weak positions, ignoring his strongholds. // 他侦察敌人兵力薄弱的位置，对其要塞不予理睬。

n. **探头**

□ **procedure**
[prə'siːdʒər]

n. **程序；步骤**

例 A biopsy is usually a minor surgical procedure. // 活组织检查通常是一个很小的外科手术。

□ **proceed**
[proʊ'siːd]

vi. **进行；前进**

英 If you proceed to do something, you do it, often after doing something else first.

例 He proceeded to tell me of my birth. // 他接着给我讲了我出生的事。

n. **收入**

例 The proceeds of the arms sales were then funneled to Contra fighters in Central America. // 出售武器所得的收入随后用来支持中美洲的反政府武装组织。

□ **resolve**
[rɪ'zɑːlv]

vi. & vt. **决定；溶解**

派 resolvable *adj.* 可溶解的

□ **resort**
[rɪ'zɔːrt]

vi. **求助于；诉诸**

英 If you resort to a course of action that you do not really approve of, you adopt it because you cannot see any other way of achieving what you want.

例 His punishing work schedule had made him resort to drugs. // 异常紧张的工作安排使他开始吸毒。

n. 求助；度假胜地

□ **respective**
[rɪ'spektɪv]

adj. 各自的；分别的

□ **respiratory**
['respərətɔːri]

adj. 呼吸的

例 respiratory system // 呼吸系统

□ **seism**
['saɪzəm]

n. 地震

□ **seismic**
['saɪzmɪk]

adj. 地震的；因地震而引起的

例 Earthquakes produce two types of seismic waves. // 地震产生两种地震波。

□ **seize**
[siːz]

vi.&vt. 抓住；俘获；夺取

英 If you seize something, you take hold of it quickly, firmly, and forcefully.

例 Troops have seized the airport and railroad terminals. // 军队已控制了机场和火车站。

□ **semantic**
[sɪ'mæntɪk]

adj. [语] 语义的；语义学的

□ **seminar**
['semənɑːr]

n. 研讨会；研讨班

□ **senate**
['senɪt]

n. 参议院

□ **senator**
['senətər]

n. 参议员

□ **sentiment**
['sentəmənt]

n. 感情；意见

派 sentimental *n.* 伤感的

例 Public sentiment rapidly turned anti-American. // 公众情绪迅速转变，开始反对美国。

□ **terrestrial**
[tə'restriəl]

adj. 地球的；陆地的

记 terr（土地）+estrial→地球的，地球上的

例 terrestrial life forms // 地球上的各种生命形态

n. 地球人

□ **territory**
['terətɔːri]

n. 领土；版图

英 Territory is land which is controlled by a particular country or ruler.

例 They just want to return to their families in the occupied territories. // 他们只是想回到占领区的家人身边。

□ **tertiary**
['tɜːrʃieri]

adj. 第三的

英 Tertiary means third in order, third in importance, or at a third stage of development.

例 He must have come to know those philosophers through secondary or tertiary sources. // 他一定是通过第二手或第三手资料了解那些哲学家。

n. 第三系

□ **vein**
[veɪn]

n. 静脉

例 the serrated edges and veins of the feathery leaves // 羽状叶子的锯齿边沿和纹理

vi. & vt. 使有脉络

□ **velocity**
[və'lɑːsəti]

n. 速率；速度

例 the velocity of light // 光速

□ **wither**
['wɪðər]

vi. & vt. 凋谢；萎缩

Check !

□ charitable	□ funnel	□ security	□ resolute
□ accumulate	□ harsh	□ seduce	□ resign
□ accuse	□ inadvertent	□ segregate	□ private
□ acid	□ labor	□ termite	□ prior
□ acquisition	□ marital	□ terrain	□ primordial
□ bastard	□ marsh	□ veil	□ primate
□ bearing	□ necessitate	□ withdraw	□ needle
□ characterize	□ orient	□ wit	□ marvel
□ chattering	□ primitive	□ vehicle	□ mark
□ demobilize	□ principal	□ terrace	□ labyrinth
□ demographic	□ pristine	□ tenure	□ incentive
□ endorse	□ reside	□ segment	□ hatch
□ endure	□ resume	□ sediment	□ geriatric
□ enfranchise	□ seclude	□ secular	□ fungus
□ fundamentally	□ sect	□ secrete	□ fulfill

□ enervate	□ acrid	□ demolish	□ charter
□ endow	□ acknowledge	□ democracy	□ charismatic
□ be committed to	□ accustom	□ cherish	□ chaos

阅读中常见的背景故事

如果光速慢一点点，就不会有碳元素；如果光速快一点点，就不会有氧元素。

要了解这个问题，涉及两方面知识，一是化学元素的起源是什么，二是光速如何影响元素内部相互作用。

化学元素的起源是什么？

宇宙的时间和空间都来源于 137 亿年前的大爆炸。最初，宇宙中充满了光和夸克（quark），随后，夸克组成了质子（proton）和中子（neutron）。

大约 3 分钟之后，这些质子、中子冷却之后组成了原子核（nucleus）。这个过程称为核合成。氢、氦、锂、铍等元素被大量合成了。而直到今天，宇宙中 90％ 的物质仍然是氢核。但这时宇宙仍然太热，这些原子核无法吸引电子（electron）而形成原子（atom）。要形成原子，还要等待 30 万年之后。

到那时候，宇宙冷却到可以形成原子。从宇宙微波背景辐射中，我们仍能看到这些早期原子的信号。

前面四种元素是最早期形成的，而其他元素的形成涉及核聚变过程。

所有质子都是带正电的，因此相互排斥。要让它们紧密地形成原子核，需要另外一种力来让它们相互吸引。这种力叫作强力。质子相互碰撞，最终强力大于电磁斥力而使它们束缚在一起形成原子核。这个过程就叫作核聚变。

大爆炸之后的原子通过引力相互吸引，并聚集成大的云状物。云内部的压力把它自身加热到几百万度的温度，从而导致氢聚变为氦（helium），从而形成了恒星（fixed star）。核聚变先从内部开始，然后发展到外部。这个过程使恒星膨胀，进而冷却，最终把它变为红巨星（red giant star）。

一旦内核的氢在聚变过程中消耗完，氦开始聚变为碳、氮、氧。

这个聚变过程，小质量（比太阳质量小 8 倍）的恒星演化成白矮星（white dwarf）。白矮星主要由碳、氧组成，并且密度极大。

比太阳质量大 8 倍的恒星称为超巨星（supergiant star），它的引力足够强，聚变得到碳原子，随后再聚变得到氖原子、氧原子和镁原子。然后，氧聚变为硫、硅、磷和镁。硅继续聚变出重元素，一直到铁元素。

但是，这个过程不能产生比铁元素更重的元素，因为前面的聚变过程都是释放能量，可以促使聚变继续发生，而产生更重的元素需要吸收能量，使得强力释放的能量不足以克服电磁斥力。

超巨星的终点是超新星（supernova），最重的元素是在超新星中产生的。超新星的内核被铁元素充满，它的压力和温度不断升高。内核释放出大量伽马射线（gamma ray），促使电子、质子融合为中子，同时释放大量能量和中微子（neutrino）。这个过程会导致大量包含中微子的冲击波，比铁重的元素一直到铀元素，都是在这个过程中产生的。

总结一下，最轻的四种元素在大爆炸之后就产生了，镁以及之前的元素在红巨星中产生，铁以及之前的元素在超巨星中产生，从铁到铀元素在超新星中产生。星云、尘埃、星球中的原子相互碰撞，大量化学反应不断发生。这些反应最终产生了生命，从而产生了我们人类。

Word List 12

扫码关注后回复 70879
免费下载配套音频

看看有没有已经认识的单词

- adequate
- adhere
- adjacent
- adjoin
- administer
- admittedly
- belief
- bend
- benevolence
- bequest
- circumstance
- circumvent
- cite
- citrus
- civil
- civilization
- clan

- clasp
- deny
- depict
- depletion
- deplore
- deposit
- enormous
- enrage
- enrich
- enroll
- ensconce
- frigid
- frugivore
- gist
- glacial
- gland
- haven

- havoc
- incompatible
- incorporate
- lactate
- maxim
- maze
- neglect
- orthodoxy
- oscillation
- osmotic
- process
- proclaim
- procreate
- procure
- respire
- restitution
- restore

- restrain
- result from
- seabed
- separate
- sequence
- servant
- service
- servitude
- set forth
- set off
- testify
- testimony
- textile
- vacant
- vaccine
- withhold

□ **adequate**
['ædɪkwɪt]

adj. 足够的；合格的

英 If something is adequate, there is enough of it or it is good enough to be used or accepted.

例 One in four people worldwide are without adequate homes. // 全世界有 1/4 的人没有像样的家。

□ **adhere**
[əd'hɪr]

vi. 黏附；附着；坚持

记 ad（增加）＋here（粘）→粘在一起→坚持

派 adherence *n.* 依附；坚持

例 She adhered to the strict Islamic dress code. // 她恪守伊斯兰教严格的着装规定。

□ **adjacent**
[ə'dʒesənt]

adj. 附近的，毗邻的

派 adjacency *n.* 邻接

例 We work in adjacent rooms. // 我们在毗邻的房间里工作。

□ **adjoin**
[ə'dʒɔɪn]

vi.&vt. 紧挨；邻接

例 Fields adjoined the garden and there were no neighbours. // 田园相连，四下无邻。

□ **administer**
[əd'mɪnɪstər]

vt. 掌管；支配；实施

派 administration *n.* 管理；实行

例 They had the right to administer their own internal affairs. // 他们有权管辖自己的内部事务。
The courts administer the laws. // 法院执行法律。

□ **admittedly**
[æd'mɪtɪdli]

adv. 公认地；无可否认地

记 admit（承认）＋ed（被承认的）＋-ly（副词后缀）→公认地

例 It's only a theory, admittedly, but the pieces fit together. // 诚然，这只是一种理论，但各部分互相吻合。

□ **belief**
[bɪ'liːf]

n. 信任

□ **bend**
[bend]

vi.&vt. （使）弯曲；集中全力于

派 bendable *adj.* 可弯曲的

□ **benevolence**
[bə'nevələns]

n. 仁慈；善行

例 How can one have benevolence in excess? // 我们怎么可能有过多的爱心？

□ **bequest**
[bɪ'kwest]

n. 遗赠；遗产，遗赠物

□ **circumstance**
['sɜːrkəmstæns]

n. 环境；事件
例 Don't deceive under any circumstance. // 在任何情况下都不要行骗。

□ **circumvent**
[ˌsɜːrkəm'vent]

vt. 包围；陷害
派 circumvention *n.* 陷害
例 Our village is circumvented by a stream. // 我们的村庄周围有一条小河。

□ **cite**
[saɪt]

vt. 引用；引证
英 If you cite something, you quote it or mention it, especially as an example or proof of what you are saying.
例 She cites a favourite poem by George Herbert. // 她引用了自己最喜爱的一首乔治·赫伯特的诗。

□ **citrus**
['sɪtrəs]

n. 柠檬，柑橘

□ **civil**
['sɪvl]

adj. 公民的；民间的
例 The civil rights bill carried by a large majority. // 公民权利法案获得大多数同意而通过了。

□ **civilization**
[ˌsɪvələ'zeɪʃn]

n. 文明；文化
记 civil（*adj.* 公民的，市民的；民间的；民用的；有礼貌的）＋ization（表名词，……化）→ *n.*（＝civilisation）文明，文化
例 The Chinese civilization is one of the oldest in the world. // 中国文化是世界上最古老的文化之一。

□ **clan**
[klæn]

n. 宗族；氏族
英 A clan is a group which consists of families that are related to each other.
例 rival clans // 敌对的家族

□ **clasp**
[klæsp]

vi. &vt. 紧握；扣住
例 She clasped the children to her. // 她把孩子们紧紧地搂进怀里。
n. 拥抱；扣钩

□ **deny**
[dɪ'naɪ]

vt. 拒绝；拒绝承认

例 She denied both accusations. // 她对两项指控均予以否认。

□ **depict**
[dɪ'pɪkt]

vt. 描画；描述

记 de（加强）＋pict（画图）→成为画图→描绘

派 depicter *n.* 描绘者

例 The painter depicted Napoleon at the Battle of Waterloo. // 画家描绘了滑铁卢战役中的拿破仑。

□ **depletion**
[dɪ'pliːʃn]

n. 消耗，用尽

例 the depletion of oil and gas reserves // 石油和天然气储量的消耗

□ **deplore**
[dɪ'plɔːr]

vt. 谴责；强烈反对

英 If you say that you deplore something, you think it is very wrong or immoral.

例 He's a judo black belt but he says he deplores violence. // 他是一名柔道黑带选手，但他说自己强烈反对暴力。

□ **deposit**
[dɪ'pɑːzɪt]

n. 储蓄；保证金 *vi.* 储蓄

□ **enormous**
[ɪ'nɔːrməs]

adj. 庞大的；巨大的

例 It has enormous consequences for our troops. // 它对我们的军队产生了巨大的后果。

□ **enrage**
[ɪn'reɪdʒ]

vt. 激怒；使暴怒

例 He was enraged by news of plans to demolish the pub. // 看到计划拆除酒馆的新闻，他非常愤怒。

□ **enrich**
[ɪn'rɪtʃ]

vt. 使富裕；使富有

派 enrichment *n.* 丰富

例 An extended family enriches life in many ways. // 大家庭在很多方面会使生活更加丰富多彩。

□ **enroll**
[ɪn'roʊl]

vi.&vt. 招收；登记

英 register formally as a participant or member

例 You can come and enroll your children in the school. // 你可以送你的孩子来学校登记。

□ **ensconce**
[ɪnˈskɑːns]

vt. 安置；安顿下来

例 The kitten was ensconced in an easy chair. // 小猫安稳地蹲在安乐椅里。

□ **frigid**
[ˈfrɪdʒɪd]

adj. 寒冷的；冷漠的

□ **frugivore**
[ˈfruːdʒəvɔːr]

n. (尤指灵长目) 食果动物

派 frugivorous *adj.* 以果实为食的

□ **gist**
[dʒɪst]

n. 要领；要点

英 The gist of a speech, conversation, or piece of writing is its general meaning.

例 He related the gist of his conversation to Naseby. // 他将谈话的要点告诉了纳斯比。

□ **glacial**
[ˈgleɪʃl]

adj. [地] 冰的；冰河 [川] 的

例 a true glacial landscape with U-shaped valleys // 有 U 形山谷的名副其实的冰川景观

□ **gland**
[glænd]

n. [医] 腺体

英 A gland is an organ in the body which produces chemical substances for the body to use or get rid of.

□ **haven**
[ˈheɪvn]

n. 天堂；避风港

英 a place where people or animals feel safe, secure, and happy

□ **havoc**
[ˈhævək]

n. 大破坏；浩劫

记 hav (拥有) + en (场所) → 有 [安全] 的场所

□ **incompatible**
[ˌɪnkəmˈpætəbl]

adj. 不能和谐共存的；不相容的

□ **incorporate**
[ɪnˈkɔːrpəreɪt]

vt. 把……合并；使并入

英 If one thing incorporates another thing, it includes the other thing.

记 in (进入) + corpor (团体) + ate (表动词) → 合并

派 incorporation *n.* 合并

例 The party vowed to incorporate environmental considerations into all its policies. // 该党宣誓要把环境因素纳入它所有的政策当中。

□ **lactate**
[læk'teɪt]

vi. （指哺乳动物）分泌乳汁　*n.* 哺乳（期）

□ **maxim**
['mæksɪm]

n. 准则；格言

□ **maze**
[meɪz]

n. 迷宫；迷惑

例 The palace has extensive gardens, a maze, and tennis courts. // 这座宫殿有几座大花园、一处迷宫和几个网球场。

vt. 使困惑

□ **neglect**
[nɪ'glekt]

vt. 忽略；疏忽

英 If you neglect someone or something, you fail to look after them properly.

派 negligible *adj.* 可以忽略的

例 The woman denied that she had neglected her child. // 那位女士否认疏于照管自己的孩子。

n. 怠慢

□ **orthodoxy**
['ɔːrθədɑːksi]

n. 正统

例 These ideas rapidly became the new orthodoxy in linguistics. // 这些观点迅速成为语言学中新的正统观念。

□ **oscillation**
[ˌɑːsɪ'leʃn]

n. 振动；摆动

例 There have always been slight oscillations in world temperature. // 全球气温一直在轻微波动。

□ **osmotic**
[ɑːz'mɑːtɪk]

adj. 渗透的，渗透性的

例 osmotic pressure // 渗透压

□ **process**
['prouses]

vt. 处理

英 When raw materials or foods are processed, they are prepared in factories before they are used or sold.

例 fish which are processed by freezing, canning or smoking // 经过冷冻、罐装或熏制处理的鱼

n. 过程；工序

□ **proclaim**
[prə'kleɪm]

vi. & *vt.* 宣告；表明

派 proclamation *n.* 宣布；公告

procreate
['prəʊkri:eɪt]

vi. & vt. 生（儿、女）；生育

记 pro（向前）＋create（创造）→不断创造，创造很多→生儿育女

派 procreative *adj.* 有生殖力的

例 Most young women feel a biological need to procreate. // 大多数的年轻妇女都有生儿育女的生理需要。

procure
[prə'kjʊr]

vt. 取得，获得

记 pro（前面）＋cure（关心）→关心在前→（想要）获得

派 procurement *n.* 获得

respire
[rɪ'spaɪər]

vt. 呼吸

英 draw air into, and expel out of, the lungs

例 Like other fruit bananas remain alive after being picked and they actually continue to respire. // 和其他水果一样，采摘之后香蕉还是活着的，它们还能继续呼吸。

restitution
[ˌrestɪ'tu:ʃn]

n. 归还；赔偿

记 re＋stitut（建立，放）＋e→放回去→偿还

例 The victims are demanding full restitution. // 受害人要求全额赔偿。

restore
[rɪ'stɔːr]

vt. 修复；归还

例 The army has recently been brought in to restore order. // 最近军队被调来重整秩序。

restrain
[rɪ'streɪn]

vt. 抑制；遏制

记 re（回）＋strain（拉紧）→拉回去→抑制

派 restrainable *adj.* 可遏制的

例 restrain one's anger // 遏制自己的愤怒

result from 起因于

separate
['sepəreɪt]

adj. 独立的；分开的

派 separateness *n.* 分开，分离

英 If one thing is separate from another, there is a barrier, space, or division between them, so that they are clearly two things.

例 Each villa has a separate sitting-room. // 每栋别墅都有一间独立的起居室。

vi. & vt. 分开；（使）分离

sequence
['si:kwəns]

n. 顺序；［数］数列

□ **servant**
['sɜːrvənt]

n. 仆人；公务员

□ **service**
['sɜːrvɪs]

n. 服务；服侍
派 serviceable *adj.* 有用的，可供使用的

□ **servitude**
['sɜːrvətuːd]

n. 奴役（状态）；束缚
例 a life of servitude // 受奴役的一生

□ **seabed**
['siːbed]

n. 海底；海床

□ **set forth**

vi. 提出

□ **set off**

vi. 出发

□ **testify**
['testɪfaɪ]

vi. & vt. 作证；声明
记 test（测试，试验，证据）+ ify（表动词）→作证，证明；[to] 表明，说明

□ **testimony**
['testɪmoʊni]

n. 证词

□ **textile**
['tekstaɪl]

n. 织物；纺织业
记 text（编织）+ ile→织物
例 the Scottish textile industry // 苏格兰纺织业

□ **vacant**
['veɪkənt]

adj. 空闲的；空缺的
英 If something is vacant, it is not being used by anyone.
例 Half way down the coach was a vacant seat. // 车厢中部有一个空座。

□ **vaccine**
[væk'siːn]

n. 疫苗；痘苗　*adj.* 痘苗的
例 Anti-malarial vaccines are now undergoing trials. // 抗疟疾的疫苗正在试验阶段。

□ **withhold**
[wɪð'hoʊld]

vt. 抑制；阻挡
记 with（向后，相反）+ hold（拿住）→拿住不让向前→阻止
例 The withholding of property from the market may cause prices to be higher than normal. // 捂盘可能导致房价过高。

Check !

- fuel
- fruitful
- enigmatic
- engender
- denude
- acrobatic
- admire
- advantage
- beaver
- beet
- chide
- cholera
- chronological
- circle
- demonstrate
- denounce
- density

- engage
- engrave
- enlarge
- frustrate
- genius
- gimmick
- incidental
- incline
- Marxist
- maternal
- origin
- privilege
- procedure
- resolve
- respective
- seism
- seize

- seminar
- senator
- terrestrial
- tertiary
- velocity
- wither
- vein
- territory
- sentiment
- senate
- semantic
- seismic
- respiratory
- resort
- proceed
- probe
- ornament

- negative
- mass
- lack
- incipient
- haul
- glove
- dense
- denote
- circulate
- church
- chronic
- chief
- behalf
- beckon
- adept
- adapt

Word List
13

扫码关注后回复 70879
免费下载配套音频

看看有没有已经认识的单词

- admonish
- adolescence
- adopt
- adore
- adorn
- advent
- adverse
- beset
- besiege
- betray
- beverage
- classicism
- cleft
- client
- cling
- clinic
- clot
- depress

- deprive
- deride
- derive
- descend
- enshrine
- entail
- enthusiasm
- entice
- entire
- frenzy
- frequent
- glare
- gleam
- hazard
- incur
- indelible
- independently
- Indian

- lament
- meadow
- meager
- meanwhile
- negligible
- ostrich
- outgrowth
- outlet
- prodigal
- profile
- profligate
- profound
- profuse
- progressive
- prohibit
- proliferate
- retail
- retain

- retard
- settle
- severance
- severe
- sew
- sewage
- sewer
- shabby
- shad
- shale
- shallow
- shard
- thaw
- thermometer
- thesis
- vendor
- venerate
- withstand

□ **admonish**
[əd'mɑːnɪʃ]

vt. 劝告；训诫

派 admonishment *n.* 警告

例 They admonished me for taking risks with my health. // 他们责备我不应该拿自己的健康冒险。

□ **adolescence**
[ˌædə'lesəns]

n. 青春期

□ **adopt**
[ə'dɑːpt]

vt. 收养；采纳；批准

例 Parliament adopted a resolution calling for the complete withdrawal of troops. // 议会采纳了要求全部撤军的决议。

□ **adore**
[ə'dɔːr]

vi. & vt. 崇拜；爱慕

英 If you adore someone, you feel great love and admiration for them.

例 She adored her parents and would do anything to please them. // 她很爱自己的父母，乐意为他们做任何事。

□ **adorn**
[ə'dɔːrn]

vt. 佩戴；装饰

例 His watercolour designs adorn a wide range of books. // 他的水彩设计使许多图书大为生色。

□ **advent**
['ædvent]

n. （尤指不寻常人或事物的）来临；到来

记 ad＋vent（到来）→到来

例 When I met him in 2002, he seemed mostly depressed by the advent of the Web. // 2002年我遇到他的时候，他看起来似乎对网络的到来没有一点儿欣喜。

□ **adverse**
['ædvɜːrs]

adj. 不利的；有害的

□ **beset**
[bɪ'set]

vt. 困扰；烦扰

例 The country is beset by severe economic problems. // 这个国家被严重的经济问题困扰。

□ **besiege**
[bɪ'siːdʒ]

vt. 烦扰；包围；围攻

例 The main part of the army moved to Sevastopol to besiege the town. // 军队主力转移到了塞瓦斯托波尔，对该城进行围攻。

\\\

□ **betray**
[bɪˈtreɪ]

vt. **背叛；出卖**

例 They offered me money if I would betray my associates. // 他们提出，只要我供出同伙就给我钱。

□ **beverage**
[ˈbevərɪdʒ]

n. 饮料

□ **classicism**
[ˈklæsɪsɪzəm]

n. 古典主义；古典风格

□ **cleft**
[kleft]

adj. **分裂的；劈开的**

例 They provide cleft lip and heart surgeries to orphans in China so they can be adopted. // 他们为中国的唇裂及心脏病孤儿提供手术，以便他们能够被收养。

n. **裂缝**

□ **client**
[ˈklaɪənt]

n. 顾客；诉讼委托人

□ **cling**
[klɪŋ]

vi. **墨守；紧贴；附着**

例 The whole party will cling to their leader very determinedly. // 全党将极其坚定地紧紧跟随着他们的领袖。

□ **clinic**
[ˈklɪnɪk]

n. 诊所；门诊部

□ **clot**
[klɑːt]

vi. **凝结**

例 The blood around the wound clotted quickly. // 伤口周围的血很快凝结起来。

n. ［生理］凝块

□ **depress**
[dɪˈpres]

vt. **压下；压低；使萧条**

英 If someone or something depresses you, they make you feel sad and disappointed.

例 The stronger U. S. dollar depressed sales. // 美元走强，导致销售额下降。

□ **deprive**
[dɪ'praɪv]

vt. 使丧失；剥夺

记 de（去掉）＋priv（单个）＋e→从个人身边拿走
→剥夺

派 deprival *n.* 剥夺

例 be deprived of one's rights// 被剥夺应享有的
权利

□ **deride**
[dɪ'raɪd]

vt. 嘲弄；愚弄

英 If you deride someone or something, you say that
they are stupid or have no value.

例 This theory is widely derided by conventional
scientists. // 这一理论遭到守旧派科学家的普
遍嘲笑。

□ **derive**
[dɪ'raɪv]

vi. 起源

记 derive（*v.* 得自；起源）＋ate（表名词）→
起源

派 derivable *adj.* 可引出的

例 Many English words derive from Latin. // 许多英
语词来源于拉丁语。

□ **descend**
[dɪ'send]

vi.＆*vt.* 降临；下降

英 If you descend or if you descend a staircase, you
move downwards from a higher to a lower level.

派 descendant *adj.* 下降的　*n.* 子孙

例 Things are cooler and more damp as we descend
to the cellar. // 当我们往下走向地窖时，四周
愈见阴冷潮湿。

□ **enshrine**
[ɪn'ʃraɪn]

vt. 铭记；珍藏；把……置于神龛内

派 enshrinement *n.* 奉祀庙中

例 enshrine in memory // 铭记在心

□ **entail**
[ɪn'teɪl]

vt. 承担；蕴含

派 entailment *n.* 需要；限定继承

例 The scandal entailed on the government indelible
disgrace. // 那件丑闻给政府带来了难以抹去
的耻辱。

□ **enthusiasm**
[ɪn'θuːziæzəm]

n. 热情；热忱

□ **entice**
[ɪn'taɪs]

vt. 诱惑；怂恿

派 enticement *n.* 诱惑；怂恿

例 The bargain prices are expected to entice customers away from other stores. // 低廉的价格意在把顾客从其他商店吸引过来。

□ **entire**
[ɪnˈtaɪər]

adj. 全部的；整个的

□ **frenzy**
[ˈfrenzi]

n. 狂乱；狂暴

派 frenetic *adj.* 狂热的

例 "Get out!" she ordered in a frenzy. // "滚出去!"她狂怒地命令道。

vt. 使发狂

□ **frequent**
[ˈfriːkwənt]

adj. 频繁的

英 If something is frequent, it happens often.

例 Bordeaux is on the main Paris – Madrid line so there are frequent trains. // 波尔多位于巴黎到马德里的铁路主干线上，来往列车频繁。

vt. 常到；光顾

□ **glare**
[gler]

vi. & *vt.* 怒目而视

英 If you glare at someone, you look at them with an angry expression on your face.

例 His glasses magnified his irritable glare. // 他那怒不可遏的眼神在眼镜片下显得愈发逼人。

□ **gleam**
[gliːm]

vi. & *vt.* （使）闪烁；（使）闪亮

例 His black hair gleamed in the sun. // 他的黑发在阳光下闪着光泽。

n. 闪现；闪光

例 There was a gleam in her eye when she looked at me. // 她朝我看时眼中流露出某种神情。

□ **hazard**
[ˈhæzərd]

vt. 冒险

例 I would hazard a guess that they'll do fairly well in the next election. // 我斗胆猜测，他们在下一轮竞选中会有不错的表现。

n. 危险；危害物

□ **incur**
[ɪnˈkɜː]

vt. 遭受；招致

英 If you incur something unpleasant, it happens to you because of something you have done.

例 The government had also incurred huge debts. // 政府也已负债累累。

□ **indelible**
[ɪnˈdeləbl]

adj. 不可磨灭的

□ **independently**
[ˌɪndɪˈpendəntli]

adv. 独立地；自立地

□ **Indian**
[ˈɪndiən]

n. 印度人；印第安人

□ **lament**
[ləˈment]

vi. & vt. 悲叹；悔恨

英 If you lament something, you express your sadness, regret, or disappointment about it.

例 Ken began to lament the death of his only son. // 肯开始对独子的死悲痛不已。

n. 哀歌

□ **meadow**
[ˈmedoʊ]

n. 草地；牧草地

派 meadowy *adj.* 牧草地的

□ **meager**
[ˈmiːɡər]

adj. 贫乏的；瘦的

□ **meanwhile**
[ˈmiːnwaɪl]

adv. 同时；其间

例 I continued working, and meanwhile, he went out shopping. // 我继续工作，同时，他出去购物。

□ **negligible**
[ˈneɡlɪdʒəbl]

adj. 可以忽略的；无关紧要的

例 My bonus is negligible. // 我的奖金少得可怜。

□ **ostrich**
[ˈɑːstrɪtʃ]

n. 鸵鸟

□ **outgrowth**
[ˈaʊtɡroʊθ]

n. 自然的发展；副产物

例 Her first book is an outgrowth of conversations with her friends. // 她的第一本书是她和朋友聊天的产物。

□ **outlet**
[ˈaʊtlet]

n. 出口；批发商店

例 the factory outlet store in Belmont // 位于贝尔蒙特的厂家直销折扣店

□ **prodigal**
[ˈprɑːdɪɡl]

adj. 挥霍的

例 Prodigal habits die hard. // 大手大脚的习惯很难改掉。

n. 浪费者

☐ **profile**
['prəʊfaɪl]

n. 侧面；人物简介 *vt.* 描……的轮廓

☐ **profligate**
['prɑːflɪgət]

adj. 挥霍的；放荡的

英 Someone who is profligate spends too much money or uses too much of something.

例 This young man had all the inclination to be a profligate of the first water. // 这个青年完全有可能成为十足的浪子。

☐ **profound**
[prə'faʊnd]

adj. 深厚的；意义深远的

☐ **profuse**
[prə'fjuːs]

adj. 大量的；丰富的

派 profusion *n.* 丰富，充沛

例 a remedy that produces profuse sweating // 使人大量出汗的疗法

☐ **progressive**
[prə'gresɪv]

adj. 进步的

派 progressively *adv.* 前进地，日益增加地

例 The children go to a progressive school. // 这些孩子在一所先进的学校念书。

☐ **prohibit**
[prəʊ'hɪbɪt]

vt. 禁止

例 Fishing is prohibited. // 禁止钓鱼。

☐ **proliferate**
[prə'lɪfəreɪt]

vi. 扩散；增殖

英 If things proliferate, they increase in number very quickly.

派 proliferation *n.* 增生

例 Computerized data bases are proliferating fast. // 计算机化的数据库正在激增。

vt. 使激增

☐ **retail**
['riːteɪl]

n. 零售

英 Retail is the activity of selling goods direct to the public, usually in small quantities.

派 retailer *n.* 零售商

例 retail stores // 零售店

☐ **retain**
[rɪ'teɪn]

vt. 保持；付定金保留

记 re (回来) ＋tain (拿住，握住，支撑)→拿回来→保留

派 retainable *adj.* 能保持的

例 The interior of the hotel still retains a nineteenth-century atmosphere. // 这家酒店的内部装修仍然保留着 19 世纪的风格。

□ **retard**
[rɪ'tɑːrd]

vi. & *vt.* **减慢**

记 re（一再）＋tard（慢）→一再慢下来→缓慢

派 retardment *n.* 减速

例 Continuing violence will retard negotiations. // 持续的暴力活动会阻碍谈判的进行。

n. 减速；阻滞

□ **settle**
['setl]

vi. & *vt.* **解决；使定居；使沉淀**

英 If people settle an argument or problem, or if something settles it, they solve it, for example by making a decision about who is right or about what to do.

例 They agreed to try to settle their dispute by negotiation. // 他们同意通过谈判来努力解决纠纷。

As far as we're concerned, the matter is settled. // 我们这边已经安排妥当了。

□ **severance**
['sevərəns]

n. **切断；隔离**

例 the complete severance of diplomatic relations // 外交关系的彻底中断

□ **severe**
[sɪ'vɪr]

adj. **严重的；剧烈的**

例 I suffer from severe bouts of depression. // 我患有严重的抑郁症。

□ **sew**
[soʊ]

vi. & *vt.* **缝纫**

英 When you sew something such as clothes, you make them or repair them by joining pieces of cloth together by passing thread through them with a needle.

例 The hand was preserved in ice by neighbors and sewn back on in hospital. // 手被邻居用冰块保存起来了，在医院又被缝合好了。

□ **sewage**
['suːɪdʒ]

n. **（下水道里的）污物；下水道**

□ **sewer**
['suːər]

n. **污水管；下水道**

shabby
['ʃæbi]

adj. 卑鄙的；下流的

例 His clothes were old and shabby. // 他的衣服又旧又破。

shad
[ʃæd]

n. 美洲西鲱

shale
[ʃeɪl]

n. [地] 页岩；泥板岩

例 shale gas // 页岩气

shallow
['ʃæloʊ]

adj. 浅的；肤浅的

派 shallowly *adv.* 肤浅地；浅浅地
shallowness *n.* 肤浅

例 The water is quite shallow for some distance. // 这片水域有一段相当浅。

shard
[ʃɑːrd]

n. 尖利的碎片

英 Shards are pieces of broken glass, pottery, or metal.

例 Eyewitnesses spoke of rocks and shards of glass flying in the air. // 目击者称空中石块和玻璃碎片四溅。

thaw
[θɔː]

vi. & vt. 解冻；融雪

英 When ice, snow, or something else that is frozen thaws, it melts.

例 We slogged through the thawed mud of an early spring. // 我们在初春解冻的泥泞中艰难行进。

thermometer
[θərˈmɑːmɪtə(r)]

n. 温度计

记 thermo（热）＋meter（计量，测量）→温度计

thesis
['θiːsɪs]

n. 论点；论题

vendor
['vendər]

n. 摊贩；[贸易] 自动售货机；＜正式＞供应商

英 someone who promotes or exchanges goods or services for money

venerate
['venəreɪt]

vt. 崇敬；尊敬

派 veneration *n.* 尊敬

例 My father venerated General Eisenhower. // 我父亲十分敬仰艾森豪威尔将军。

□ **withstand**
[wɪθ'stænd]

vi. & vt. **经受；承受**

英 If something or someone withstands a force or action, they survive it or do not give in to it.

例 armoured vehicles designed to withstand chemical attack // 具有抵御化学武器袭击功能的装甲车

Check !

□ bend	□ haven	□ withhold	□ gland
□ bequest	□ incompatible	□ vacant	□ gist
□ circumvent	□ lactate	□ testimony	□ frigid
□ citrus	□ maze	□ set off	□ enroll
□ civilization	□ orthodoxy	□ seabed	□ enrage
□ clasp	□ osmotic	□ service	□ deposit
□ depict	□ proclaim	□ sequence	□ depletion
□ deplore	□ procure	□ result from	□ deny
□ enormous	□ restitution	□ restore	□ clan
□ enrich	□ restrain	□ respire	□ civil
□ ensconce	□ separate	□ procreate	□ cite
□ adequate	□ servant	□ process	□ circumstance
□ adhere	□ servitude	□ oscillation	□ benevolence
□ adjoin	□ set forth	□ neglect	□ belief
□ admittedly	□ testify	□ maxim	□ administer
□ frugivore	□ textile	□ incorporate	□ adjacent
□ glacial	□ vaccine	□ havoc	

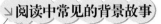

阅读中常见的背景故事

光速如何影响元素内部的相互作用?

如果你相信大爆炸理论的话,大爆炸之后,很快,我们的宇宙中有了质子 p、中子 n 和电子 e,也就有了合成一切的初始原材料,接下来它们就开始互相结合了。

p+e=1H,于是我们有了氕。

p+n=2H,于是我们有了氘。

2H+2H=4He,于是我们有了氦。

重点来了:

4He+4He+4He=12C(以下称该反应为 3 氦过程),于是我们有了碳。

原本,3 氦过程是很难进行的,3 氦过程释放的能量必须要恰好是能让碳处于激发态下的能量,才能保证 3 氦过程顺利进行。

那么,让碳原子保持激发态的能量是多少呢?答案是:$7.3\sim7.6$ MeV。这个激发态有一个名字,叫 Hoyle State,Sir Fred Hoyle 就是下面这个老爷爷,他也是大名鼎鼎的 B2FH 论文(阐述宇宙中重核合成论文)中的 H。

Hoyle 爷爷的计算表明:

碳原子的激发态和 3 氦过程释放的能量相当,于是确保了自然界中现有浓度的碳 12 的形成。

那么这个激发态又是由什么决定的呢?精细结构常数电磁相互作用中电荷之间耦合强度的度量,表征了电磁相互作用的强度。

其表达式为:

$$\alpha = \frac{e^2}{\hbar C}$$

分母上的 C 就是光速。

也就是说,光速 C 控制着精细结构常数,精细结构常数控制着碳原子处于的激发态所需能量,而这个能量又要恰好和 3 氦过程释放的能量相当才能保持碳 12 合成的顺利进行。

也就是为什么这个光速和元素的形成有密切的关系。

Word List
14

扫码关注后回复 70879
免费下载配套音频

看看有没有已经认识的单词

- advertent
- advertise
- advocate
- aesthetic
- affair
- affiliation
- bias
- bifurcation
- bilateral
- biological
- clown
- clumsy
- cluster
- clutter
- descent
- desert
- deserve
- designate
- entitle
- entity
- entomologist
- entrench
- entrepreneur
- fraud
- fraught
- fray
- glean
- heave
- indicate
- indigenous
- indignity
- indispensable
- lance
- main
- mechanical
- mediate
- negotiate
- outline
- outlying
- prolific
- prolong
- prominent
- promote
- prompt
- promulgate
- retention
- reticent
- retract
- retrieve
- shatter
- shear
- shell out
- shelter
- shimmer
- shoreline
- shove
- shovel
- shrimp
- thrash
- thread
- venomous
- ventilate
- worn

□ **advertent**
[əd'vɜːtənt]

adj. 注意的；留意的
英 giving attention

□ **advertise**
['ædvərtaɪz]

vt. 宣扬；做广告
英 If you advertise something such as a product, an event, or a job, you tell people about it in newspapers, on television, or on posters in order to encourage them to buy the product, go to the event, or apply for the job.
例 The players can advertise baked beans, but not rugby boots. // 球员可以给烤菜豆做广告，但不能代言橄榄球靴。

□ **advocate**
['ædvəkeɪt]

vt. 提倡；拥护
例 Most participants advocated maternity insurance and paid maternity leave. // 大部分的参与者都支持妇女享受生育保险和产假的福利。

□ **aesthetic**
[es'θetɪk]

adj. 艺术的；审美的
例 products chosen for their aesthetic appeal as well as their durability and quality // 因其外形美观且经久耐用、质量上乘而被选定的产品
n. 审美观

□ **affair**
[ə'fer]

n. 事件
例 The government has mishandled the whole affair. // 政府对整个事件处理不当。

□ **affiliation**
[əˌfɪli'eɪʃn]

n. 加入；附属
英 If one group has an affiliation with another group, it has a close or official connection with it.
例 The group has no affiliation to any political party. // 该团体不隶属于任何政党。

□ **bias**
['baɪəs]

n. 偏见

□ **bifurcation**
[ˌbaɪfə'keɪʃn]

n. 分歧；二根分叉部
例 the bifurcation between high art and popular culture // 高雅艺术和通俗文化之间的分别

□ **bilateral**
[ˌbaɪ'lætərəl]

adj. （谈判、会议、协议等）双边的
例 bilateral talks between Britain and America // 英国和美国之间的双边会谈

□ **biological**
[ˌbaɪəˈlɒdʒɪkl]

adj. 生物学的；生物的

记 biology（生物学）＋ical（……的）→生物学的

例 This is a natural biological response. // 这是自然的生物反应。

□ **clown**
[klaʊn]

n. 丑角；小丑

□ **clumsy**
[ˈklʌmzi]

adj. 笨拙的；复杂难懂的

例 I'd never seen a clumsier, less coordinated boxer. // 我从没见过更笨拙、动作更不协调的拳击手。

□ **cluster**
[ˈklʌstər]

n. 簇；群

例 This can be done on any server of the cluster. // 可以在集群的任何服务器中这样做。

□ **clutter**
[ˈklʌtər]

vt. 使凌乱

例 Empty soft-drink cans clutter the desks. // 空饮料罐胡乱地堆在桌上。

n. 杂乱；混乱

□ **descent**
[dɪˈsent]

n. 下降；血统；倾斜

记 de（向下）＋scent（爬，攀）→下降，降下；斜坡；血统

例 Sixteen of the youngsters set off for help, but during the descent three collapsed in the cold and rain. // 16 名年轻人出发去寻求帮助，但在下山过程中有 3 人因寒冷和大雨晕倒了。

□ **desert**
[ˈdezərt]/
[dɪˈzɜːrt]

n. 沙漠

例 the Sahara Desert // 撒哈拉大沙漠

vi. & vt. 丢开；抛弃

英 If people or animals desert a place, they leave it and it becomes empty.

例 Farmers are deserting their fields and coming here looking for jobs. // 小农场主正舍弃他们的土地，到这里寻找工作。

□ **deserve**
[dɪˈzɜːrv]

vi. & vt. 应受；值得

例 These people deserve to make more than the minimum wage. // 这些人应该得到比最低工资更高的报酬。

□ **designate**
['dezɪgneɪt]

vt. **指派；意味着**

英 When you designate someone as something, you formally choose them to do that particular job.

例 Designate someone as the spokesperson. // 指派某人为发言人。

□ **entitle**
[ɪn'taɪtl]

vt. **使有资格；给予……权利**

例 If the warranty is limited, the terms may entitle you to a replacement or refund. // 如果保修有限制，根据条款你也许可以要求退换或者退款。

□ **entity**
['entəti]

n. **实体；本质**

例 Since the East and West Germanies were unified they are a political entity. // 德国东西部统一后就是一个统一的政治实体了。

□ **entomologist**
[ˌentə'mɑːlədʒɪst]

n. **昆虫学者**

例 a research entomologist // 研究型昆虫学家

□ **entrench**
[ɪn'trentʃ]

vt. **牢固地确立；挖壕沟**

记 en（在……里面）＋trench（切，割）→在壕沟里面

派 entrenchment *n.* 壕沟

例 Extending the general's term will entrench his position. // 延长将军的任期将牢固地确立他的地位。

□ **entrepreneur**
[ˌɑːntrəprə'nɜː(r)]

n. **企业家**

□ **fraud**
[frɔːd]

n. **欺诈；伪劣品**

英 Fraud is the crime of gaining money or financial benefits by a trick or by lying.

例 Unfortunately the portraits were frauds. // 不幸的是这些肖像都是骗人的。

□ **fraught**
[frɔːt]

adj. **充满……的**

例 fraught with dangers // 充满了危险

□ **fray**
[freɪ]

vt. **（使布、绳等）磨损**

例 Nerves became severely frayed when air traffic problems delayed the flight. // 当航班由于空中交通问题而延误时，人们变得异常烦躁起来。

n. 打斗；争吵

glean
[gliːn]

vt. 收集

英 If you glean something such as information or knowledge, you learn or collect it slowly and patiently, and perhaps indirectly.

例 We're gleaning information from all sources. // 我们正从各种渠道收集信息。

Dendrochronology is the study of tree-ring records to glean information about the past. // 树木年代学是指根据搜集到的年轮记录来研究有关过去的信息。

heave
[hiːv]

vi. 起伏 *vi. & vt.* 举起；呕吐

例 His chest heaved, and he took a deep breath. // 他的胸脯上下起伏，然后深深地吸了口气。

indicate
['ɪndɪkeɪt]

vt. 指示；表明

例 Dreams can help indicate your true feelings. // 梦可以反映你的真实感情。

indigenous
[ɪn'dɪdʒənəs]

adj. 土著的

indignity
[ɪn'dɪɡnɪti]

n. 侮辱；轻蔑

例 What sort of indignities would he be forced to endure? // 他会被迫忍受什么样的侮辱呢？

indispensable
[ˌɪndɪ'spensəbl]

adj. 不可缺少的

lance
[læns]

n. 长矛

英 A lance is a long spear used in former times by soldiers on horseback.

vt. 投；掷

英 If a boil on someone's body is lanced, a small cut is made in it so that the liquid inside comes out.

例 It is a painful experience having the boil lanced. // 把疖子切开是很痛的。

mechanical
[mɪ'kænɪkl]

adj. 机械的；机械学的

英 A mechanical device has parts that move when it is working, often using power from an engine or from electricity.

派 mechanically *adv.* 机械地

例 a small mechanical device that taps out the numbers // 能够输出数字的小型机械装置

□ **main**
[meɪn]

adj. 主要的；最重要的

□ **mediate**
[ˈmiːdieɪt]

vi.&vt. 调停，调解

例 My mom was the one who mediated between Zelda and her mom. // 我妈妈充当了泽尔达和她妈妈之间的调解人。

adj. 居间的

□ **negotiate**
[nɪˈɡəʊʃieɪt]

vi. 谈判；协商

例 It is not clear whether the president is willing to negotiate with the democrats. // 还不清楚总统是否愿意和民主人士洽谈。

□ **outline**
[ˈaʊtlaɪn]

n. 外形；提纲

□ **outlying**
[ˈaʊtlaɪɪŋ]

adj. 偏僻的；边远的

例 Tourists can visit outlying areas like the Napa Valley Wine Country. // 游客可以前往像纳帕谷酒乡这样远离城市喧嚣的地方游览。

□ **prolific**
[prəˈlɪfɪk]

adj. （艺术家、作家等）多产的；（植物、动物等）丰硕的

例 How do clear, and thus nutrient-poor waters support such prolific and productive communities? // 如此清澈、缺少盐分的水是如何支持这样多产的生态环境的？

□ **prolong**
[prəˈlɔːŋ]

vt. 延长；延期

派 prolongation *n.* 延伸

例 The actual action of the drug can be prolonged significantly. // 这种药物实际起作用的时间可以大大延长。

□ **prominent**
[ˈprɑːmɪnənt]

adj. 突出的，杰出的

派 prominency *n.* 突起

例 a prominent member of the society // 社会的重要成员

□ **promote**
[prəˈmoʊt]

vt. 促进；提升

例 promote sales // 促销商品

□ **prompt**
[prɑːmpt]

vt. 促使；导致

英 To prompt someone to do something means to make them decide to do it.

例 Japan's recession has prompted consumers to cut back on buying cars. // 日本经济的不景气使得消费者在购买车辆上减少了开支。

adj. 敏捷的；及时的

例 Thank you for your prompt reply. // 感谢您及时的回信。

n. 催促

□ **promulgate**
['prɑːmlgeɪt]

vt. 公布；传播

例 A new constitution was promulgated last month. // 上个月颁布了一部新宪法。

□ **retention**
[rɪ'tenʃn]

n. 保留；记忆力

例 They supported the retention of a strong central government. // 他们赞成保留一个强大的中央政府。

□ **reticent**
['retɪsənt]

adj. 无言的；沉默的

派 reticence *n.* 沉默

例 He is so reticent about his achievements. // 他深藏功与名。

□ **retract**
[rɪ'trækt]

vi.&vt. 缩回

派 retractable *adj.* 可收回的

□ **retrieve**
[rɪ'triːv]

vt. 取回；恢复；[计] 检索

英 If you retrieve something, you get it back from the place where you left it.

例 He is the one who could retrieve that situation. // 他是唯一能挽回局面的人。

□ **shatter**
['ʃætər]

vt. 粉碎；砸碎

派 shatteringly *adv.* 破碎地

□ **shear**
[ʃɪr]

vi.&vt. 剪切；切断

英 To shear a sheep means to cut its wool off.

例 In the Hebrides they shear their sheep later than anywhere else. // 在赫伯里兹，他们剪羊毛的时间比其他任何地方都要晚。

□ **shell out**

付款

例 You won't have to shell out a fortune for it. // 你不必为它花一大笔钱。

□ **shelter**
['ʃeltə]

vi. & vt. **掩蔽；庇护**

例 a man sheltering in a doorway // 藏在门口的一名男子

□ **shimmer**
['ʃɪmər]

vt. **发微光；闪光**

例 The lights shimmered on the water. // 水面上波光粼粼。

□ **shoreline**
['ʃɔːrlaɪn]

n. **海岸线**

英 A shoreline is the edge of a sea, lake, or wide river.

□ **shove**
[ʃʌv]

vi. & vt. **推；猛推**

英 If you shove someone or something, you push them with a quick, violent movement.

例 We shoved a copy of the newsletter beneath their door. // 我们往他们门下塞了一份时事通讯。

□ **shovel**
['ʃʌvl]

n. **铲子；铁锹**

□ **shrimp**
[ʃrɪmp]

n. **（小）虾**

□ **thrash**
[θræʃ]

vi. & vt. **猛烈摆动；（用棍、鞭等）痛打**

例 Second-placed Rangers thrashed St Johnstone 5-nil. // 排名第二的流浪者队以 5:0 大胜圣约翰斯通队。

□ **thread**
[θred]

vt. **穿成串**

例 thread the laces through the eyelets of his shoes // 把鞋带穿进他的鞋眼

n. **螺纹；线索**

□ **venomous**
['venəməs]

adj. **有毒的**

派 venomousness *n.* 有毒
venom *n.* 毒液

例 make venomous personal attacks// 进行恶毒的人身攻击

□ **ventilate**
['ventɪleɪt]

vt. **通风；公开讨论**

例 He did not think it the job of officials to ventilate their doubts or daydreams. // 他认为公开提出自己的疑问或不切实际的想法并非官员们的分内之事。

□ **worn**
[wɔːrn]

adj. 穿旧的；用旧的

英 Worn is used to describe something that is damaged or thin because it is old and has been used a lot.

例 Worn rugs increase the danger of tripping. // 磨损的小地毯会使人更容易绊倒。

Check !

□ advent	□ lament	□ withstand	□ Indian
□ beset	□ meager	□ vendor	□ indelible
□ betray	□ negligible	□ thermometer	□ hazard
□ admonish	□ outgrowth	□ shard	□ glare
□ deprive	□ prodigal	□ shale	□ frenzy
□ derive	□ profligate	□ shabby	□ entice
□ enshrine	□ profuse	□ sewage	□ entail
□ enthusiasm	□ prohibit	□ severe	□ descend
□ entire	□ retail	□ settle	□ adverse
□ adolescence	□ retard	□ retain	□ adorn
□ adore	□ severance	□ proliferate	□ adopt
□ classicism	□ sew	□ progressive	□ deride
□ client	□ sewer	□ profound	□ depress
□ clinic	□ shad	□ profile	□ clot
□ frequent	□ shallow	□ outlet	□ cling
□ gleam	□ thaw	□ ostrich	□ cleft
□ incur	□ thesis	□ meanwhile	□ beverage
□ independently	□ venerate	□ meadow	□ besiege

Word List
15

扫码关注后回复 70879
免费下载配套音频

看看有没有已经认识的单词

- affirm
- afflict
- agent
- aggregate
- bizarre
- blaze
- coast
- coastline
- codify
- cogency
- cogent
- coherence
- cohesive
- coincide
- desire
- despoil
- destitute

- detain
- detect
- deteriorate
- enumerate
- envelop
- envy
- enzyme
- franchise
- frantic
- fraternal
- glimpse
- heed
- indisputable
- induce
- industry
- inept
- inert

- landfill
- landing
- medicine
- medieval
- mediocre
- membership
- negotiation
- outmaneuver
- outnumber
- outperform
- prone
- propaganda
- propagate
- propel
- property
- proponent
- proportion

- retrospective
- revamp
- reveal
- revenue
- shrink
- shroud
- shuttle
- sickle
- siege
- significance
- threaten
- threshold
- thrive
- thrush
- venture
- venue
- worth

□ **affirm**
[əˈfɜːrm]

vt. **肯定地说；断言**

例 She affirmed that all was well. // 她肯定地说一切都很好。

The ministry affirmed that the visit had been postponed. // 部里证实访问已延期。

□ **afflict**
[əˈflɪkt]

vt. **使受痛苦；折磨**

记 af（一再）＋flict（打击）→折磨

派 afflictive *adj.* 带给人痛苦的

例 Italy has been afflicted by political corruption for decades. // 几十年来意大利一直饱受政治腐败之苦。

□ **agent**
[ˈeɪdʒənt]

n. **代理**

例 These young men regard themselves as highly active, the agents of change, shapers of the world. // 这群年轻人认为自己非常积极，非常有动力做世界的变革者。

□ **aggregate**
[ˈæɡrɪɡeɪt]

adj. **总数的**

例 The rate of growth of GNP will depend upon the rate of growth of aggregate demand. // 国民生产总值的增长率将取决于总需求的增长率。

n. **（人或事物的）集合；集合体** *vt.* **使聚集**

□ **bizarre**
[bɪˈzɑːr]

adj. **离奇的；奇怪的**

英 Something that is bizarre is very odd and strange.

例 The game was also notable for the bizarre behaviour of the team's manager. // 这场比赛也因球队主教练怪异的举动而人尽皆知。

□ **blaze**
[bleɪz]

vi. **猛烈地燃烧**

例 Three people died as wreckage blazed, and rescuers fought to release trapped drivers. // 汽车残骸熊熊燃烧，三人葬身火海，救援人员奋力解救被困的司机们。

n. **火焰** *vt.* **公开宣布**

□ **coast**
[koʊst]

n. **海岸**

□ **coastline**
[ˈkoʊstlaɪn]

n. **海岸线**

□ codify
['kɑːdɪfaɪ]

vt. 编纂

□ cogency
['koʊdʒənsi]

n. 中肯；力量

英 A cogent reason, argument, or example is strong and convincing.

例 Still, the underlying reasons for it have some cogency. // 欧盟委员会建议的背后还有一些深层次的原因。

□ cogent
['koʊdʒənt]

adj. 有说服力的

派 cogency *n.* 中肯；力量

英 A cogent reason, argument, or example is strong and convincing.

例 There were perfectly cogent reasons why Julian Cavendish should be told of the Major's impending return. // 要将少校即将返回的消息告知朱利安·卡文迪什是有绝对充足的理由的。

□ coherence
[koʊ'hɪrəns]

n. 一致性；连贯性

派 coherent *adj.* 连贯的

例 Thereafter, I adhered to the coherence inherent to the theory. // 从那以后，我坚持理论的内在一致。

□ cohesive
[koʊ'hiːsɪv]

adj. 有黏着力的；紧密结合的

派 cohesiveness *n.* 黏性

例 The GDP ignores the economic utility of such things as a clean environment and cohesive families and communities. // GDP 忽视了一些元素的重要性，这些元素包括清洁的环境和有凝聚力的家庭和社区。

□ coincide
[ˌkoʊɪn'saɪd]

vi. 与……一致

记 co（共同）+in（进入）+cid（落下）+e→共同落进

例 The exhibition coincides with the 50th anniversary of his death. // 展览恰好在他逝世 50 周年之际举行。

□ desire
[dɪ'zaɪr]

vi. &vt. 希望；要求

例 But Fred was bored and desired to go home. // 但弗雷德觉得很无聊，想要回家。

□ **despoil**
[dɪ'spɔɪl]

vt. 掠夺；洗劫

例 people who despoil the countryside// 破坏乡村景致的人

□ **destitute**
['destɪtuːt]

adj. 赤贫的；一无所有的

例 destitute children who live on the streets// 流落街头的贫困儿童

□ **detain**
[dɪ'teɪn]

vt. 耽搁；留住

例 The act allows police to detain a suspect for up to 48 hours. // 该法令允许警方将嫌疑犯扣押最多 48 小时。

□ **detect**
[dɪ'tekt]

vt. 查明；侦查

记 de（去掉）+tect（盖上，掩护）→把盖上的打开→查明

派 detectable *adj.* 可发觉的

例 a sensitive piece of equipment used to detect radiation// 一件用于探测辐射的灵敏设备

□ **deteriorate**
[dɪ'tɪriəreɪt]

vi. 恶化；衰退

英 If something deteriorates, it becomes worse in some way.

例 There are fears that the situation might deteriorate into a full-scale war. // 人们担心形势可能恶化而演变成一场全面战争。

□ **enumerate**
[ɪ'nuːməreɪt]

vt. 列举；枚举

记 e（出）+numer（数目）+ate（表动词）→按数列出

派 enumeration *n.* 计数，列举

□ **envelop**
[ɪn'veləp]

vt. 包围；笼罩

记 en（使……）+velop（包，包裹）→包封，遮盖

例 an enveloping sense of well-being // 萦绕的幸福感

□ **envy**
['envi]

vi. 感到妒忌

派 envious *adj.* 羡慕的

例 I don't envy the young ones who've become TV superstars and know no other world. // 我不羡慕那些成为超级电视明星，对其他却一无所知的年轻人。

n. 羡慕；嫉妒

□ **enzyme**
['enzaɪm]

n. ［生化］酶

□ **franchise**
['fræntʃaɪz]

n. 公民权；选举权　　*vt.* ［美］给予特权

派 franchisee *n.* 特许经营人

□ **frantic**
['fræntɪk]

adj. 狂暴的；狂乱的

派 frantically *adv.* 疯狂地

例 A busy night in the restaurant can be frantic in the kitchen. // 餐馆晚上生意好，厨房里可能会忙成一团。

□ **fraternal**
[frə'tɜːrnl]

adj. 兄弟的

派 fraternalism *n.* 异卵双生的

例 fraternal love // 手足情

□ **glimpse**
[glɪmps]

vi. 瞥见

英 If you get a glimpse of someone or something, you see them very briefly and not very well.

例 She glimpsed a group of people standing on the bank of a river. // 她瞥见一群人站在河岸边。

n. 一瞥

□ **heed**
[hiːd]

vt. 注意；留心

英 If you heed someone's advice or warning, you pay attention to it and do what they suggest.

例 But few at the conference in London last week heeded his warning. // 但在上周在伦敦召开的大会上，几乎没有人留意他的警告。

□ **indisputable**
[ˌɪndɪ'spjuːtəbl]

adj. 无可争辩的；不容置疑的

英 If you say that something is indisputable, you are emphasizing that it is true and cannot be shown to be untrue.

派 indisputably *adv.* 无可置辩地

例 It is indisputable that birds in the UK are harbouring this illness. // 无可争辩的是，英国的鸟类携带着这种疾病的病菌。

□ **induce**
[ɪn'duːs]

vt. 引起；引诱

例 I would do anything to induce them to stay. // 我会想尽一切办法劝他们留下来。

□ **industry**
['ɪndəstri]

n. 工业；产业（经济词汇）

□ **inept**
[ɪnˈept]

adj. 笨拙的；无能的

例 He was inept and lacked the intelligence to govern. // 他没有什么能力，缺乏管理才干。

□ **inert**
[ɪˈnɜːrt]

adj. 迟钝的；不活泼的

例 The novel itself remains oddly inert. //小说本身异常平淡，了无生气。

□ **landfill**
[ˈlændfɪl]

n. 废渣埋填法；垃圾填筑地

英 Landfill is a method of getting rid of very large amounts of rubbish by burying it in a large deep hole.

记 land（土地）＋fill（填充）→垃圾填埋

例 the environmental costs of landfill // 垃圾填埋的环境代价

□ **landing**
[ˈlændɪŋ]

n. 着陆；楼梯平台

英 In a house or other building, the landing is the area at the top of the staircase which has rooms leading off it.

例 I ran out onto the landing. // 我冲出去到了楼梯口。

□ **medicine**
[ˈmedɪsɪn]

n. 医学；药物

英 Medicine is the treatment of illness and injuries by doctors and nurses.

例 He pursued a career in medicine. // 他从事医学工作。

□ **medieval**
[ˌmediˈiːvl]

adj. 中古的；中世纪的

□ **mediocre**
[ˌmiːdiˈoʊkər]

adj. 普通的；中等的

英 If you describe something as mediocre, you mean that it is of average quality but you think it should be better.

例 His school record was mediocre. // 他在学校成绩平平。

□ **membership**
[ˈmembərʃɪp]

n. 会员身份；会员数

□ **negotiation**
[nɪˌɡoʊʃiˈeɪʃn]

n. 谈判；转让

派 negotiate *vt.* 谈判

☐ **outmaneuver**
[ˌautməˈnuːvə]

vi. & vt. **以策略制胜；以机动性胜过**

英 defeat by more skillful maneuvering

例 So our only real asset, I decided, was that we had to outmaneuver and out-innovate them. //所以我就想，我们真正的资产只有过人的谋略和创新。

☐ **outnumber**
[autˈnʌmbər]

vt. **数量上超过**

例 In a typical business school men outnumber women 2 to 1. //在一个典型的商学院里男性比女性多一倍。

☐ **outperform**
[ˌautpərˈfɔːrm]

vt. **（在操作或性能上）胜过**

例 In recent years the Austrian economy has outperformed most other industrial economies. //近几年，奥地利的经济发展超过了其他多数工业国家。

☐ **prone**
[proun]

adj. **俯卧的；有……倾向的**

例 For all her experience, she was still prone to nerves. //尽管有经验，她还是容易紧张。
Bob slid from his chair and lay prone on the floor. //鲍勃从椅子上滑下来，趴在了地板上。

☐ **propaganda**
[ˌprɑːpəˈɡændə]

n. **宣传；宣传运动**

记 pro（多）+pag（合同，商定）+anda→宣传

派 propagandistic *adj.* 宣传的

例 anti-European propaganda movies //反欧洲的宣传影片

☐ **propagate**
[ˈprɑːpəɡeɪt]

vt. **繁殖；增殖**

记 pro（多）+pag（合同，商定）+ate（表动词）→宣传→繁殖，传播

派 propagation *n.* 传播

例 The easiest way to propagate a vine is to take hardwood cuttings. //栽培葡萄最简便的方法就是硬条扦插。

☐ **propel**
[prəˈpel]

vt. **推进**

英 To propel something in a particular direction means to cause it to move in that direction.

例 It was a shooting star that propelled me into astronomy in the first place. //最初是一颗流星促使我从事天文学。

□ **property**
['prɑ:pərti]

n. 特性；财产；所有权

例 Algonquian family hunting territories ever were a kind of private property system. // 阿尔冈昆族的狩猎领地曾经属于一种私有财产制度。

□ **proponent**
[prə'poʊnənt]

n. 支持者；拥护者

□ **proportion**
[prə'pɔ:rʃn]

n. 比率

□ **retrospective**
[,retrə'spektɪv]

adj. 回顾的；怀旧的

记 retrospect（*v.* 回顾，回想）＋ive（……的）→追想的，回顾的

例 a retrospective exhibition // 回顾展

□ **revamp**
[ri:'væmp]

vt. 修补；改写

例 revamp the political system // 改组政治体制

□ **reveal**
[rɪ'vi:l]

vt. 展现；揭示

例 A survey of the Chinese diet has revealed that a growing number of people are overweight. // 对针对中国人饮食进行的一项调查显示有越来越多的人超重。

Such ambiguities reveal the arbitrariness of this definition. // 这些含糊的地方揭示该定义的随意性。

□ **revenue**
['revənu:]

n. 收入

例 tax revenues // 税收

□ **shrink**
[ʃrɪŋk]

vt. 收缩；回避

派 shrinkable *adj.* 会收缩的

例 The vast forests of West Africa have shrunk. // 西非的大片森林面积已经缩小了。

□ **shroud**
[ʃraʊd]

n. 寿衣；覆盖物

□ **shuttle**
['ʃʌtl]

n. 航天飞机

例 the BA shuttle to Glasgow // 飞往格拉斯哥的英国航空公司的航班

vi. & vt. 穿梭般来回移动

□ **sickle**
['sɪkl]

n. 镰刀

siege
[siːdʒ]

n. 围攻；围困

例 We must do everything possible to lift the siege. // 我们必须尽一切可能解除包围。

significance
[sɪɡˈnɪfɪkəns]

n. 重要性；意义

派 significant *adj.* 重要的
signify *vt.* 意味

例 Ideas about the social significance of religion have changed over time. // 关于宗教的社会意义的看法已经随着时间的变迁而改变。

threaten
[ˈθretn]

vi. & vt. 预示（某事）；恐吓

例 If you threaten me or use any force, I shall inform the police. // 你要是威胁我或是动武，我就报警。

threshold
[ˈθreʃhoʊld]

n. 门槛；开始 *adj.* 阈值的

thrive
[θraɪv]

vi. 茁壮成长；繁荣；兴盛

英 If someone or something thrives, they do well and are successful, healthy, or strong.

例 Today his company continues to thrive. // 今天，他的公司继续蓬勃发展。

thrush
[θrʌʃ]

n. 画眉鸟

venture
[ˈventʃər]

n. 冒险；投机活动

例 venture capital // 风险投资

venue
[ˈvenjuː]

n. 会场；犯罪地点

英 The venue for an event or activity is the place where it will happen.

例 Birmingham's International Convention Centre is the venue for a three-day arts festival. // 为期 3 天的艺术节在伯明翰的国际会议中心举办。

worth
[wɜːrθ]

adj. 值得的；有……的价值的 *n.* 财富

Check !

□ lance	□ entrench	□ shimmer	□ prolong
□ indignity	□ fraud	□ shove	□ outlying
□ indicate	□ fray	□ shrimp	□ negotiate
□ glean	□ heave	□ thread	□ main
□ fraught	□ indigenous	□ ventilate	□ entrepreneur
□ advertent	□ indispensable	□ worn	□ entomologist
□ advertise	□ mechanical	□ venomous	□ entitle
□ aesthetic	□ mediate	□ thrash	□ deserve
□ affiliation	□ outline	□ shovel	□ descent
□ bifurcation	□ prolific	□ shoreline	□ cluster
□ biological	□ prominent	□ shelter	□ clown
□ clumsy	□ prompt	□ shear	□ bilateral
□ clutter	□ retention	□ retrieve	□ bias
□ desert	□ retract	□ reticent	□ affair
□ designate	□ shatter	□ promulgate	□ advocate
□ entity	□ shell out	□ promote	

阅读中常见的背景故事

参与民主制与民事权利

参与民主制 (Participatory Democracy)

参与民主制也称半直接民主,是指代议民主制 (representative democracy) 向公民自治过渡过程中的一种政治形态。

代议民主,是指公民不是直接参与政府政策的制定,而是通过一套权力委托机制实现自己的民主权利。这种模式比较像中国古代下层官员上书,除非拦住皇上的轿子告御状,不然经过层层的委托,很多奏章就被直接拿下了。由于这种民主的委托机构本身由政府管控,很难实现真正的民主,故而诞生了一个中间形态,即参与民主制——允许公民更加广泛地参与公共事务,保障他们进行有效参与的各种经济和社会条件,并在社会和政治生活中为公民社会腾出更多的自治空间。

民主政治从低到高需依次经过代议民主、参与民主以及自治民主的三种不同形态。而随着现代公民政治参与在广度和深度上的不断拓展,必然为代议民主最终过渡到自治民主创造有利的条件。

民事权利（Civil Right）

民事权利是公民在社会上存在和生活的最基本的权利，也是与公民日常生活联系最为密切的一项权利。民事权利的内容可以概括为三个方面，即享有权利的人可以在法定范围内直接享有某种利益，或实施一定的行为；享有权利的人可以要求负有义务的人实施一定的行为或是不实施一定的行为；享有权利的人在其权利受到侵犯时，有权请求法律予以保护。

根据民事权利的具体内容来分，民事权利主要包括财产权和人身权。财产权是以财产利益为内容的民事权利，如物权、债权等；人身权是指以特定的人身利益为主但并不体现财产内容的民事权利，包括人格权和身份权。有些民事权利既有财产权性质，又有人身权性质，如知识产权、继承权等。

Word List
16

扫码关注后回复 70879
免费下载配套音频

看看有没有已经认识的单词

- aggressive
- aghast
- agile
- agitate
- agrarian
- agriculture
- ailment
- bleach
- blend
- collaborate
- collagen
- collapse
- collateral
- colleague
- collide
- colloquial
- detest
- detract

- detriment
- devastate
- deviate
- devise
- epidemic
- epoch
- equivalent
- fraction
- fracture
- fragile
- framework
- glisten
- heirloom
- helium
- inevitable
- inexorable
- infect
- infer

- landlord
- lane
- languid
- membrane
- memoir
- menace
- nerve
- outrage
- outskirt
- outsource
- proportionate
- propose
- proposition
- proscribe
- prosecute
- prospect
- prosthetic

- revert
- revitalization
- revoke
- silence
- simultaneous
- single out
- sink
- skeleton
- sketch
- skim
- slash
- thrust
- thump
- verdict
- verify
- versatile
- wrap

□ **aggressive**
[əˈgresɪv]

adj. 有侵略性的；富于挑战的

记 aggress（v. 侵略，进攻）＋ive（……的）→侵略的，好斗的，有进取心的，敢作敢为的

派 aggression n. 侵略

例 He assumed the style of an aggressive go-getter. // 他具有一个积极进取的人的特征。

□ **aghast**
[əˈgæst]

adj. 吓呆的；惊呆的

例 She watched aghast as his life flowed away. // 看着他的生命逐渐消逝，她惊骇万分。

□ **agile**
[ˈædʒl]

adj. 灵活的；灵巧的

例 At 20 years old he was not as agile as he is now. // 20岁时他并不如现在这般矫健。

□ **agitate**
[ˈædʒɪteɪt]

vi.＆vt. 搅动；摇动

记 ag（做，代理做）＋it＋ate（表动作）→反复做→鼓动

例 The women who worked in these mills had begun to agitate for better conditions. // 在这些工厂里做工的妇女们开始抗议，要求改善工作条件。

□ **agrarian**
[əˈgreriən]

adj. 土地的；农业的

记 agr（田地，农业）＋arian（表形容词）→土地的

例 agrarian economy // 农耕经济

□ **agriculture**
[ˈægrɪkʌltʃər]

n. 农业；农耕

记 agri（农业）＋culture（培养，文化）→引申为养殖业→农业

例 The Ukraine is strong both in industry and agriculture. // 乌克兰的工业和农业都很发达。

□ **ailment**
[ˈeɪlmənt]

n. 疾病（尤指微恙）；不安

□ **bleach**
[bliːtʃ]

vi.＆vt. 漂白；使褪色

英 If you bleach something, you use a chemical to make it white or pale in color.

例 These products don't bleach the hair. // 这些产品不会使头发变白。

n. 漂白剂

□ **blend**
[blend]

vt. 混合；把……掺在一起

英 If you blend substances together or if they blend, you mix them together so that they become one substance.

派 blend in（与……）和谐或协调

例 Blend the butter with the sugar and beat until light and creamy. // 把糖掺入黄油然后搅拌至滑软细腻。

□ **collaborate**
[kəˈlæbəreɪt]

vi. 合作

记 col（共同）＋labor（劳动）＋ate（表动词）→共同劳作→合作

派 collaborator *n.* 协作者

例 Two authors collaborated on this novel. // 两位作者合著了这部小说。

□ **collagen**
[ˈkɑːlədʒən]

n. 胶原质；[生化] 胶原蛋白

例 The collagen that is included in face creams comes from animal skin. // 面霜中的胶原蛋白取自动物皮层。

□ **collapse**
[kəˈlæps]

n. 垮台

例 The collapse of the government left the country in chaos. // 政府的垮台使国家陷入一片混乱。

vi. 倒塌；崩溃

□ **collateral**
[kəˈlætərəl]

n. 抵押品

英 Collateral is money or property which is used as a guarantee that someone will repay a loan.

例 Lenders have to set aside less capital for loans against property because of its security as collateral. // 贷方不得不针对房贷留出更少的本金，因为房贷有安全性的附属特性。

adj. 并行的；附属的

□ **colleague**
[ˈkɑːliːg]

n. 同事；同僚

□ **collide**
[kəˈlaɪd]

vi. 碰撞；冲突

派 collision *n.* 碰撞；冲突

英 If two or more moving people or objects collide, they crash into one another. If a moving person or object collides with a person or object that is not moving, they crash into them.

例 Two trains collided head-on in north-eastern Germany early this morning. // 今天早上德国东北部两列火车迎面相撞。

□ **colloquial**
[kə'loʊkwiəl]

adj. 口语的

□ **detest**
[dɪ'test]

vt. 憎恶；嫌恶

例 My mother detested him. // 我母亲对他很是厌恶。

□ **detract**
[dɪ'trækt]

vi. 减损；诋毁

例 The publicity could detract from our election campaign. // 这些宣传报道可能会有损我们的竞选活动。

□ **detriment**
['detrəmənt]

n. 损害；伤害

英 If something happens to the detriment of something or to a person's detriment, it causes harm or damage to them.

例 Children spend too much time on schoolwork, to the detriment of other activities. // 孩子们把太多的时间用于做作业，影响了他们参加其他活动。

□ **devastate**
['devəsteɪt]

vt. 破坏；毁灭

派 devastation *n.* 毁坏

例 A fire devastated the castle. // 大火烧毁了城堡。

□ **deviate**
['diːvieɪt]

vi. 脱离；越轨

记 de（离）+vi（道路）+ate（表动词）→偏离道路，越轨

派 deviator *n.* 偏差器

例 The witness deviated from the truth. // 证人偏离了事实真相。

□ **devise**
[dɪ'vaɪz]

vt. 想出；设计

派 devisable *adj.* 可发明的

例 We devised a scheme to help him. // 我们想出了一个帮助他的计策。

□ **epidemic**
[ˌepɪ'demɪk]

adj. 流行的；传染性的

记 epi（在……周围）+dem（人民）+ic（……的）→在人民周围→流行的

例 epidemic disease // 流行病

□ **epoch**
['epək]

n. 时期；纪元；新时代

□ **equivalent**
['ɪ'kwɪvələnt]
adj. 相等的；等效的

□ **fraction**
['frækʃn]
n. 片段；碎片
英 A fraction of something is a tiny amount or proportion of it.

□ **fracture**
['fræktʃər]
vi. & vt. 分裂
例 It has been a society that could fracture along class lines. // 它已经成为一个阶级分化的社会。
n. 破裂；骨折

□ **fragile**
['frædʒl]
adj. 易碎的；脆的
派 fragility *n.* 脆弱
例 Coral reefs are one of the most fragile, biologically complex, and diverse marine ecosystems on Earth. // 珊瑚是世界上最脆弱、最复杂，也是生物多样性最丰富的海洋生态系统之一。

□ **framework**
['freɪmwɜːrk]
n. （房屋等的）构架；框架

□ **glisten**
['glɪsn]
vt. 闪耀　*n.* 闪耀；反光
英 If something glistens, it shines, usually because it is wet or oily.

□ **heirloom**
['erluːm]
n. 祖传遗物；传家宝
英 An heirloom is an ornament or other object that has belonged to a family for a very long time and that has been handed down from one generation to another.

□ **helium**
['hiːliəm]
n. ［化］氦

□ **inevitable**
[ɪn'evɪtəbl]
adj. 不可避免的；必然发生的
派 inevitably *adv.* 不可避免地
例 It was an inevitable consequence of the decision. // 那是这个决定的必然后果。

□ **inexorable**
[ɪn'eksərəbl]
adj. 无情的；铁面无私的
记 in（不）＋ex（出）＋ora（嘴，说）＋able（……的）→inexorable 不能说出来的
派 inexorability *n.* 无情，冷酷

☐ **infect**
[ɪnˈfekt]

vt. 使受影响；传染
派 infectious *adj.* 有传染性的

☐ **infer**
[ɪnˈfɜːr]

vt. 推断；暗示
英 If you infer that something is the case, you decide that it is true on the basis of information that you already have.
例 I inferred from what she said that you have not been well. // 我从她的话语里推断你身体一直不太好。

☐ **landlord**
[ˈlændlɔːrd]

n. 店主；地主
英 Someone's landlord is the man who allows them to live or work in a building which he owns, in return for rent.
例 His landlord doubled the rent. // 他的房东把租金提高了一倍。

☐ **lane**
[leɪn]

n. 车道；小路
英 Lane is also used in the names of roads, either in cities or in the country.
例 the Dorchester Hotel, Park Lane// 公园路多切斯特酒店

☐ **languid**
[ˈlæŋgwɪd]

adj. 疲倦的；没精打采的
英 If you describe someone as languid, you mean that he shows little energy or interest and is very slow and casual in his movements.
例 To his delight, a familiar, tall, languid figure lowered itself down the steps of a club. // 看到一个熟悉的高大身影沿着俱乐部的台阶无精打采地走下来，他高兴极了。

☐ **membrane**
[ˈmembreɪn]

n. 薄膜；膜状物
派 membranaceous *adj.* 膜的

☐ **memoir**
[ˈmemwɑːr]

n. 回忆录；自传

☐ **menace**
[ˈmenɪs]

vi. &*vt.* 威胁；恐吓
例 She's being menaced by her sister's latest boy-friend. // 她正受到姐姐最近一个男友的恐吓。

nerve
[nɜːrv]

vt. **鼓励**

英 If you nerve yourself to do something difficult or frightening, you prepare yourself for it by trying to be brave.

例 I nerved myself to face the pain. // 我鼓足勇气面对痛苦。

n. **神经；中枢**

outrage
[ˈaʊtreɪdʒ]

vt. **引起……的义愤；激怒**

记 out（外面）+ rage（怒气）→ 怒气外露 → 粗暴

例 Many people have been outraged by some of the things that have been said. // 其中的一些言论激怒了很多人。

outskirt
[ˈaʊtskɜːrt]

n. **郊区**

outsource
[ˈaʊtsɔːrs]

vt. **外购（指从外国供应商等处获得货物或服务）；外包（工程）**

proportionate
[prəˈpɔːrʃənət]

adj. **成比例的；相称的**

派 proportionately *adv.* 成比例地

例 We have significantly increased the number of people in education but the size of the classes hasn't changed proportionately. // 受教育的人数显著增加了，可是班级人数并未相应增加。

propose
[prəˈpoʊz]

vi. & vt. **求婚；提议**

例 A delegate from Siberia proposed a resolution that he stand down as party chairman. // 一名来自西伯利亚的代表提议他辞去党主席的职务。

proposition
[ˌprɑːpəˈzɪʃn]

n. **提议；陈述；主张**

记 pro（赞同）+ position（见解，立场）→ 赞同……见解，立场 → 主张，建议

派 propositional *adj.* 建议的，提议的

例 I want to make you a proposition. // 我想给你提一个建议。

proscribe
[proʊˈskraɪb]

vt. **禁止；排斥**

例 In some cultures surgery is proscribed. // 在一些文化里，外科手术是被禁止的。

prosecute
[ˈprɑːsɪkjuːt]

vi. & vt. **起诉；控告**

派 prosecutor *n.* 检察官
prosecutorial *adj.* 公诉人的

□ **prospect**
['prɑːspekt]

n. 前景；预期

派 prospective *adj.* 预期的；可能的

例 I chose to study abroad to improve my career prospects. // 我选择出国留学以求在事业上有更好的发展。

The story should act as a warning to other prospective buyers. // 这篇报道应该对其他潜在的购买者起到警示作用。

□ **prosthetic**
[prɑːs'θetɪk]

adj. [医] 义肢的；假体的

□ **revert**
[rɪ'vɜːrt]

vi. & vt. 恢复；重提

英 When people or things revert to a previous state, system, or type of behaviour, they go back to it.

例 Jackson said her boss became increasingly depressed and reverted to smoking heavily. // 杰克逊说她的老板情绪越来越低落，又开始拼命抽烟了。

□ **revitalization**
[ˌriːvaɪtələ'zeɪʃn]

n. 新生；复兴

□ **revoke**
[rɪ'voʊk]

vt. 废除；撤销

英 When people in authority revoke something such as a licence, a law, or an agreement, they cancel it.

例 The government revoked her husband's license to operate migrant labor crews. // 政府撤销了她丈夫管理外来打工人群的许可证。

□ **silence**
['saɪləns]

n. 沉默；缄默

例 They stood in silence. // 他们默不作声地站着。

□ **simultaneous**
[ˌsaɪml'teɪniəs]

adj. 同时发生的；同时存在的

记 simult（相类似，一样）+aneous（……特征的）→时间相同的

例 simultaneous translation // 同声翻译

□ **single out**

挑出

例 We wanted to single out the main threat to civilisation. // 我们想特别指出威胁文明的主要因素。

□ **sink**
[sɪŋk]

vi. & vt. 淹没；下沉

派 sinkable *adj.* 易下沉的

□ **skeleton**
[ˈskelɪtn]

n. 骨骼；骸骨；大纲

例 a skeleton in the closet // 家丑

□ **sketch**
[sketʃ]

n. 草图；梗概

例 I had a basic sketch of a plan. // 我有一个基本的计划框架。

□ **skim**
[skɪm]

vi. & vt. 略读；撇去

例 seagulls skimming the waves // 掠过浪尖的海鸥

□ **slash**
[slæʃ]

vt. 大幅削减；砍，劈

英 To slash something such as costs or jobs means to reduce them by a large amount.

例 Car makers could be forced to slash prices after being accused of overcharging yesterday. // 昨天被指控要价太高之后，汽车生产商可能会被迫大幅度降价。

He slashed at her, aiming carefully. // 他仔细地瞄准她劈了过去。

n. 斜线；伤痕

□ **thrust**
[θrʌst]

vi. & vt. 用力推，刺

例 A ray of sunlight thrust out through the clouds. // 一缕阳光透过云层照射下来。

□ **thump**
[θʌmp]

vi. & vt. 重击；捶击

例 He thumped my shoulder affectionately, nearly knocking me over. // 他亲热地捶了一下我的肩膀，差点把我打倒。

n. 砰的重击声

□ **verdict**
[ˈvɜːrdɪkt]

n. 裁定；（陪审团的）裁决

例 The jury returned a unanimous guilty verdict. // 陪审团一致做出了有罪裁决。

□ **verify**
[ˈverəfaɪ]

vt. 核实；证明

例 I verified the source from which I had that information. // 我核实了所获消息的来源。

□ **versatile**
['vɜːrsətl]

adj. 多才多艺的；多功能的

记 vers（转）＋atile→玩得转，有才能的

派 versatility *n.* 多才多艺

例 a versatile knife // 多用刀

□ **wrap**
[ræp]

vi. & vt. 包；缠绕

例 Harry had carefully bought and wrapped presents for Mark to give them. // 哈里精心购置了礼物并仔细包装好，让马克交给他们。

n. 披肩

Check !

□ blaze	□ inert	□ worth	□ landfill
□ coastline	□ landing	□ venue	□ inept
□ affirm	□ medieval	□ thrush	□ induce
□ afflict	□ membership	□ threshold	□ heed
□ aggregate	□ outmaneuver	□ significance	□ fraternal
□ cogency	□ outperform	□ sickle	□ franchise
□ coherence	□ propaganda	□ shroud	□ envy
□ coincide	□ propel	□ revenue	□ enumerate
□ despoil	□ proponent	□ revamp	□ detect
□ detain	□ retrospective	□ proportion	□ destitute
□ deteriorate	□ reveal	□ property	□ desire
□ envelop	□ shrink	□ propagate	□ cohesive
□ enzyme	□ shuttle	□ prone	□ bizarre
□ frantic	□ siege	□ outnumber	□ agent
□ glimpse	□ threaten	□ negotiation	□ cogent
□ indisputable	□ thrive	□ mediocre	□ codify
□ industry	□ venture	□ medicine	□ coast

Word List
17

扫码关注后回复 70879
免费下载配套音频

看看有没有已经认识的单词

- akin
- albeit
- alcohol
- alert
- alga
- algae
- blueprint
- bluff
- blunder
- colonize
- colony
- comet
- comic
- commencement
- commend
- commensurate
- commerce
- devotion

- devour
- dew
- diagnose
- diary
- diatonic
- equivocal
- eradicate
- erect
- erode
- fable
- foster
- fowl
- gloomy
- glory
- hemisphere
- henceforth
- herbivore
- inferior

- infestation
- infiltrate
- languish
- larva
- mend
- neuron
- neutral
- outstrip
- outweigh
- overdue
- protein
- protest
- proton
- prototype
- provision
- provoke
- proximity
- prudent

- revolt
- revolute
- revolution
- revolve
- slather
- slave
- slice
- slick
- slip
- slit
- slogan
- sloth
- thwart
- tickle
- versus
- vertebrate
- wrath
- wreck

□ **akin**
[əˈkɪn]

adj. 相似的；类似的

英 If one thing is akin to another, it is similar to it in some way.

例 Listening to his life story is akin to reading a good adventure novel. // 听他的人生故事犹如阅读一本精彩的冒险小说。

□ **albeit**
[ˌɔːlˈbiːɪt]

conj. 虽然；即使

例 Albeit fair, the girl was not sought after. // 那姑娘虽然漂亮，但不是被爱慕的女子。

□ **alcohol**
[ˈælkəhɔːl]

n. 乙醇；酒精

□ **alert**
[əˈlɜːrt]

adj. 警觉的

派 alertness *n.* 警戒

例 We all have to stay alert. // 我们大家都必须保持警惕。

vt. 向……报警

□ **alga**
[ˈældʒə]

n. 海藻

□ **algae**
[ˈældʒiː]

n. 水藻；[植] 藻类

英 Algae is a type of plant with no stems or leaves that grows in water or on damp surfaces.

□ **blueprint**
[ˈbluːprɪnt]

n. 蓝图；计划大纲

例 the blueprint of a new plan of economic reform// 有关经济改革新计划的设想

□ **bluff**
[blʌf]

vi. 吓唬

派 bluffer *n.* 吓唬人的人

例 Do not brag or bluff. // 不要自夸和虚张声势。

n. 吓唬；悬崖

□ **blunder**
[ˈblʌndər]

vi. 犯错误；跌跌跄跄地走

例 No doubt I had blundered again. // 无疑，我又犯了一个愚蠢的错误。

He had blundered into the table, upsetting the flowers. // 他不小心撞到了桌子，把花打翻了。

n. 错误；失策

□ **colonize** [ˈkɑːlənaɪz]	*vi. & vt.* 将……开拓为殖民地；移于殖民地 派 colonization *n.* 殖民
□ **colony** [ˈkɑːləni]	*n.* 殖民地；移民队
□ **comet** [ˈkɑːmət]	*n.* ［天］彗星 英 A comet is a bright object with a long tail that travels around the sun.
□ **comic** [ˈkɑːmɪk]	*adj.* 喜剧的 例 comic book store // 漫画书店
□ **commencement** [kəˈmensmənt]	*n.* 开始；毕业典礼 例 I am absolutely delighted and honored to be here with all of you for this commencement. // 我非常高兴，非常荣幸能在这里和大家一起参加这个毕业典礼。
□ **commend** [kəˈmend]	*vt.* 推荐；表扬 英 If you commend someone or something, you praise them formally. 派 commendation *n.* 表扬；推荐 例 I commended her for that action. // 我赞扬了她的那一举动。
□ **commensurate** [kəˈmenʃərət]	*adj.* （在时间和空间上）相等的；相称的 记 com（共同）＋mens（计量，测量）＋urate（＝ate 表形容词）→测量尺寸相同 例 And any firm that implements an unconditional guarantee without undertaking a commensurate commitment to quality of service is merely employing a potentially costly marketing gimmick. // 任何承诺对服务进行无条件保障的公司都相当于使用了一种非常昂贵的营销手段。
□ **commerce** [ˈkɑːmɜːrs]	*n.* 商业；社交 记 com（共同）＋merc（交易）＋e→共同交易→商业 派 commercial *adj.* 商业的；营利的 例 They have made their fortunes from industry and commerce. // 他们靠工商业发了财。 The commercial bank is willing to lend money to these customers. // 这家商业银行愿意把钱贷给这些客户。

□ **devotion**
[dɪˈvoʊʃn]

n. 献身；奉献；忠诚

记 devote（*v.*［to］奉献，致力）＋ion（表名词）→*n.* 献身，热诚，专心

例 As a soldier, he showed selfless devotion to duty. // 作为战士，他表现出了对其天职的无私奉献。

□ **devour**
[dɪˈvaʊr]

vt. 吞食；毁灭

记 de（去掉）＋vour（＝vor 吃）→吃下去→吞吃

派 devouringly *adv.* 贪婪地

例 Fire devoured the entire building. // 大火烧毁了整幢大楼。

□ **dew**
[duː]

n. 露水

□ **diagnose**
[ˌdaɪəgˈnoʊs]

vi. & *vt.* 诊断；断定

例 The soldiers were diagnosed as having flu. // 这些士兵经诊断患了流感。

□ **diary**
[ˈdaɪəri]

n. 日记

□ **diatonic**
[ˌdaɪəˈtɑːnɪk]

adj. 全音阶的；自然音阶的

例 one of the seven notes of a diatonic scale //音级全音阶的七个音符之一

□ **equivocal**
[ɪˈkwɪvəkl]

adj. 模棱两可的

记 equi（平等）＋vocal（*adj.* 声音的；有声的；歌唱的）两种声音的，听不清楚的→意义含糊的

派 equivocally *adv.* 含糊地

□ **eradicate**
[ɪˈrædɪkeɪt]

vt. 根除；根绝

记 e（出）＋radic（根）＋ate（表动词）→把根挖出→根除

派 eradicable *adj.* 可根除的

例 eradicate a spot // 擦掉污渍

□ **erect**
[ɪˈrekt]

vt. 使直立；建立

例 Japanese proprietors are erecting a complex infrastructure of political influence throughout America. // 日本商人正在美国各地建立复杂的、具有政治影响力的基础结构。

adj. 直立的

例 Stand reasonably erect, your arms hanging naturally. // 挺身站直，双臂自然下垂。

□ **erode**
['ɪ'roʊd]

vi. & vt. 侵蚀；腐蚀

例 By 1980, Miami beach had all but totally eroded. // 到 1980 年，迈阿密海滩已经完全被风蚀了。

□ **foster**
['fɔːstər]

vi. & vt. 收养；养育

派 fosterage *n.* 养育

例 She has since gone on to find happiness by fostering more than 100 children. // 从那以后她收养了 100 多个孩子，并从中得到快乐。

□ **fable**
['feɪbl]

n. 寓言

□ **fowl**
[faʊl]

n. 家禽

□ **gloomy**
['gluːmi]

adj. 黑暗的；悲观的

英 If a place is gloomy, it is almost dark so that you cannot see very well.

派 gloomily *adv.* 沮丧的

例 Inside it's gloomy after all that sunshine. // 尽管阳光明媚，里面却依然暗淡无光。

□ **glory**
['glɔːri]

n. 光荣；荣誉；壮丽

例 Glory of Rome // 罗马的荣光

□ **hemisphere**
['hemɪsfɪr]

n. 大脑的半球；地球的半球

□ **henceforth**
[ˌhens'fɔːrθ]

adv. 从今以后

例 We were finally released with a formal warning that we were henceforth barred from the base. // 我们被正式警告从此不得进入基地，最终获得了释放。

□ **herbivore**
['hɜːrbɪvɔːr]

n. 食草动物

inferior
[ɪnˈfɪriər]

adj. （质量等）差的；（地位、能力等）低等的

例 He preferred the company of those who were intellectually inferior to himself. // 他喜欢与那些智力水平不如他的人共处。

The cassettes were of inferior quality. // 那些磁带质量较差。

n. 部下；次品

infestation
[ˌɪnfeˈsteɪʃn]

n. （害虫、盗贼等）群袭

派 infestation *n.* 群袭；出没

英 When creatures such as insects or rats infest plants or a place, they are present in large numbers and cause damage.

例 Heavy infestation can result in severe gill damage, emaciation, anemia and death. // 沉重的感染可导致严重的鳃损害、消瘦、贫血和死亡。

infiltrate
[ɪnˈfɪltreɪt]

vi. & vt. （使）渗透；（使）渗入

例 Activists had infiltrated the student movement. // 激进分子已经渗入学生运动中。

languish
[ˈlæŋgwɪʃ]

vi. 憔悴；潦倒；（草木等）凋萎

例 Without the founder's drive and direction, the company gradually languished. // 没有了创始人的斗志与指引，公司逐渐走向没落。

larva
[ˈlɑːrvə]

n. ［动］幼虫

mend
[mend]

vi. & vt. 修理；修补

例 They took a long time to mend the roof. // 他们花了很长时间修缮屋顶。

neuron
[ˈnʊrɑːn]

n. 神经元；神经细胞

派 neuronic *adj.* 神经元的

neutral
[ˈnuːtrəl]

adj. 中立的；（化学中）中性的

例 Both sides had agreed to use neutral terms in their references to each other, avoiding controversial ones. // 双方已达成协议，在提及对方时使用中性的词语，避免有争议的字眼。

outstrip
[aʊtˈstrɪp]

vt. 超过；优于

例 The production of food far outstripped the rise in population. // 食物的产量远远超过人口的增长。

□ **outweigh**
[aʊt'weɪ]

vt. 在重量上超过；胜过

例 Competitive effects outweigh legitimation effects. // 竞争效应超过了合法效应。

□ **overdue**
[ˌoʊvər'duː]

adj. 过期的；延误的

记 over（超过）＋due（债务，义务）→迟到的

例 overdue salaries and allowances // 拖欠的薪水和津贴

□ **protein**
['proʊtiːn]

n. 蛋白（质）

例 a high protein diet // 高蛋白饮食

□ **protest**
[prə'test]

vt. 抗议；反对

英 If you protest against something or about something, you say or show publicly that you object to it. In American English, you usually say that you protest it.

例 Groups of women took to the streets to protest against the arrests. // 成群结队的妇女上街抗议逮捕行动。

□ **proton**
['proʊtɑːn]

n. [物] 质子

□ **prototype**
['proʊtətaɪp]

n. 原型；标准

例 Chris Retzler has built a prototype of a machine called the wave rotor. // 克里斯·雷茨勒已制造出了一种叫波转子的机器样机。

□ **provision**
[prə'vɪʒn]

n. 供应；规定；条款

例 On board were enough provisions for three weeks. // 船上有足够三周吃的食物。

□ **provoke**
[prə'voʊk]

vt. 激起；煽动；触怒

记 pro（向前，在前；预先）＋vok（喊）＋e→在（你）前面喊→激怒（你）

派 provokable *adj.* 可煽动的

例 I provoked him into doing something really stupid. // 在我的刺激下他做了件非常愚蠢的事。

□ **proximity**
[prɑːk'sɪməti]

n. 接近；邻近

记 proxim（接近，靠近）＋ity（表名词）→接近，附近

例 Families are no longer in close proximity to each other. // 家庭不再像以前一样聚集居住。

□ **prudent**
['pruːdnt']

adj. 小心的；明智的

英 Someone who is prudent is sensible and careful.

派 prudence *n.* 谨慎

例 It is always prudent to start any exercise programme gradually at first. // 刚开始一项锻炼计划时循序渐进总是明智的。

□ **revolt**
[rɪ'voʊlt]

vi. & vt. (使) 厌恶；反叛

英 When people revolt, they make an illegal and often violent attempt to change their country's political system.

例 The prime minister only reacted when three of his senior cabinet colleagues revolted and resigned in protest on Friday night. // 直到周五晚上 3 位高级内阁同僚倒戈并辞职以示抗议时，首相才有所反应。

□ **revolute**
[revə'luːt]

adj. 边缘向后（向下）卷的；外卷的

□ **revolution**
[ˌrevə'luːʃn]

n. 革命；旋转

例 the Industrial Revolution // 工业革命

□ **revolve**
[rɪ'vɑːlv]

vi. & vt. 使旋转；围绕

英 If you say that one thing revolves around another thing, you mean that the second thing is the main feature or focus of the first thing.

例 The debate revolves around specific accounting techniques. // 这场争论的焦点是具体的会计技术。

□ **slather**
['slæðər]

vt. 厚厚涂一层；大量涂抹

例 slather butter onto a piece of toast // 在吐司上涂一层厚厚的黄油

□ **slave**
[sleɪv]

n. 奴隶

□ **slogan**
['sloʊgən]

n. 标语；口号

□ **slice**
[slaɪs]

vt. 切成片；切下 *n.* 薄片

□ **slick**
[slɪk]

adj. 光滑的；滑溜溜的

派 slickness *n.* 巧妙

例 a slick gear change // 轻松流畅的换挡

vt. 打扮整齐

□ **slip**
[slɪp]

vi. 滑动；滑行

英 If you slip, you accidentally slide and lose your balance.

例 His glasses had slipped. // 他的眼镜滑掉了。

□ **slit**
[slɪt]

vt. 切开；撕开 *n.* 裂缝

例 Make a slit in the stem about half an inch long. // 在树干上切一道大约半英寸长的口子。

□ **sloth**
[sloʊθ]

n. [动] 树懒

□ **thwart**
[θwɔːrt]

vt. 反对；阻挠

英 If you thwart someone or thwart their plans, you prevent them from doing or getting what they want.

例 Her ambition to become an artist was thwarted by failing eyesight. // 她想成为艺术家的梦想由于视力衰减而破灭了。

The company deliberately destroyed documents to thwart government investigators. // 该公司故意毁坏文件，阻挠政府调查工作。

n. [船] 横座板；划手座

□ **tickle**
['tɪkl]

vi. & vt. (使) 发痒

例 I was tickling him, and he was laughing and giggling. // 我在胳肢他，他哈哈哈、咯咯咯地笑个不停。

□ **versus**
['vɜːrsəs]

prep. (表示两队或双方对阵) 对

例 bottle-feeding versus breastfeeding // 牛奶喂养与母乳喂养相比

□ **vertebrate**
['vɜːrtɪbrət]

n. 脊椎动物

□ **wrath**
[ræθ]

n. 愤怒；激怒

例 He incurred the wrath of the authorities in speaking out against government injustices. // 他直言批评政府的不公正做法，招致当局震怒。

□ **wreck**
[rek]

n. **失事；残骸**

例 The car was a total wreck. // 这辆车完全报废了。

Check !

agriculture	infer	verify	infect
bleach	lane	thump	inevitable
collaborate	membrane	slash	heirloom
collapse	menace	sketch	framework
colleague	outrage	sink	fracture
colloquial	outsource	simultaneous	equivalent
detract	propose	revoke	epidemic
devastate	proscribe	revitalization	deviate
aggressive	prospect	prosthetic	detriment
aghast	revert	prosecute	detest
agitate	silence	proposition	collide
devise	single out	proportionate	collateral
epoch	skeleton	outskirt	collagen
fraction	skim	nerve	blend
fragile	thrust	memoir	ailment
glisten	verdict	languid	agrarian
helium	versatile	landlord	agile
inexorable	wrap		

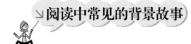

阅读中常见的背景故事

为什么很多动物都有条纹？

动物条纹是如何产生的？

　　皮肤上有条纹的动物有很多种，比如：老虎、斑马、薮羚、编鬣狗、珊瑚鱼、青蛙、花鼠、马蜂、蛇等。动物的条纹是在胚胎发育时期形成的。胚胎发育涉及一系列化学物质的不均匀分布，化学物质的极性分布直接引导了细胞的迁移与分化，因此动物出现了前后、左右、背腹之分，也指导了手、脚等附肢的发育。举个例子，在即将发育成手的胚胎部位，有某种物质（物质a）分布不均匀，在远端多，靠近身体少，这将导致沿这条化学物质梯度分布的细胞拥有不同的发育命运，远端的细胞在高浓度物质a的作用下发育成手指，靠近身体的细胞接受低浓度物质a刺激，发育成手臂肌肉骨骼。实际情况非常复杂，可能涉及很多种物质梯度的共同作用，属于动物发育学的研究范围，在这里不做深究。当然，物质a是什么也无须纠结。动物的条纹也差不多是基于这种原理，可以想象有一种物质b（仅仅是为了帮助理解，实际上肯定不止一种化学物质在作用）在皮肤中分布不均匀，有些地方多有些地方少。以斑马为例，在胚胎发育早期胚胎实际上呈现黑色，物质b的浓度在皮肤中按条纹状分布，这些部位由于有高浓度物质b的存在，黑色素合成被抑制，在胚胎发育后期，将在这个部位形成白条纹。

动物条纹为什么要产生条纹？以斑马为例：

　　（1）在我们的基本常识中，斑马的条纹与混淆天敌有关。当斑马成群结队时，狮子所见到的影像就会相当模糊，影像之间毫无间隔，而斑马成群奔跑时，斑纹则会使掠食动物眼花缭乱（猫科动物的视网膜杆细胞夜视能力强，但锥细胞的辨色能力不好，所见之物都是黑白色。）

　　（2）研究表明，斑马的条纹有助于防止蚊虫叮咬。黑白条纹将干扰蚊虫的感官判断，使得蚊子的叮咬减少。

　　（3）每一只斑马的条纹都不一样，条纹有助于斑马之间的个体识别。

　　（4）有利于降温散热。因为白色反光吸热量少，甚至有假说认为黑白条纹由于黑色部分吸热多白色部分吸热少，会形成局部对流，但是并没有实际的证据证实。

　　蜜蜂、蛇类等条纹的作用比较明显，配上鲜艳的颜色有助于警告天敌和其他动物，保护自己。

　　总之，动物的性状都是为了更好地适应环境，产生条纹这种鬼斧神工之作，绝对不是巧合。

扫码关注后回复 70879
免费下载配套音频

Word List 18

看看有没有已经认识的单词

- □ alien
- □ align
- □ allege
- □ allergic
- □ alleviate
- □ blur
- □ blush
- □ bolster
- □ commission
- □ commit
- □ commodity
- □ commonplace
- □ community
- □ dictate
- □ dieter
- □ differentiate
- □ diffuse

- □ erosion
- □ errand
- □ erratic
- □ erupt
- □ formulate
- □ fortify
- □ fossil
- □ general
- □ grace
- □ herd
- □ inflame
- □ inflate
- □ influx
- □ infrastructure
- □ latent
- □ merchandise
- □ merchant

- □ neutralize
- □ nevertheless
- □ overlap
- □ overlook
- □ pack
- □ pseudonym
- □ psychology
- □ pugnacious
- □ punctual
- □ punctuation
- □ purchase
- □ purification
- □ purity
- □ purport
- □ rhetoric
- □ rhinoceros

- □ ribbon
- □ ridge
- □ slug
- □ sluggish
- □ slum
- □ smash
- □ smear
- □ smelt
- □ smooth
- □ smother
- □ tidal
- □ tier
- □ tilt
- □ vertex
- □ vertical
- □ vessel

□ **alien**
['eɪliən]

adj. **外国的；相异的**

例 He said they were opposed to the presence of alien forces in the region. // 他说他们反对外国军队驻扎在该地区。

n. **外星人**

□ **align**
[ə'laɪn]

vi.&vt. **（使）结盟；排整齐**

例 He has attempted to align the Socialists with the environmental movement. // 他已试图与社会党人结盟来支持环境运动。

□ **allege**
[ə'ledʒ]

vt. **断言；提出**

英 state something as a fact but without proof

记 al（再）+ leg（讲，读，说）+ e → 一再讲 → 宣称

例 The accused is alleged to have killed a British business man. // 被告被指谋杀了一名英国男商人。

□ **allergic**
[ə'lɜːrdʒɪk]

adj. **过敏的；过敏症的**

□ **alleviate**
[ə'liːvieɪt]

vt. **减轻；缓和**

英 If you alleviate pain, suffering, or an unpleasant condition, you make it less intense or severe.

派 alleviation *n.* 减轻；缓解

例 Nowadays, a great deal can be done to alleviate back pain. // 如今，减轻背部疼痛可以有许多方法。

□ **blur**
[blɜːr]

vt. **涂污；使……模糊不清**

派 blurry *adj.* 模糊的

例 Some of the technologies I mentioned earlier blur these lines a bit. // 我在前面提及的一些技术使这些界线有点儿模糊。

□ **blush**
[blʌʃ]

vi. **脸红；惭愧**

英 When you blush, your face becomes redder than usual because you are ashamed or embarrassed.

例 I blushed scarlet at my stupidity. // 我为自己的愚蠢羞愧得满脸通红。

□ **bolster**
['boʊlstər]

vt. 支持；支撑

英 If you bolster something such as someone's confidence or courage, you increase it.

派 bolster up 支持；支撑

例 Hopes of an early cut in interest rates bolstered confidence. // 利率有望早日下调，从而增强了人们的信心。

n. 垫枕；长枕

□ **commission**
[kə'mɪʃn]

vt. 委任；使服役

例 He was commissioned a general in 1953. // 他于 1953 年被授衔为将军。

n. 委员会；佣金；委任

□ **commit**
[kə'mɪt]

vt. 犯罪；把……托付给；保证（做某事、遵守协议或遵从安排等）；承诺

派 commitment *n.* 承诺

例 I have never committed any crime. // 我从来没犯过罪。

□ **commodity**
[kə'mɑːdəti]

n. 商品；货物

例 Commodity prices remain stable and there are plenty of goods on the market. // 商品价格稳定，市场货源充足。

□ **commonplace**
['kɑːmənpleɪs]

adj. 平凡的

例 He was an unambitious man destined for a commonplace job. // 他是一个没有野心的人，注定要找一份平凡的工作。

n. 老生常谈

□ **community**
[kə'mjuːnəti]

n. 社区；（生态）群落；共同体

记 commune（公社）＋ity（表名词）→社会，社区

例 The community is densely populated. // 这个社区人口稠密。

□ **dictate**
['dɪkteɪt]

vt. 口述；命令；指示

英 If you dictate something, you say or read it aloud for someone else to write down.

例 Sheldon writes every day of the week, dictating his novels in the morning. // 谢尔登一周 7 天都要写作，每天早上口述小说让别人记录。

□ **dieter**
['daɪətər]

n. 节食者

☐ **differentiate**
[ˌdɪfəˈrenʃɪeɪt]

vi. & vt. **区分；区别**

派 differentiation *n.* 区别；区分

例 At this age your baby cannot differentiate one person from another. // 这个年龄的婴儿还不能认人。

☐ **diffuse**
[dɪˈfjuːz]

vi. & vt. **扩散；传播**

记 dif（不，否定，分开）＋fuse（流）→分开流→散布

派 diffuseness *n.* 扩散

例 The printing press helped diffuse scientific knowledge. // 印刷品有助于传播科学知识。

☐ **erosion**
[ɪˈroʊʒn]

n. **侵蚀；腐蚀**

记 e（出）＋ros（咬）＋ion（表名词）→咬出去→[水土]侵蚀

派 erosive *adj.* 侵蚀性的，腐蚀性的

例 The cement petrified after many years' erosion. // 经过多年的侵蚀，水泥石化了。

☐ **errand**
[ˈerənd]

n. **差事；使命**

例 She went off on some errand. // 她办事去了。

☐ **erratic**
[ɪˈrætɪk]

adj. **不稳定的；古怪的** *n.* **古怪的人**

记 err（漫游，犯错误）＋atic（表形容词）→被人认为错误的→古怪的

☐ **erupt**
[ɪˈrʌpt]

vi. & vt. **爆发；喷发；突然发生**

例 Heavy fighting erupted there today after a two-day ceasefire. // 在停火两天后，今天那里爆发了激烈的战斗。

☐ **formulate**
[ˈfɔːrmjuleɪt]

vt. **规划；确切地阐述**

例 Little by little, he formulated his plan for escape. // 他一点一点地设计构思出了逃跑的方案。

☐ **fortify**
[ˈfɔːrtɪfaɪ]

vt. **加强；增强** *vi.* **构筑防御工事**

例 It has also been fortified with Vitamin C. // 它还添加了维生素 C。
British soldiers working to fortify an airbase in Bahrain // 在巴林一空军基地筑防的英国士兵

☐ **fossil**
[ˈfɑːsl]

n. **化石**

□ **general** ['dʒenrəl]	*adj.* 全体的；一般的　*n.* 将军
□ **grace** [greɪs]	*n.* 优美；优雅 例 The gymnast performed on the balance beam with an easy grace. // 体操运动员在平衡木上表演得优美自如。
□ **herd** [hɜːrd]	*n.* 牧群；兽群 例 large herds of elephant and buffalo// 大群的大象和水牛 *vi.* & *vt.* 放牧；群集 例 He began to herd the prisoners out. // 他开始将犯人集中在一起赶出来。
□ **inflame** [ɪnˈfleɪm]	*vi.* & *vt.* （使）发怒；使发炎 英 If something inflames a situation or inflames people's feelings, it makes people feel even more strongly about something. 例 The General holds the rebels responsible for inflaming the situation. // 将军认为叛乱者是造成形势激化的原因。
□ **inflate** [ɪnˈfleɪt]	*vi.* & *vt.* 使充气（于轮胎、气球等）；（使）膨胀 英 If you inflate something such as a balloon or tyre, or if it inflates, it becomes bigger as it is filled with air or a gas. 派 inflation *n.* 通货膨胀 例 Stuart jumped into the sea and inflated the liferaft. // 斯图尔特跳到海里给救生艇充气。
□ **influx** ['ɪnflʌks]	*n.* 流入；注入；河口 例 problems caused by the influx of refugees// 大批难民涌入产生的问题
□ **infrastructure** ['ɪnfrəstrʌktʃər]	*n.* 公共建设；基础建设
□ **latent** ['leɪtnt]	*adj.* 潜在的；潜伏的 英 Latent is used to describe something which is hidden and not obvious at the moment, but which may develop further in the future.

例 Advertisements attempt to project a latent meaning behind an overt message. // 广告的意图是以公开的信息传达隐含之意。

□ **merchandise**
['mɜːrtʃəndaɪs]
n. 商品；货物

□ **merchant**
['mɜːrtʃənt]
n. 商人；批发商
记 merch（交易）+ant（人）→商人，零售商
例 Any knowledgeable wine merchant would be able to advise you. // 任何一个懂行的葡萄酒商人都可以给你提出建议。

□ **neutralize**
['nuːtrəlaɪz]
vt. 使中立化；使无效
派 neutralization *n.* 中立化

□ **nevertheless**
[ˌnevərðə'les]
adv. 不过；然而

□ **overlap**
[ˌoʊvər'læp]
vi. & vt. 重叠；与……部分相同
记 over（在……之上）+lap（交叉）→（大腿）交叉→重叠
例 Overlap the slices carefully so there are no gaps. // 将切片小心翼翼地搭好，中间不留任何空隙。

□ **overlook**
[ˌoʊvər'lʊk]
n. 眺望；忽略
例 a fact that we all tend to overlook// 我们都视而不见的事实

□ **pseudonym**
['suːdənɪm]
n. 假名；化名

□ **psychology**
[saɪ'kɑːlədʒi]
n. 心理学

□ **pack**
[pæk]
vi. & vt. 收拾（行李）；装（箱）　　*n.* 纸包
例 She packed a change of clothes for the weekend. // 她已收拾好度周末的一套换洗衣物。

□ **pugnacious**
[pʌg'neʃəs]
adj. 好斗的；好战的
英 Someone who is pugnacious is always ready to quarrel or start a fight.
例 The President was in a pugnacious mood when he spoke to journalists about the rebellion. // 当总统和记者说起叛乱时，情绪激昂。

□ **punctual**
['pʌŋktʃuəl]

adj. 严守时刻的；准时的

记 punct（点，变尖，指，针）＋ual（……的）→到点上→准点的

派 punctuality *n.* 严守时间

例 I am always punctual and I'm proud of it. // 我准时我自豪。

□ **punctuation**
[ˌpʌŋktʃu'eɪʃn]

n. 标点符号

□ **purchase**
['pɜːrtʃəs]

vt. 购买；（用牺牲等）换取

例 Most of those shares were purchased from brokers. // 那些大部分股份是从经纪人手中购得的。

□ **purification**
[ˌpjʊrəfɪ'keɪʃn]

n. 洗净；净化

英 If you purify a substance, you make it pure by removing any harmful, dirty, or inferior substances from it.

例 experimental study on the air cleaner's purification effect for indoor formaldehyde, ammonia and TVOC // 空气净化器对室内甲醛、氨气和TVOC净化效果的实验研究

□ **purity**
['pjʊrəti]

n. 纯净；清洁

□ **purport**
[pər'pɔːrt]

vt. 声称；意图

例 a book that purports to tell the whole truth // 声称要讲述全部事实的一本书

□ **rhetoric**
['retərɪk]

n. 修辞；修辞学

□ **rhinoceros**
[raɪ'nɑːsərəs]

n. 犀牛

□ **ribbon**
['rɪbən]

n. 带；绶带

例 She had tied back her hair with a peach satin ribbon. // 她用一根桃色绶带把头发扎在脑后。

□ **ridge**
[rɪdʒ]

n. 背脊；峰

例 the bony ridge of the eye socket // 眼窝处突出的骨骼

189

□ **slug**
[slʌɡ]
n. 鼻涕虫；动作缓慢的人

□ **sluggish**
[ˈslʌɡɪʃ]
adj. 行动迟缓的；不机警的
例 The economy remains sluggish. // 经济的发展仍然非常缓慢。

□ **slum**
[slʌm]
n. 贫民窟；陋巷
派 slummer *n.* 住在贫民窟的人
例 slum dog // 贫民窟

□ **smash**
[smæʃ]
vi. & vt. 打碎；撞击
英 If you smash something or if it smashes, it breaks into many pieces, for example when it is hit or dropped.
例 Someone smashed a bottle. // 有人摔碎了一个瓶子。

□ **smear**
[smɪr]
vt. 弄脏；涂抹
英 If you smear a surface with an oily or sticky substance or smear the substance onto the surface, you spread a layer of the substance over the surface.
n. 污迹
例 There was a smear of gravy on his chin. // 他下巴上沾了些肉汁。

□ **smelt**
[smelt]
vt. 熔炼；提炼（矿石）
例 Darby was looking for a way to improve iron when he hit upon the idea of smelting it with coke instead of charcoal. // 达比一直在寻找改善铁质的方法，他猛然想到可以不用木炭熔炼，而改用焦炭。

□ **smooth**
[smuːð]
adj. 平滑的；光滑的 *vi. & vt.* 使光滑

□ **smother**
[ˈsmʌðər]
vi. & vt. 抑制；（使）窒息
英 If you smother a fire, you cover it with something in order to put it out.
例 The girl's parents were also burned as they tried to smother the flames. // 女孩的父母试图扑灭大火的时候也被烧伤了。

□ **tidal**
[ˈtaɪdl]
adj. 潮水的；潮汐的
例 The tidal stream or current gradually decreases in the shallows. // 浅滩上的潮水逐渐退去。

□ **tier**
[tɪr]

n. （组织或系统的）层；级

□ **tilt**
[tɪlt]

vt. 使倾斜

英 If you tilt an object or if it tilts, it moves into a sloping position with one end or side higher than the other.

例 She tilted the mirror and began to comb her hair. // 她把镜子斜过来，开始梳理头发。

□ **vertex**
['vɜːrteks]

n. 顶点

英 The adjacent vertex distinguishing total chromatic number is obtained for the flower graph. // 为了形成花图得到了可区别全色数的邻点。

□ **vertical**
['vɜːrtɪkl]

adj. 垂直的；竖立的

派 vertically *adv.* 垂直地

例 He climbed the vertical cliff. // 他攀登陡峭的悬崖。

□ **vessel**
['vesl]

n. 船；容器

例 blood vessel // 血管

Check !

□ erect	□ equivocal	□ wreck	□ infestation
□ foster	□ infiltrate	□ vertebrate	□ herbivore
□ fowl	□ larva	□ tickle	□ hemisphere
□ glory	□ neuron	□ sloth	□ gloomy
□ henceforth	□ outstrip	□ slip	□ fable
□ inferior	□ protein	□ slice	□ erode
□ akin	□ proton	□ slave	□ eradicate
□ albeit	□ provision	□ revolve	□ diatonic
□ alert	□ proximity	□ revolute	□ diagnose
□ algae	□ revolt	□ prudent	□ devour
□ bluff	□ revolution	□ provoke	□ commerce
□ colonize	□ slather	□ prototype	□ commend
□ comet	□ slogan	□ protest	□ comic
□ commencement	□ slick	□ overdue	□ colony
□ commensurate	□ slit	□ outweigh	□ blunder
□ devotion	□ thwart	□ neutral	□ blueprint
□ dew	□ versus	□ mend	□ alga
□ diary	□ wrath	□ languish	□ alcohol

Word List
19

扫码关注后回复 70879
免费下载配套音频

看看有没有已经认识的单词

- alliance
- alligator
- allocate
- allot
- allude
- allure
- bombard
- bond
- boomerang
- boon
- commute
- compact
- compactor
- compel
- compensate
- digestive

- dignify
- dilapidated
- dilate
- dilemma
- diligent
- eruption
- escalate
- escape
- escort
- forge
- formidable
- govern
- hereditary
- heritage
- hermit
- infringe

- infuse
- ingenious
- ingestion
- lateral
- latitude
- mercy
- merely
- merge
- nocturnal
- nomadic
- override
- pursue
- pursuit
- purview
- puzzle
- quadruple

- ridiculous
- rift
- rig
- rigid
- smuggle
- snail
- snarl
- snatch
- sneak
- timid
- tiny
- tissue
- toast
- vestige
- veteran
- wrench

□ **alliance**
[əˈlaɪəns]

n. 结盟

记 ally（联盟）＋-ance（名词后缀）→结盟

例 They made an alliance against the common enemy. // 他们联合起来抵御共同的敌人。

□ **alligator**
[ˈælɪgeɪtər]

n. 短吻鳄

□ **allocate**
[ˈæləkeɪt]

vt. 分配；分派

例 The 1985 federal budget allocated $7.3 billion for development programmes. // 1985 年的联邦预算将 73 亿美元拨给了开发项目。

□ **allot**
[əˈlɑːt]

vt. 分派；指派（任务等）

例 Each speaker is allotted ten minutes. // 每位发言人 10 分钟。

□ **allude**
[əˈluːd]

vi. 暗指；间接提到

英 If you allude to something, you mention it in an indirect way.

例 She also alluded to her rival's past marital troubles. // 她还影射了对手过去的婚姻问题。

□ **allure**
[əˈlʊr]

n. 诱惑力；魅力

例 It's a game that has really lost its allure. // 这是一项的确已经失去魅力的游戏。

□ **bombard**
[bɑːmˈbɑːrd]

vt. 炮击

派 bombardment *n.* 炮击；轰炸

□ **bond**
[bɑːnd]

vt. 使结合；以……作保

例 She was having difficulty bonding with the baby. // 她难以与孩子建立起亲密的关系。

□ **boomerang**
[ˈbuːməræŋ]

vi. 自食其果的行为

英 If a plan boomerangs, its result is not the one that was intended and is harmful to the person who made the plan.

n. 回飞镖

□ **boon**
[buːn]

n. 恩惠；利益

派 boon companion 密友

例 At one level the World Cup has been a short-term boon. // 从一个层面上来讲，世界杯带来了一个短期的恩惠。

commute
[kəˈmjuːt]

vi.&vt. **交换；通勤**　　*vt.* **减刑**

例 Mike commutes to London every day. // 迈克每天都去伦敦上班。

His death sentence was commuted to life imprisonment. // 他的死刑被减为无期徒刑。

compact
[ˈkɑːmpækt]

adj. **紧凑的**

英 Compact things are small or take up very little space.

派 compactness *n.* 紧密；紧凑

compaction *n.* 压紧

例 my compact office in Washington // 我在华盛顿小而紧凑的办公室

vi.&vt. **压紧；（使）坚实**

compactor
[kəmˈpæktə]

n. **压土机；夯土机**

compel
[kəmˈpel]

vt. **强迫；迫使**

记 com（共同）＋pel（驱动，推）→一起推→强迫

例 They were often compelled to work eleven or twelve hours a day. // 他们常常被迫每天工作十一二个小时。

compensate
[ˈkɑːmpənseɪt]

vi.&vt. **补偿；赔偿**

记 com（全部）＋pens（支付）＋ate（表动词）→为……而全部支付→赔偿

派 compensative *adj.* 偿还的；补充的

例 The company compensated him for the extra hours he worked. // 公司对他工作中的加班加点给予了报酬。

digestive
[daɪˈdʒestɪv]

adj. **消化的；助消化的**

派 digestively *adv.* 助消化地

例 digestive system // 消化系统

dignify
[ˈdɪɡnəfaɪ]

vt. **使显得威严；使高贵**

派 dignity *n.* 高贵

dilapidated
[dɪˈlæpɪdeɪtɪd]

adj. **破旧的；残破的**

dilate
[daɪˈleɪt]

vi.&vt. **（使）膨胀；（使）扩大**

例 At night, the pupils dilate to allow in more light. // 到了晚上，瞳孔就会扩大以接收更多的光线。

□ **dilemma**
[də'lemə]

n. 困境；进退两难

记 di（两个，双）＋lemma（论点，争论）→两种争论→进退两难

例 You place me in something of a dilemma. // 你将我置于某种困境中。

□ **diligent**
['dɪlədʒənt]

adj. 勤奋的

例 Meyers is a diligent and prolific worker. // 迈耶斯是个勤奋多产的工人。

□ **eruption**
[ɪ'rʌpʃn]

n. 喷发；爆发

□ **escalate**
['eskəleɪt]

vi.&vt. （使）逐步升级；（使）逐步上升

英 If a bad situation escalates or if someone or something escalates it, it becomes greater in size, seriousness, or intensity.

例 Both unions and management fear the dispute could escalate. // 工会和管理层都担心争端会恶化。

□ **escape**
[ɪ'skeɪp]

vi.&vt. 逃避；避开

例 A prisoner has escaped from a jail in northern England. // 一名囚犯已经从英格兰北部的一所监狱中越狱了。

□ **escort**
['eskɔːrt]

n. 护送者；护卫者

例 He arrived with a police escort shortly before half past nine. // 快到9点半的时候，他在一名警察的护送下到达了。

vt. 陪同

□ **forge**
[fɔːrdʒ]

vi.&vt. 伪造；仿制

例 He admitted seven charges including forging passports. // 他承认了7项罪名，其中包括伪造护照。

□ **formidable**
['fɔːrmɪdəbl]

adj. 强大的；可怕的

例 We have a formidable task ahead of us. // 我们面临着一项艰巨的任务。

□ **govern**
['gʌvərn]

vi.&vt. 统治；管理

派 governable *adj.* 可统治的

例 Marine insurance is governed by a strict series of rules and regulations. // 关于海险有一系列严格的规章制度对其做了规定。

hereditary
[hə'redɪteri]

adj. 遗传性的；世袭的

英 A title or position in society that is hereditary is one that is passed on as a right from parent to child.

例 The position of the head of state is hereditary. // 国家元首是世袭制。

---

heritage
['herɪtɪdʒ]

n. 遗产；继承物

例 the rich heritage of Russian folk music // 俄罗斯民间音乐的丰富遗产

---

hermit
['hɜːrmɪt]

n. 隐士

英 A hermit is a person who lives alone, away from people and society.

---

infringe
[ɪn'frɪndʒ]

vt. 违犯；侵犯

英 If someone infringes a law or a rule, they break it or do something which disobeys it.

派 infringement *n.* 侵权；违反

例 It's starting to infringe on our personal liberties. // 它开始侵犯我们的人身自由。

---

infuse
[ɪn'fjuːz]

vt. 灌输；使充满

英 To infuse a quality into someone or something, or to infuse them with a quality, means to fill them with it.

例 Many of the girls seemed to be infused with excitement on seeing the snow. // 看到雪，许多女孩似乎一下子变得兴奋起来。

---

ingenious
[ɪn'dʒiːnjəs]

adj. 心灵手巧的；精巧的

派 ingeniously *adv.* 有才能地

例 a truly ingenious invention// 一项真正有创意的发明

---

ingestion
[ɪn'dʒestʃn]

n. 摄取；采食

例 The patient develops vomiting and diarrhea shortly after milk ingestion. // 病人摄入牛奶后会呕吐和腹泻。

---

lateral
['lætərəl]

adj. 侧面的

例 the lateral branches of a tree // 树的横枝

n. 侧面

☐ **latitude**
['lætɪtuːd]

n. 纬度

☐ **mercy**
['mɜːrsi]

n. 怜悯；宽容
派 merciful *adj.* 仁慈的

☐ **merely**
['mɪrli]

adv. 只是；仅仅
例 Michael is now merely a good friend. //迈克尔现在仅仅是个不错的朋友而已。

☐ **merge**
[mɜːrdʒ]

vi. & vt. 合并；（使）混合
例 Bank of America merged with a rival bank. //美国银行与一家竞争银行合并了。

☐ **nocturnal**
[nɑːkˈtɜːrnl]

adj. 夜的；夜间的
英 Nocturnal means occurring at night.
例 long nocturnal walks // 远途夜路

☐ **nomadic**
[noʊˈmædɪk]

adj. 游牧的；流浪的
英 If someone has a nomadic way of life, they travel from place to place and do not have a settled home.
例 As the daughter of a railway engineer, she at first had a somewhat nomadic childhood. // 作为一个铁路工程师的女儿，她最初的童年生活有些漂泊不定。

☐ **override**
[ˌoʊvərˈraɪd]

vt. 覆盖；推翻
英 If someone in authority overrides a person or their decisions, they cancel their decisions.
例 The president vetoed the bill, and the Senate failed by a single vote to override his veto. // 总统否决了该议案，而参议院以一票之差未能推翻他的否决。

☐ **pursue**
[pərˈsuː]

vi. & vt. 追求；继续；追捕
例 It became harder for women married to diplomats to pursue their own interests. // 与外交官结婚的女性要追求自己的爱好就变得更加困难了。

pursuit
[pər'suːt]

n. 追赶；追求

英 Your pursuit of something is your attempts at achieving it. If you do something in pursuit of a particular result, you do it in order to achieve that result.

例 The vigorous pursuit of policies is no guarantee of success. // 坚决贯彻方针政策并不能保证成功。

purview
['pɜːrvjuː]

n. （文件等的）范围；眼界

例 Set up and amend the users' purview of computer. // 设置和修改用户的权限。

puzzle
['pʌzl]

vi. & vt. 为难；伤脑筋

例 My sister puzzles me and causes me anxiety. // 我妹妹总让我捉摸不透，弄得我焦虑不安。

quadruple
[kwɑː'druːpl]

vi. & vt. 使乘四或被四乘

英 If someone quadruples an amount or if it quadruples, it becomes four times bigger.

例 Norway has quadrupled its exports to the EU. // 挪威对欧盟的出口已经增加了 3 倍。

adj. 四倍的；四重的　　*n.* 四倍

ridiculous
[rɪ'dɪkjələs]

adj. 可笑的，荒谬的

rift
[rɪft]

n. 不和；裂缝

例 The interview reflected a growing rift between the President and the government. // 这段采访反映了总统和政府之间的裂痕越来越大。

vi. & vt. （使）断裂

rig
[rɪg]

vt. 给（船、桅杆）装配帆及索具；（以不正当的手段）操纵

英 If someone rigs an election, a job appointment, or a game, they dishonestly arrange it to get the result they want or to give someone an unfair advantage.

派 rig out 装配

例 She accused her opponents of rigging the vote. // 她谴责对手操纵投票。

n. 船桅（或船帆等）的装置；操纵

□ **rigid**
[ˈrɪdʒɪd]

adj. 僵硬的；严格的

派 rigidity *n.* 硬度；僵化；严格

英 Laws, rules, or systems that are rigid cannot be changed or varied, and are therefore considered to be rather severe.

例 Several colleges in our study have rigid rules about student conduct. // 在我们的研究中，有几所大学制定了严格的学生行为规则。

□ **smuggle**
[ˈsmʌgl]

vi. & *vt.* 走私；偷运

例 My message is "If you try to smuggle drugs you are stupid". // 我的意思是"你要是企图走私毒品，你就是一个笨蛋"。

□ **snail**
[sneɪl]

n. 蜗牛

□ **snarl**
[snɑːrl]

n. 愤怒叫嚷（声）   *vt.* 咆哮着说

□ **snatch**
[snætʃ]

vt. & *n.* 抢夺

例 Mick snatched the cards from Archie's hand. // 米克一把夺过阿奇手里的牌。

□ **sneak**
[sniːk]

vi. 潜行；（儿童向成人）打小报告

例 Sometimes he would sneak out of his house late at night to be with me. // 有时候，他会在深夜偷偷溜出家与我约会。

□ **timid**
[ˈtɪmɪd]

adj. 胆小的；羞怯的

例 A timid child, Isabella had learned obedience at an early age. // 伊莎贝拉是一个羞怯的孩子，很小就学会了顺从。

□ **tiny**
[ˈtaɪni]

adj. 极小的；微小的

□ **tissue**
[ˈtɪʃuː]

n. 薄纸；棉纸；[生] 组织

例 muscle tissue // 肌肉组织

□ **toast**
[toʊst]

vi. & *vt.* 向……祝酒   *n.* 烤面包

□ **vestige**
['vestɪdʒ]

n. 遗迹；残余

记 vestig（脚印，踪迹）＋e→遗迹，痕迹

□ **veteran**
['vetərən]

n. 退伍军人；经验丰富的人

□ **wrench**
[rentʃ]

vt. 扭伤

例 He had wrenched his ankle badly from the force of the fall. // 他因摔倒而严重扭伤了脚踝。

n. 扳手；突然的悲痛

例 I always knew it would be a wrench to leave Essex after all these years. // 我一直心里清楚过了这么多年离开埃塞克斯会非常痛苦。

Check !

□ blur	□ merchant	□ vertical	□ commission
□ bolster	□ nevertheless	□ tilt	□ blush
□ alien	□ overlook	□ tidal	□ alleviate
□ align	□ psychology	□ smooth	□ merchandise
□ allergic	□ pugnacious	□ smear	□ infrastructure
□ commit	□ punctuation	□ slum	□ inflate
□ commonplace	□ purification	□ slug	□ herd
□ dictate	□ purport	□ ribbon	□ general
□ differentiate	□ rhinoceros	□ rhetoric	□ fortify
□ erosion	□ ridge	□ purity	□ erupt
□ erratic	□ sluggish	□ purchase	□ errand
□ formulate	□ smash	□ punctual	□ diffuse
□ fossil	□ smelt	□ pack	□ dieter
□ grace	□ smother	□ pseudonym	□ community
□ inflame	□ tier	□ overlap	□ commodity
□ influx	□ vertex	□ neutralize	□ allege
□ latent	□ vessel		

阅读中常见的背景故事

珊瑚礁的颜色

珊瑚，是一种体内共生着虫黄藻的动物。如图：

这看上去是一棵珊瑚，实际上却是无数珊瑚虫形成的一个群体。如果仔细看，枝丫上那一颗颗的突起，便是一只只珊瑚虫，而珊瑚虫里，共生着名为虫黄藻（Symbiodinium spp.）的藻类。珊瑚虫在靠自己带有刺细胞的触手捕捉浮游动物作为能量来源的同时，依靠着虫黄藻的光合作用获取能量。

虫黄藻一般是褐色、黄绿色、茶色，这是由虫黄藻体内色素所决定的。而珊瑚虫自身也是含有色素的。珊瑚虫所含的色素分为两种：荧光色素和非荧光色素。荧光色素中最具代表性的就是绿色荧光蛋白，其作用是将有害的紫外线转化成绿光。因此夜潜的时候用紫色灯照射含有绿色荧光蛋白的珊瑚，会看到绿色荧光。而非荧光色素是将一部分强光反射来保护自身。紫色的矛枝鹿角珊瑚所显示的紫色就是它自身的非荧光色素的颜色。而矛枝鹿角珊瑚也有褐色、褐绿色的群体，这是因为当光线不足，为了增加光合作用的效率，珊瑚体内的虫黄藻密度增加，渐渐地，虫黄藻的颜色加深，掩盖过了珊瑚虫自身的色素色彩。

Word List
20

扫码关注后回复 70879
免费下载配套音频

看看有没有已经认识的单词

- alluvial
- along with
- altar
- alternative
- altruism
- aluminum
- boost
- border
- botany
- bother
- competence
- competent
- compile
- complacent
- complain
- compliance
- compliant
- compliment

- dilute
- dim
- dimension
- diminish
- diminution
- dinosaur
- essay
- essence
- essential
- forfeit
- gracious
- gradient
- heterogeneous
- hibernate
- hierarchical
- inhabit
- inhale
- inherent

- inherit
- laud
- laundry
- merit
- Mesopotamia
- mess
- nominal
- overrule
- overt
- quaint
- qualify
- rigor
- rigorous
- rinse
- rite
- ritual
- rival
- select

- shake
- ship
- snip
- soak
- soar
- society
- sock
- tolerate
- topple
- torment
- tornado
- viable
- vibrant
- vibrate
- wrest

□ **alluvial**
[ə'luːviəl]

adj. （河流、洪水）冲积的；淤积的

例 Alluvial soils usually grow the best crops. // 淤积土壤中通常能长出最好的庄稼。

□ **along with**

和……一起［一道］，随着；除……以外（还）

例 Tobacco is taxed in most countries, along with alcohol. // 除酒以外，烟草在多数国家都要征税。

□ **altar**
['ɔːltər]

n. 祭坛；圣坛

记 alt（高）＋ar（人，物，器）→高出的东西→祭坛

例 Moses purified the altar. // 摩西将圣坛洗净。

□ **alternative**
[ɔːl'tɜːrnətɪv]

adj. **两者（或两者以上）择一的**

记 alternate（v. 交替；adj. 交替的）＋ive（表名词和形容词）→交替选择的方法

例 I'd like to suggest an alternative plan. // 我想提出另一项供选择的计划。

n. **可供选择的事物；替换物**

例 He said there is no alternative for him but to maintain order under any circumstances. // 他说，他没有任何选择，在任何情况下他只有去维持秩序。

□ **altruism**
['æltruɪzəm]

n. 利他主义

英 the quality of unselfish concern for the welfare of others

例 There are several other theories about altruism, but one of the more intriguing ones is that it's all relative. // 关于利他主义还有别的一些理论，但最有意思的一种理论认为这一切都是有亲缘关系的。

□ **aluminum**
[ˌæljə'mɪniəm]

n. ＜美＞铝

□ **boost**
[buːst]

vt. 推动；促进；提高

例 We need a big win to boost our confidence. //我们需要大胜一场来增强信心。

□ **border**
['bɔːrdər]

n. 边；镶边

记 bord（边界）＋er→边界，国界

例 They fled across the border. // 他们穿越边界逃走了。

□ **botany**
['bɑːtəni]

n. 植物学

□ **bother**
['bɑːðər]

vi. & vt. 烦恼；烦扰

英 If something bothers you, or if you bother about it, it worries, annoys, or upsets you.

例 Is something bothering you? // 你有什么烦心事吗？

Lots of people don't bother to go through a marriage ceremony these days. // 如今很多人不再费心思举行婚礼。

□ **competence**
['kɑːmpɪtəns]

n. 能力；胜任

例 Is it in my circle of competence? // 是不是在我的能力范围之内？

□ **competent**
['kɑːmpɪtənt]

adj. 有能力的，能胜任的

英 Someone who is competent is efficient and effective.

例 He was a loyal, distinguished and very competent civil servant. // 他是一位敬业、优秀而且非常称职的公务员。

□ **compile**
[kəm'paɪl]

vt. 编译；编制

英 When you compile something such as a report, book, or program, you produce it by collecting and putting together many pieces of information.

例 Councils were required to compile a register of all adults living in their areas. // 各地政务委员会被要求编制一份该地区所有成年居民的名册。

□ **complacent**
[kəm'pleɪsnt]

adj. 自满的；满足的

例 A lot of people get complacent during normal times and they assume that normal times will go on forever. // 风平浪静时许多人容易变得自满，他们认为这太平盛世会持续到永远。

□ **complain**
[kəm'pleɪn]

vi. & vt. 抱怨；诉苦

英 If you complain about a situation, you say that you are not satisfied with it.

例 Miners have complained bitterly that the government did not fulfill their promises. // 矿工们愤愤不平地抱怨说政府没有履行诺言。

☐ **compliance**
[kəmˈplaɪəns]

n. 服从；承诺

英 acting according to certain accepted standards

派 compliant *adj.* 服从的

例 The industry will need the guidance documents and rules from the FDA to know what it means to be in compliance. // 食品行业有必要从食品和药品管理局得到指导文件和规则，以知悉哪些是要遵守的。

☐ **compliant**
[kəmˈplaɪənt]

adj. 遵从的；依从的

英 If you say that someone is compliant, you mean they willingly do what they are asked to do.

例 She was much naughtier than her compliant brother. // 她哥哥很听话，她却调皮得多。

☐ **compliment**
[ˈkɑːmplɪmənt]

n. 恭维；道贺

例 My compliments to the chef. // 不得不称赞这位大厨！

☐ **dilute**
[daɪˈluːt]

vt. 稀释；冲淡

记 di（分开）＋lut（冲洗）＋e→冲洗开→冲淡

派 diluter（*n.* 稀释剂）

例 Dilute the juice (with water) before you drink it. // 喝果汁之前，用水把它冲淡。

☐ **dim**
[dɪm]

vi. & vt. （使）变暗淡；（使）变模糊

例 The houselights dimmed. // 观众席的灯暗了下来。

☐ **dimension**
[dɪˈmenʃn]

n. 尺寸；[复] 面积

记 di（分开）＋mens（测量）＋ion（表名词）→分开量→量出→计算面积

派 dimensional *adj.* 尺寸的；[物] 量纲的

☐ **diminish**
[dɪˈmɪnɪʃ]

vi. 减少；缩小

记 di（分开）＋mini（小）＋ish（表动词）→变小，减少

派 diminishable *adj.* 可减少的

例 The governor's popularity has diminished. // 州长的声望已经下降。

☐ **diminution**
[ˌdɪmɪˈnuːʃn]

n. 减小；减少

例 The president has accepted a diminution of the powers he originally wanted. // 总统已经接受对自己原本要求的权力进行削减。

□ **dinosaur**
['daɪnəsɔːr]
n. [生] 恐龙

□ **essay**
['eseɪ]
n. 论文

□ **essence**
['esəns]
n. 本质；精华

□ **essential**
[ɪ'senʃl]
adj. 必要的；本质的
英 Something that is essential is extremely important or absolutely necessary to a particular subject, situation, or activity.
派 essentially *adv.* 本质上，根本上
例 It was absolutely essential to separate crops from the areas that animals used as pasture. // 将庄稼和放牧区分开绝对必要。

□ **forfeit**
['fɔːrfət]
vt. (因违反协议、犯规、受罚等) 丧失；失去
例 He was ordered to forfeit more than £1.5m in profits. // 下令没收了他 150 多万英镑的盈利。
n. 罚金

□ **gracious**
['greʃəs]
adj. 亲切的；和蔼的
例 She is a lovely and gracious lady. // 她是一位可爱又亲切的女士。

□ **gradient**
['grediənt]
n. 坡度
例 The courses are long and punishing, with steep gradients. // 这些赛道既长又有陡坡，极具挑战性。
adj. 倾斜的

□ **heterogeneous**
[ˌhetərə'dʒiːniəs]
adj. 各种各样的
例 a rather heterogeneous collection of studies from diverse origins// 一组来源各异、内容丰富多样的研究

□ **hibernate**
['haɪbərneɪt]
vi. 冬眠；蛰伏
例 Bears often hibernate in caves. //熊常在山洞里冬眠。

□ **hierarchical**
[ˌhaɪə'rɑːrkɪkl]
adj. 等级制度的
英 A hierarchical system or organization is one in which people have different ranks or positions, depending on how important they are.

□ **inhabit**
[ɪnˈhæbɪt]

vi. & vt. **居住；在……出现**

记 in（进入，里面）＋ habit（居住，习惯）→ 住里面

派 inhabitable *adj.* 适于居住的

例 the people who inhabit these islands// 居住在这些岛上的人们

□ **inhale**
[ɪnˈheɪl]

vi. & vt. **吸气；吸入**

英 When you inhale, you breathe in. When you inhale something such as smoke, you take it into your lungs when you breathe in.

例 He took a long slow breath, inhaling deeply. // 他缓缓地深吸了一口气。

□ **inherent**
[ɪnˈhɪrənt]

adj. **内在的；固有的**

例 Stress is an inherent part of dieting. // 节食必定会带来压力。

□ **inherit**
[ɪnˈherɪt]

vt. **继承（传统、遗产等）**

派 inheritor *n.* 继承人

例 The government inherited an impossible situation from its predecessors. // 这届政府从前任那里接过了一个非常棘手的烂摊子。

He has no son to inherit his land. // 他没有儿子来继承田产。

□ **laud**
[lɔːd]

vt. **称赞；赞美**

派 laudable *adj.* 值得赞美的

例 He lauded the work of the UN High Commissioner for Refugees. // 他高度赞扬了联合国难民事务高级专员的工作。

□ **laundry**
[ˈlɔːndri]

n. **洗衣店**

□ **merit**
[ˈmerɪt]

n. **优点；功绩**

例 Box-office success matters more than artistic merit. // 票房上的成功比艺术价值更重要。

□ **Mesopotamia**
[ˌmesəpəˈtemiə]

n. **美索不达米亚（西南亚地区）**

□ **mess**
[mes]

n. **混乱；凌乱的状态**

例 What a mess! // 太乱了！

□ **nominal**
['nɑːmɪnl]

adj. 名义上的；微不足道的

英 A nominal price or sum of money is very small in comparison with the real cost or value of the thing that is being bought or sold.

例 I am prepared to sell my shares at a nominal price. // 我做好了以极低价格卖掉自己股份的准备。

□ **overrule**
[ˌoʊvərˈruːl]

vt. 否决；驳回

例 The Court of Appeal overruled this decision. // 上诉法院驳回了这一判决。

□ **overt**
[oʊˈvɜːrt]

adj. 明显的；[律] 蓄意的

派 overtly *adv.* 明显地；公然

□ **quaint**
[kweɪnt]

adj. 奇特的；古色古香的

例 a small, quaint town with narrow streets and traditional half-timbered houses // 一座有着狭窄街道和传统的露木架房屋的古色古香的小镇

□ **qualify**
['kwɑːlɪfaɪ]

vt. 使具有资格；限定

例 To qualify for maternity leave you must have worked for the same employer for two years. // 你必须为同一个雇主工作满两年才能享受产假。

□ **rigor**
['rɪgər]

n. 严密；严酷；（由惊吓或中毒等导致的身体）僵直

□ **rigorous**
['rɪgərəs]

adj. 严格的；严厉的

记 rigor（严格，严厉）+ ous（……的）→ *adj.* 严格的，严厉的

派 rigorously *adv.* 严厉地；严密地

例 a rigorous system // 精确的系统

□ **rinse**
[rɪns]

vt. 冲洗；冲掉

英 When you rinse something, you wash it in clean water in order to remove dirt or soap from it.

例 After shampooing, always rinse the hair several times in clear water. // 每次用完洗发剂后都要用清水将头发冲洗几次。

□ **rite**
[raɪt]

n. （传统的）仪式；典礼

☐ **ritual**
['rɪtʃuəl]

n. 仪式；典礼

派 ritually *adv.* 仪式上地

例 an act of ritual suicide // 仪式性的自杀行为

☐ **rival**
['raɪvl]

n. 对手；竞争者

例 He is a pastry chef without rival. // 他是最好的面点师。

☐ **select**
[sɪ'lekt]

vt. 选择

☐ **snip**
[snɪp]

vi. & *vt.* 剪

例 Snip at a piece of paper. // 剪一张纸。

n. 剪

☐ **shake**
[ʃeɪk]

vi. & *vt.* 抖动；摇动   *n.* 摇动；抖动

例 Give the bottle a good shake before opening. // 打开瓶子前，先使劲摇一摇。

☐ **ship**
[ʃɪp]

n. (大) 船；舰   *vt.* 运送

☐ **soak**
[soʊk]

vt. 浸泡；浸渍

英 If you soak something or leave it to soak, you put it into a liquid and leave it there.

例 The water had soaked his jacket and shirt. //水浸湿了他的夹克和衬衫。

☐ **soar**
[sɔːr]

vi. 高飞；剧增

例 Insurance claims are expected to soar. // 预计保险索赔数量会急剧增加。

☐ **society**
[sə'saɪəti]

n. 社会；社团

☐ **sock**
[sɑːk]

n. 短袜

☐ **tolerate**
['tɑːləreɪt]

vt. 忍受；容许

英 If you tolerate a situation or person, you accept them although you do not particularly like them.

派 toleration *n.* 容忍；默认

例 She can no longer tolerate the position that she's in. // 她再也受不了自己的处境了。

□ **topple**
['tɑːpl]

vi. & *vt.* 倾倒；（使）摇摇欲坠

例 Winds and rain toppled trees and electricity lines. // 狂风暴雨刮倒了树木，打落了电线。

□ **torment**
['tɔːrment]

n. 折磨；痛苦

例 The torment of having her baby kidnapped is written all over her face. // 因孩子被绑架所受的万分折磨全写在她脸上。

□ **tornado**
[tɔːr'neɪdoʊ]

n. ［大气］龙卷风；陆龙卷

□ **viable**
['vaɪəbl]

adj. 切实可行的

□ **vibrant**
['vaɪbrənt]

adj. 充满生气的

例 Tom felt himself being drawn towards her vibrant personality. // 汤姆感觉自己被她充满朝气的个性所吸引。

□ **vibrate**
['vaɪbreɪt]

vi. & *vt.* （使）振动；颤动；摆动

例 The ground shook and the cliffs seemed to vibrate. // 大地在摇晃，悬崖好像在颤动。

□ **wrest**
[rest]

vt. （用力）拧；扭；夺取

英 If you wrest something from someone else, you take it from them, especially when this is difficult or illegal.

例 For the past year he has been trying to wrest control from the central government. // 一年来，他一直试图从中央政府手中将控制权夺过来。

Check !

☐ compact	☐ infringe	☐ wrench	☐ infuse
☐ compel	☐ ingenious	☐ veteran	☐ hermit
☐ digestive	☐ lateral	☐ toast	☐ hereditary
☐ dilapidated	☐ mercy	☐ tiny	☐ formidable
☐ dilemma	☐ merge	☐ sneak	☐ escort
☐ eruption	☐ nomadic	☐ snarl	☐ escalate
☐ escape	☐ pursue	☐ smuggle	☐ diligent
☐ forge	☐ purview	☐ rig	☐ dilate
☐ alliance	☐ quadruple	☐ ridiculous	☐ dignify
☐ alligator	☐ rift	☐ puzzle	☐ compensate
☐ allot	☐ rigid	☐ pursuit	☐ compactor
☐ allure	☐ snail	☐ override	☐ commute
☐ bond	☐ snatch	☐ nocturnal	☐ boomerang
☐ boon	☐ timid	☐ merely	☐ bombard
☐ govern	☐ tissue	☐ latitude	☐ allude
☐ heritage	☐ vestige	☐ ingestion	☐ allocate

Word List 21

扫码关注后回复 70879
免费下载配套音频

看看有没有已经认识的单词

- amass
- amateur
- amber
- ambiguous
- bounce
- boundary
- comply
- component
- composition
- compound
- compress
- comprise
- dioxide
- disapprove
- disaster
- discard
- discern

- discharge
- esteem
- eternal
- ethanol
- ethic
- forage
- foreshadow
- graft
- hierarchy
- hillside
- hinder
- inhibit
- initiate
- inject
- lava
- lavish
- lawsuit

- metabolic
- metabolism
- metamorphose
- metaphor
- nomination
- nonpartisan
- overwhelm
- oxygen
- oyster
- queer
- query
- quota
- radiant
- radical
- riverbed
- rivet
- sigh

- sojourn
- solar
- solely
- solemn
- solicit
- solid
- sophisticate
- sovereign
- sow
- torpid
- torrent
- torso
- torture
- vice versa
- vicinity
- wrinkle

□ **amass**
[ə'mæs]

vt. 积累；积聚

英 get or gather together

例 amass a huge of money // 积聚一大笔钱

□ **amateur**
['æmətər]

n. 爱好者；业余爱好者

派 amateurism *n.* 业余性

例 A fellow journalist once told me that if you are not writing every day, then you are an amateur. // 一个同行的记者曾经告诉我，如果你不每天写写，那么你就是一个业余爱好者。

□ **amber**
['æmbər]

n. 琥珀；琥珀色

例 an amber choker with matching earrings// 有配套耳环的琥珀短项链

□ **ambiguous**
[æm'bɪgjuəs]

adj. 模棱两可的；含糊的

例 This agreement is very ambiguous and open to various interpretations. // 这份协议非常含糊，可以有多种解释。

□ **bounce**
[baʊns]

vi.&vt. 跳；反弹

英 When an object such as a ball bounces or when you bounce it, it moves upwards from a surface or away from it immediately after hitting it.

例 I bounced a ball against the house. // 我对着房子打球。

□ **boundary**
['baʊndəri]

n. 分界线；边界

□ **comply**
[kəm'plaɪ]

vi. 遵从；依从

例 They refused to comply with the UN resolution. // 他们拒绝遵守联合国的决议。

□ **component**
[kəm'poʊnənt]

n. 组成部分；成分

例 Gorbachev failed to keep the component parts of the Soviet Union together. // 戈尔巴乔夫没能把苏联各成员国团结在一起。

□ **composition**
[ˌkɑːmpə'zɪʃn]

n. 作文；作曲；妥协

□ **compound**
['kɑːmpaʊnd]/
[kəm'paʊnd]

n. [化学] 化合物

英 com（全部）＋pound（放置）→全部放到一起→
化合物

例 What our compound does in allow more of them to
survive. // 我们的化合物作用就是让更多的神
经元存活下来。

vt. 合成；混合

□ **compress**
[kəm'pres]

vt. 压紧；压缩

记 com（一起）＋press（压）→一起压→压缩

派 compressive *adj.* 有压缩力的

□ **comprise**
[kəm'praɪz]

vt. 包含；由……组成

例 The special cabinet committee comprises Mr
Brown, Mr Mandelson, and Mr Straw. // 特别
内阁委员会包括布朗先生、曼德尔森先生和斯
特劳先生。

□ **dioxide**
[daɪ'ɑːksaɪd]

n. [化] 二氧化物

例 carbon dioxide // 二氧化碳

□ **disapprove**
[ˌdɪsə'pruːv]

vi. & *vt.* 不赞成；反对

例 Most people disapprove of such violent tactics. //
多数人反对这种暴力手段。

□ **disaster**
[dɪ'zæstər]

n. 灾难

□ **discard**
[dɪ'skɑːrd]

vt. 丢弃；抛弃

记 dis（去掉）＋card（纸片）→把（废纸）扔掉→
抛弃

例 discarded cigarette butts // 丢弃的烟头

□ **discern**
[dɪ'zɜːrn]

vt. 识别；领悟

记 dis（分开）＋cern（搞清，区别）→分开搞清→区别

派 discernible *adj.* 可识别的

例 We should learn to discern and analyze the
essentials of complicated questions. // 我们应
该学会认识和分析复杂问题的本质。

□ **discharge**
[dɪs'tʃɑːrdʒ]

vt. 解雇；卸下

记 dis（去掉）＋charge（负荷，电荷，费用）→ *v.*
卸货，流注

派 dischargeable *adj.* 可卸的

例 discharge a cargo from a lorry // 从卡车上卸下
货物

□ **esteem**
[ɪ'stiːm]

vt. 尊敬；认为

例 What we obtain too cheap we esteem too lightly. // 如果一样东西卖得太便宜就会让人觉得获得的很容易。

□ **eternal**
[ɪ'tɜːrnl]

adj. 永生的；不朽的

例 Whoever believes in Him shall have eternal life. // 所有相信上帝的人都会获得永生。

□ **ethanol**
['eθənoʊl]

n. 乙醇

□ **ethic**
['eθɪk]

n. 伦理；道德规范

例 In football, that does seem to be the prevailing ethic. // 这似乎已经成为足球界盛行的道德规范了。

□ **forage**
['fɔːrɪdʒ]

vi. 搜寻（食物）

派 forager *n.* 强征（粮食）者

例 They were forced to forage for clothing and fuel. // 他们不得不去寻找衣服和燃料。

n. 牛马饲料

□ **foreshadow**
[fɔːr'ʃædoʊ]

vt. 预示

记 fore（前面，预先）＋shadow（影子）→影子预先来

例 His seat from the first row to the second foreshadows his political future. // 他的座席从第一排挪到第二排预示了他的政治未来。

n. 预兆

□ **graft**
[græft]

vt. 嫁接；贪污

派 grafter *n.* 嫁接的人；贪污者

例 TQM（Total Quality Management）cannot simply be grafted onto certain other non-TQM management systems. // TQM（全面质量管理）规范不能简单地移植到其他非 TQM 系统中。
The top layer of skin has to be grafted onto the burns. // 必须将表层皮肤移植到烫伤处。

n. 移植；贪污

例 another politician accused of graft// 又一位被控贪污的政界人物

□ hierarchy
['haɪərɑːrki]

n. 阶层；层级

□ hillside
['hɪlsaɪd]

n. 山腰；山坡

□ hinder
['hɪndər]

vt. **妨碍；阻碍**

记 hind（后部）＋er（反复做）→拖后腿→阻止，妨碍

派 hindrance *n.* 妨碍

例 Further investigation was hindered. // 进一步的调查受阻。

□ inhibit
[ɪn'hɪbɪt]

vi. & vt. **抑制；禁止**

例 Wine or sugary drinks inhibit digestion. // 葡萄酒或含糖饮料抑制消化。

□ initiate
[ɪ'nɪʃieɪt]

vt. **开始；发起；接纳新成员**

派 initiation *n.* 开始

例 They wanted to initiate a discussion on economics. // 他们想启动一次经济学讨论。

n. **新入会的人**

例 Chen was an initiate of a spiritual discipline. // 陈是某个神学领域的新入门者。

□ inject
[ɪn'dʒekt]

vt. **（给……）注射（药物等）；（给……）投入（资金）**

派 injectable *adj.* 可注射的

□ lava
['lɑːvə]

n. 熔岩；火山岩

□ lavish
['lævɪʃ]

adj. **过分慷慨的；非常浪费的**

例 a lavish party to celebrate Bryan's fiftieth birthday. // 庆祝布赖恩 50 寿辰的盛大宴会

□ lawsuit
['lɔːsuːt]

n. **诉讼；诉讼案件**

英 A lawsuit is a case in a court of law which concerns a dispute between two people or organizations.

例 a lawsuit brought by Barclays Bank// 由巴克莱银行提起的诉讼

□ metabolic
[ˌmetə'bɑːlɪk]

adj. 新陈代谢的

□ **metabolism**   *n.* **新陈代谢**
[mɪˈtæbəlɪzəm]

例 Basal metabolism is much lower for creatures in cold water. // 冷水中生物的基础代谢速度要低很多。

□ **metamorphose**   *vt.* **使变形；[地] 使变质**
[ˌmetəˈmɔːrfouz]

英 To metamorphose or be metamorphosed means to develop and change into something completely different.

例 The group is having to metamorphose from a loose collection of businesses into a fully integrated multinational. // 该集团将不得不由一个松散的企业联合组织转变成一个全面整合的跨国集团。

□ **metaphor**   *n.* **象征；隐喻**
[ˈmetəfɔːr]

例 the avoidance of "violent expressions and metaphors" like "kill two birds with one stone" // 避免使用有暴力意味的表达和隐喻，例如 "一石二鸟"

□ **nomination**   *n.* **提名；任命**
[ˌnɑːmɪˈneɪʃn]

英 A nomination is an official suggestion of someone as a candidate in an election or for a job.

例 candidacy for the Republican presidential nomination // 参加共和党总统提名角逐的候选资格

□ **nonpartisan**   *adj.* **无党派的**
[nɑːnˈpɑːrtəzn]

□ **overwhelm**   *vt.* **战胜；征服；淹没**
[ˌouvərˈwelm]

英 If a group of people overwhelm a place or another group, they gain complete control or victory over them.

例 You will be overwhelmed the first semester of MBA course. // MBA 第一学期你会郁闷无比。

□ **oxygen**   *n.* **[化] 氧；氧气**
[ˈɑːksɪdʒən]

英 Oxygen is a colourless gas that exists in large quantities in the air. All plants and animals need oxygen in order to live.

例 The human brain needs to be without oxygen for only four minutes before permanent damage occurs. // 人的大脑缺氧 4 分钟后便会造成永久性损伤。

□ **oyster**
['ɔɪstər]

n. 牡蛎；蚝

例 You're young; you've got a lot of opportunity. The world is your oyster. // 你还年轻，机会有的是。世界是属于你的。

□ **queer**
[kwɪr]

adj. 古怪的；可疑的

例 If you ask me, there's something a bit queer going on. // 要是你问我的话，我觉得有点儿不太对劲。

□ **query**
['kwɪri]

vt. 质疑

英 If you query something, you check it by asking about it because you are not sure if it is correct.

例 It's got a number you can ring to query your bill. // 这上面有一个号码，您可以打电话查询您的账单。

n. 询问；问号

□ **quota**
['kwoʊtə]

n. 配额；指标

英 A quota is the limited number or quantity of something which is officially allowed.

例 The quota of four tickets per person had been reduced to two. // 每人可购买的票的限额已经由四张降至两张。

□ **radiant**
['reɪdiənt]

adj. 光芒四射的；明亮照耀的

n. 发光（或发热）的物体

□ **radical**
['rædɪkl]

adj. 激进的；根本的

英 Radical changes and differences are very important and great in degree.

例 The country needs a period of calm without more surges of radical change. // 国家需要一段时间的稳定，其间不要再有重大的变革。

n. 激进分子

□ **riverbed**
['rɪvərbed]

n. 河床；河槽

□ **rivet**
['rɪvɪt]

vt. 把……固定住；吸引

英 If you are riveted by something, it fascinates you and holds your interest completely.

例 As a child I remember being riveted by my grandfather's appearance. // 我记得小时候觉得祖父的相貌很迷人。

n. 铆钉

□ **sojourn**
['soʊdʒɜːrn]

n. 逗留；旅居

派 sojourner *n.* 旅居者

□ **solar**
['soʊlər]

adj. 太阳的；日光的

例 A total solar eclipse is due to take place some time tomorrow. // 明天某个时刻会发生日全食。

□ **solely**
['soʊlli]

adv. 唯一；仅仅

例 She was motivated solely by self-interest. // 她完全出于私利。

□ **solemn**
['sɑːləm]

adj. 庄重的；庄严的

□ **solicit**
[sə'lɪsɪt]

vi. & vt. 请求；恳求

派 solicitation *n.* 诱惑

例 Prostitutes were forbidden to solicit on public roads and in public places. // 禁止妓女在马路上和公共场所公然拉客。

□ **solid**
['sɑːlɪd]

adj. 固体的；坚实的

例 solid evidence// 确凿的证据

n. 固体

□ **sophisticate**
[sə'fɪstɪkeɪt]

n. 老于世故的人；见多识广的人

记 sophist [*n.* 诡辩家，博学者，诡辩者] ＋icate →成为诡辩家

派 sophistication *n.* 老练

□ **sovereign**
['sɑːvrən]

n. 君主；主权国家

□ **sow**
[soʊ]

vt. 播（种）

英 If you sow seeds or sow an area of land with seeds, you plant the seeds in the ground.

例 Sow the seed in a warm place in February/ March. // 2月或3月里把种子播种在温暖的地方。

□ **sigh**
[saɪ]

vi. & n. 叹气；叹息

例 This suggests we may be born primed to laugh or sigh. // 这说明我们可能一生下来就已经具备了发笑或叹气的能力。

□ **torpid**
['tɔːrpɪd]

adj. 迟钝的；懒散的

例 Was he alert or torpid？// 他机敏还是迟钝？

☐ **torrent**
['tɔːrənt]

n. 奔流；急流

例 He turned round and directed a torrent of abuse at me. // 他转过身来冲我劈头盖脸地骂了一通。

☐ **torso**
['tɔːrsoʊ]

n. （人体的）躯干

☐ **torture**
['tɔːrtʃər]

n. 折磨；拷问 *vt.* 使痛苦

例 French police are convinced that she was tortured and killed. // 法国警方确信她是被拷打致死。

☐ **vice versa**
[ˌvaɪs'vɜːrsə]

adv. 反过来也一样；反之亦然

例 We gossip about them and vice versa. // 我们议论他们，他们也议论我们。

☐ **vicinity**
[vɪ'sɪnɪti]

n. 附近地区

例 The immediate vicinity of the house remains cordoned off. // 房子四周仍然用警戒线隔离着。

☐ **wrinkle**
['rɪŋkl]

n. 皱纹

Check !

☐ bother
☐ competent
☐ complacent
☐ compliance
☐ compliment
☐ dim
☐ diminish
☐ dinosaur
☐ essence
☐ forfeit
☐ gradient
☐ hibernate
☐ inhabit
☐ inherent
☐ laud
☐ merit
☐ mess
☐ overrule

☐ quaint
☐ rigor
☐ rinse
☐ ritual
☐ select
☐ shake
☐ soak
☐ society
☐ tolerate
☐ torment
☐ viable
☐ vibrate
☐ wrest
☐ vibrant
☐ tornado
☐ topple
☐ sock

☐ soar
☐ ship
☐ snip
☐ rival
☐ rite
☐ rigorous
☐ qualify
☐ overt
☐ nominal
☐ Mesopotamia
☐ laundry
☐ inherit
☐ inhale
☐ hierarchical
☐ heterogeneous
☐ gracious
☐ essential

☐ essay
☐ diminution
☐ dimension
☐ alluvial
☐ along with
☐ alternative
☐ aluminum
☐ border
☐ dilute
☐ compliant
☐ complain
☐ compile
☐ competence
☐ botany
☐ boost
☐ altruism
☐ altar

阅读中常见的背景故事

声音记忆能够影响嗅觉吗？

实际上这个问题的答案就是所谓的通感。

在艺术上，通感是一种修辞手法，可是在脑科学领域，通感实质上属于多感觉模块信息整合（multiple-modality sensory integration）。

几乎所有感觉模块（指嗅觉、听觉、视觉等）之间都是有互相整合的，多感觉模块整合可以帮助我们更准确地判断出我们所接受的刺激，同时与高级认知过程中"概念与规则"的产生有关，甚至有学者认为这是人类意识的一种表现形式。

从机制上看，不同模块感觉信息的整合可能有以下两种途径：

1. 感觉皮层之间的互相连接。大脑的不同感觉信息处理区域之间不仅仅负责在自身所属的感觉模块信息处理通路中处理和承接信息，也存在大量的交叉作用。比如通过对老鼠的实验我们发现，老鼠在它们的交流过程中，在发声的同时还会用彼此的触须互相触碰。而电生理的证据则显示，这种触须的触碰可以很显著地调节初级听觉皮层对它们所听到的声音的反应。

2. 联系皮层的信息整合。感觉皮层的信息通常会最终投射到联系皮层、决策皮层与/或运动皮层以及一些海马体、杏仁核等结构。这里感觉信息需要进行复杂的加工（我们对此在心理学上有一定的理解，但是对背后神经学上的机制几乎一无所知），并最终影响我们的行为、记忆、情绪、推理等。对于跨模式联想记忆的问题，事实上J. Hopfield 在 20 世纪 80 年代就提出了一个理论来解释，而他的论文也成为人工智能和人工神经网络领域最重要的经典文章之一。基于海马体的神经元连接特点，他提出了一个神经网络模型，其中细胞之间大量互相连接，其连接权重由神经元之间发放的统计相关性决定（实际上也就是由不同感觉特征的统计相关性决定的，比如在这个问题中，音乐和你闻到的那个气味就经常一起出现，有统计上的正相关性）。而经过大量的学习和训练后，该网络会产生一种"牵一发而动全身"的功能，即使只有某一个感觉特征的输入（音乐），其余所有编码与该特征具有强相关性的细胞也会同时被激活，从而让你回忆出关于某个食物或场景的所有细节。这对于抽象概念的产生、联想式学习记忆等有很重要的影响，而把事物或环境作为一个整体的理解和认知方式也可能会参与到情绪、推理判断等活动中。

当然，虽然 Hopfield 的模型是受海马体所启发的，但毕竟只是一种人工神经网络模型。尽管他的理论在人工智能中得到了广泛应用，这却并不意味着海马体的真实工作方式。尽管海马很有可能参与到联想记忆的活动中，但我们尚缺乏扎实的神经学证据，而且我们也不能排除其他脑区的参与。神经科学的时代刚刚到来，还有很多关于大脑的秘密有待揭开。

扫码关注后回复 70879
免费下载配套音频

Word List 22

看看有没有已经认识的单词

- [ ] ambition
- [ ] ambivalent
- [ ] amend
- [ ] brace
- [ ] bracket
- [ ] compromise
- [ ] concede
- [ ] conceit
- [ ] conceive
- [ ] concentrate
- [ ] concept
- [ ] disciple
- [ ] discipline
- [ ] disclose
- [ ] discontent

- [ ] ethics
- [ ] ETHO
- [ ] evade
- [ ] flute
- [ ] foil
- [ ] fold
- [ ] grain
- [ ] hinge
- [ ] Hispanic
- [ ] hiss
- [ ] injustice
- [ ] inmate
- [ ] innate
- [ ] layer
- [ ] meteor

- [ ] meteorite
- [ ] methodology
- [ ] meticulous
- [ ] norm
- [ ] nosh
- [ ] pact
- [ ] palace
- [ ] palatable
- [ ] pale
- [ ] palliate
- [ ] palpable
- [ ] pan
- [ ] qualm
- [ ] quantum
- [ ] roast

- [ ] sparse
- [ ] spawn
- [ ] specify
- [ ] specious
- [ ] spectacle
- [ ] spectroscopy
- [ ] spectrum
- [ ] speculate
- [ ] speech
- [ ] tourism
- [ ] tow
- [ ] toxic
- [ ] vigilant
- [ ] vigor
- [ ] wrought

□ **ambition**
[æm'bɪʃn]

n. 雄心；抱负

例 Even when I was young I never had any ambition. // 即使在年轻时，我也从没有什么雄心壮志。

□ **ambivalent**
[æm'bɪvələnt]

adj. 对某物、某人或某境况具有矛盾情感的；矛盾的

派 ambivalence *n.* 矛盾情绪

例 He maintained an ambivalent attitude to the Church throughout his long life. // 在他漫长的一生中，他对基督教信仰始终是一种摇摆不定的态度。

□ **amend**
[ə'mend]

vi. & *vt.* 修改；改善

记 a（加强）＋mend（改错）→不断改错→改正

派 amendable *adj.* 可修正的

例 It's time you amended your ways. // 是你改过自新的时候了。

He amends day by day. // 他逐日改过自新。

□ **brace**
[breɪs]

vt. 支撑；振作起来

例 He braced himself for the icy plunge into the black water. // 他做好了跳进冰冷的脏水里的准备。

Overhead, the lights showed the old timbers, used to brace the roof. // 灯光照亮了头顶上支撑屋顶的旧房梁。

□ **bracket**
['brækɪt]

n. 支架；括号

□ **compromise**
['kɑːmprəmaɪz]

vi. 折中解决；妥协

例 The government has compromised with its critics over monetary policies. // 政府已经就货币政策向批评人士做出让步。

n. 妥协

□ **concede**
[kən'siːd]

vi. & *vt.* 承认；让步

例 Bess finally conceded that Nancy was right. // 贝丝最终承认了南希是对的。

□ **conceit**
[kən'siːt]

n. 自负；幻想

例 He knew, without conceit, he was considered a genius. // 不是他自命不凡，他知道大家认为

他是个天才。

Critics may complain that the novel's central conceit is rather simplistic. // 批评家们可能会认为小说的核心比喻过于简单。

☐ **conceive**
[kən'siːv]

vi. & vt. **构思**

例 I just can't even conceive of that quantity of money. // 那么多钱，我根本都无法想象。

☐ **concentrate**
['kɑːnsntreɪt]

vi. & vt. **专心于；集中**

记 con（共同）＋centr（中心）＋ate（做）→中心共同→集中

☐ **concept**
['kɑːnsept]

n. **观念，概念**

☐ **disciple**
[dɪ'saɪpl]

n. **信徒；弟子**

派 discipular *adj.* 信徒的

例 Mark was a disciple of Peter. // 马可是彼得的信徒。

☐ **discipline**
['dɪsəplɪn]

n. **训练；纪律**

☐ **disclose**
[dɪs'kloʊz]

vt. **揭露；公开**

记 dis（分开，打开）＋clos（关闭）＋e→把关的打开→揭发

例 She fully disclosed the truth. // 她充分揭露了事实真相。

☐ **discontent**
[ˌdɪskən'tent]

n. **不满；不平**

例 There are reports of widespread discontent in the capital. // 有报道称首都弥漫着不满的情绪。

☐ **ethics**
['eθɪks]

n. **伦理学；道德学**

派 ethical *adj.* 道德的；伦理的

☐ **ETHO**

n. **乙烯基氧化物**

☐ **evade**
[ɪ'veɪd]

vt. **逃避；逃脱**

记 e（出，出来）＋vade（走）→走出去→逃避

派 evadable *adj.* 规避的，托词的

例 evade rules // 回避规则

□ **flute**
[fluːt]

n. 长笛；横笛

□ **foil**
[fɔil]

n. 金属薄片；陪衬

□ **fold**
[fould]

vi. &. vt. 折叠；合拢
例 He folded the paper carefully. // 他把纸小心地折叠起来。

□ **grain**
[grein]

n. 谷；谷物
例 Brush the paint generously over the wood in the direction of the grain. // 顺着木材的纹理刷上厚厚的一层漆。

□ **hinge**
[hindʒ]

n. 铰链；枢纽
英 a piece of metal, wood, or plastic that is used to join a door to its frame or to join two things together so that one of them can swing freely
派 hingeless *adj.* 无铰链的

□ **Hispanic**
[his'pænik]

adj. 西班牙的

□ **hiss**
[his]

adj. （蛇等或气体漏出时）发出嘶嘶声；（表示不满、责备）发出嘘声

□ **injustice**
[in'dʒʌstis]

adj. 非正义；不公正
例 They resented the injustices of the system. // 他们怨恨制度的种种不公。

□ **inmate**
['inmeit]

n. （房屋等的）共同居住者；囚犯
英 The inmates of a prison or mental hospital are the prisoners or patients who are living there.

□ **innate**
[i'neit]

adj. 天生的；固有的
记 in（进）+ nat（出生的，本土的）+ e→与出生一起进来→天赋的
例 innate factor // 先天因素

□ **layer**
['leir]

n. 层；层次；膜
英 If something such as a system or an idea has many layers, it has many different levels or parts.

例 the depletion of the ozone layer // 臭氧层的损耗

an astounding ten layers of staff between the factory worker and the chief executive// 工厂工人和首席执行官之间 10 个等级的巨大差距

vi.&vt. **把……分层堆放**

例 Layer the potatoes, asparagus and salmon in the tin. // 把土豆、芦笋和大麻哈鱼分层装入罐头内。

□ **meteor**
['miːtiər]

n. 流星

□ **meteorite**
['miːtiəraɪt]

n. 陨星；流星

派 meteoritic *adj.* 陨石的

□ **methodology**
[ˌmeθə'dɑːlədʒi]

n. 方法论

□ **meticulous**
[mɪ'tɪkjələs]

adj. 过分精细的；严密的

英 If you describe someone as meticulous, you mean that they do things very carefully and with great attention to details.

□ **norm**
[nɔːrm]

n. 基准；规范

□ **nosh**
[nɑːʃ]

n. 小吃

□ **pact**
[pækt]

n. 公约；条约

例 Last month he signed a new non-aggression pact with Germany. // 上个月，他与德国签订了新的互不侵犯条约。

□ **palace**
['pælɪs]

n. 宫殿

例 Buckingham Palace // 白金汉宫

□ **palatable**
['pælətəbl]

adj. 可口的；美味的

派 palatability *n.* 嗜食性；风味

□ **pale**
[peɪl]

adj. 苍白的；无力的　　*vt.* 用栅栏围；使失色

n. 栅栏；境界

palliate
['pælieɪt]

vt. 减轻；辩解

英 provide physical relief, as from pain

例 I don't wish to palliate them, I assure you. // 我不想掩饰，我可以向你保证。

palpable
['pælpəbl]

adj. 明白的；可感知的

英 You describe something as palpable when it is obvious or intense and easily noticed.

例 The tension between Amy and Jim is palpable. // 埃米和吉姆之间的关系明显紧张。

pan
[pæn]

n. 平底锅；盆地

qualm
[kwɑːm]

n. 疑虑；担心

例 I have no qualms about recommending this approach. // 我会毫不犹豫地推荐这一方法。

quantum
['kwɑːntəm]

n. [物] 量子

英 A quantum leap or quantum jump in something is a very great and sudden increase in its size, amount, or quality.

例 The vaccine represents a quantum leap in healthcare. // 这种疫苗的问世是医疗保健领域的重大突破。

roast
[roʊst]

vi. & vt. 烤；烘

英 When you roast meat or other food, you cook it by dry heat in an oven or over a fire.

例 I personally would rather roast a chicken whole. // 我个人更愿意烤整只鸡。

roast beef // 烤牛肉

sparse
[spɑːrs]

adj. 稀疏的；稀少的

例 sparse hair // 头发稀疏

spawn
[spɔːn]

n. （鱼、蛙等的）卵

specify
['spesəfaɪ]

vt. 指定；详述

派 specifiable *adj.* 可指明的

例 One rule specifies that learner drivers must be supervised by adults. // 一条规则明确规定，见习驾驶员必须有成人的监督。

vi. 明确提出

□ **specious**
['spiːʃəs]

adj. 似是而非的

英 Something that is specious seems to exist or be true, but is not real or true.

记 speci（外观，种类，特别）＋ous（……的）→ 外观相似而实质不同

派 speciously *adv.* 似是而非地

例 specious arguments // 似是而非的论点

□ **spectacle**
['spektəkl]

n. 奇观；壮观

派 spectacular *adj.* 壮观的

例 spectacular views of the Namjagbarwa peak // 南迦巴瓦峰的壮观景色

□ **spectroscopy**
[spek'trɑːskəpi]

n. ［光］光谱学

□ **spectrum**
['spektrəm]

n. 光谱

□ **speculate**
['spekjəleɪt]

vi. 做投机买卖　　*vi. & vt.* 猜测；推测

派 speculation *n.* 思考；投机活动

例 It's dangerous to speculate. // 做投机买卖是很危险的。

□ **speech**
[spiːtʃ]

n. 演讲

□ **tourism**
['tʊrɪzəm]

n. 旅游业；旅游

例 Tourism is vital for the Spanish economy. // 旅游业对西班牙经济至关重要。

□ **tow**
[toʊ]

vt. 牵引；拖

英 If one vehicle tows another, it pulls it along behind it.

例 He had been using the vehicle to tow his work trailer. // 他一直用这辆车牵引他的活动工作室。

□ **toxic**
['tɑːksɪk]

adj. 有毒的；中毒的

派 toxicity *n.* 毒性

例 These products are not toxic to humans. // 这些产品对人类没有毒性。

□ **vigilant**
['vɪdʒələnt]

adj. 警戒的

记 vigil（＝vig 生命）＋ant（······的）→ 有生命的 → 警惕的

例 He warned the public to be vigilant and report anything suspicious. // 他警告公众要提高警惕，遇到任何可疑情况都要报告。

□ **vigor**
['vɪɡər]

n. 体力；精力

记 vig（生命）＋or（表名词）→ 活动，精力，元气

派 vigorous *adj.* 精力充沛的

□ **wrought**
[rɔːt]

vt. 使发生了；造成了（尤指变化）（仅用于过去时）

英 If something has wrought a change, it has made it happen.

例 Events in Paris wrought a change in British opinion towards France and Germany. // 巴黎发生的事件改变了英国对法国和德国的看法。

adj. 制造的

Check !

□ amass	□ lawsuit	□ wrinkle	□ lavish
□ amateur	□ metabolism	□ vice versa	□ bounce
□ ambiguous	□ metaphor	□ torso	□ amber
□ boundary	□ nonpartisan	□ torpid	□ inject
□ component	□ oxygen	□ sow	□ inhibit
□ compound	□ queer	□ sophisticate	□ hillside
□ comprise	□ quota	□ solicit	□ graft
□ disapprove	□ radical	□ solely	□ forage
□ discard	□ rivet	□ sojourn	□ ethanol
□ discharge	□ solar	□ riverbed	□ esteem
□ eternal	□ solemn	□ radiant	□ discern
□ ethic	□ solid	□ query	□ disaster
□ foreshadow	□ sovereign	□ oyster	□ dioxide
□ hierarchy	□ sigh	□ overwhelm	□ compress
□ hinder	□ torrent	□ nomination	□ composition
□ initiate	□ torture	□ metamorphose	□ comply
□ lava	□ vicinity	□ metabolic	

Word List
23

扫码关注后回复 70879
免费下载配套音频

看看有没有已经认识的单词

- amphibian
- ample
- analogous
- analogy
- anchor
- bran
- branch
- brawl
- concession
- concise
- concord
- concrete
- concur
- condemn
- condense
- discord

- discount
- discourse
- evaluate
- evaporate
- even as
- eventually
- fluctuate
- fluctuation
- fluid
- flush
- granary
- grant
- historiography
- hitherto
- innocent

- innovate
- leach
- microcosmic
- migrate
- notify
- notion
- panel
- panic
- pantheon
- paperback
- parade
- quarry
- quasar
- quail
- robe

- rodent
- roost
- rot
- spell
- sperm
- sphere
- spill
- spin
- spine
- toxin
- trace
- tractor
- vile
- zeal
- zenith

□ **amphibian**
[æmˈfɪbiən]

n. 两栖动物；水陆两用飞机

记 amphi（两个，两种）＋bi（生命）＋an（动物）→两个生命→两栖动物

□ **ample**
[ˈæmpl]

adj. 足够的；充足的

例 There'll be ample opportunity to relax, swim and soak up some sun. //将会有充足的机会去放松、游泳和晒太阳。

□ **analogous**
[əˈnæləgəs]

adj. 类似的；相似的

派 analogue *n.* 类似物

例 In the Middle East and North Africa, nothing analogous occurred. //但在中东和北非，并没有发生类似的变化。

□ **analogy**
[əˈnælədʒi]

n. 类似；相似

派 analogical *adj.* 相似的

□ **anchor**
[ˈæŋkər]

vt. 主持

例 She anchored the evening news. //她主持晚间新闻。

n. 锚

□ **bran**
[bræn]

n. 麸皮；糠

□ **branch**
[bræntʃ]

n. 支流；分公司

例 The local branch of Bank of America is handling the accounts. //美国银行在当地的分行正在处理这些账目。

□ **brawl**
[brɔːl]

vi. & vt. 争吵

英 If someone brawls, they fight in a very rough or violent.

例 He was suspended for a year from University after brawling with police over a speeding ticket. //他为了一张超速罚单与警察厮打，被大学勒令停学一年。

n. 吵架；打架

□ **concession**
[kənˈseʃn]

n. 让步；特许（权）

例 We cannot make heavy concession to the matter. //我们在这个问题上不能过度让步。

□ **concise**
[kənˈsaɪs]

adj. 简约的；简明的

concord
['kɑːŋkɔːrd]

n. 和谐；一致

英 Concord is a state of peaceful agreement.

例 They expressed the hope that he would pursue a neutral and balanced policy for the sake of national concord. // 他们希望，为了国家的和谐，他会奉行中立、不偏不倚的政策。

concrete
['kɑːnkriːt]

adj. 确凿的，有形的

例 I need more concrete evidence. // 我需要更确凿的证据。

n. 混凝土

concur
[kən'kɜːr]

vi. 一致；同意

例 The judges all concurred in giving Mary the prize. // 裁判员一致同意将奖品发给玛丽。

condemn
[kən'dem]

vt. 判刑；定罪；谴责

英 If you condemn something, you say that it is very bad and unacceptable.

记 con（共同）＋demn（伤害）→共同伤害→谴责

派 condemnable *adj.* 该罚的

例 Most people condemn war. // 大多数人都谴责战争。

The first six Presidents condemned political parties. // 美国最早的六位总统一致谴责政党。

condense
[kən'dens]

vi. & vt. （使）变稠或变浓；浓缩

记 con（全部）＋dense（浓密的）→凝结；浓缩

派 condensable *adj.* 可压缩（凝缩）的

discord
['dɪskɔːrd]

n. 不和；不调和

记 dis（不）＋cord（心脏，一致）→心不一样→不和

例 These two answers are in discord. // 这两个答案不一样。

discount
['dɪskaʊnt]

n. 数目；（任何面值上的）扣除额 *vt.* 打折扣

discourse
['dɪskɔːrs]

n. 论述；正式的讨论

例 a tradition of political discourse// 政治演讲的传统

vi. & vt. 演说

evaluate
[ɪˈvæljueɪt]

vt. 评价；求……的值（或数）

英 If you evaluate something or someone, you consider them in order to make a judgment about them, for example about how good or bad they are.

派 evaluation *n.* 估价

例 They will first send in trained nurses to evaluate the needs of the individual situation. // 他们首先会派一些训练有素的护士来评估每个病人的需求。

evaporate
[ɪˈvæpəreɪt]

vi. & vt. （使某物）蒸发掉

记 e（出）＋vapor（蒸气）＋ate（表动词）→以蒸汽的方式出来→蒸发

派 evaporation *n.* 蒸发

even as

正如；正巧在……的时候

例 Even as the sun was shining brightly, it began to rain. // 就在阳光灿烂的时候，下起雨来了。

eventually
[ɪˈventʃuəli]

adv. 终于；最后

例 The flight eventually got away six hours late. // 航班推迟了 6 个小时后终于起飞了。

fluctuate
[ˈflʌktʃueɪt]

vi. & vt. 波动；涨落

例 You don't observe the fluctuating price of oil here. // 你没有看到油价的浮动。

fluctuation
[ˌflʌktʃuˈeɪʃn]

n. 波动；变动

例 the fluctuation in the share price// 股价的波动

fluid
[ˈfluɪd]

n. 液体

flush
[flʌʃ]

vi. & vt. 脸红；冲刷

例 Her face was flushed with anger. // 她气得满脸通红。

He was found trying to flush banknotes down the toilet. // 人们发现他试图把钞票从马桶里冲走。

n. 奔流

granary
[ˈɡrænəri]

n. 谷仓；粮仓

英 a building which is used for storing grain

□ **grant**
[grænt]

n. 奖学金

例 They'd got a special grant to encourage research. // 他们得到一笔用以鼓励科研的特别经费。

vt. 同意；准予

□ **historiography**
[hɪˌstɔːriˈɑːgrəfi]

n. 编史；历史的编纂

□ **hitherto**
[ˌhɪðərˈtuː]

adv. 迄今；到目前为止

记 hither（在这里）＋to→迄今

例 The polytechnics have hitherto been at an unfair disadvantage in competing for pupils and money. // 到目前为止，理工专科学校在争取生源和资金方面一直处于劣势。

□ **innocent**
[ˈɪnəsnt]

adj. 清白的；无辜的　　*n.* 无辜者

□ **innovate**
[ˈɪnəveɪt]

vi. & vt. 革新；创新

派 innovation *n.* 革新；创新

　　innovative *adj.* 革新的；创新的

□ **leach**
[liːtʃ]

vt. 过滤

例 The illegal cooking oil is firstly leached. // 不合格的食用油先经过过滤。

□ **microcosmic**
[ˈmaɪkrəˈkɑːzmɪk]

adj. 微观宇宙的

□ **migrate**
[ˈmaɪgreɪt]

vi. & vt. 迁移；移往

记 migr（迁移）＋ate（做）→迁移，移居［国外］

派 migration *n.* 迁移，移居

例 People migrate to cities like Jakarta in search of work. // 人们为找工作而搬迁到雅加达这类城市。

□ **notify**
[ˈnoʊtɪfaɪ]

vt. 通知；布告

英 If you notify someone of something, you officially inform them about it.

例 The skipper notified the coastguard of the tragedy. // 船长向海岸警卫队报告了这起灾难。

□ **notion**
[ˈnoʊʃn]

n. 概念；想法

□ **panel**
['pænl']

n. 镶板；（进行公开讨论或做决策的）专门小组

例 the frosted glass panel set in the centre of the door // 门中间镶嵌的磨砂玻璃板

He assembled a panel of scholars to advise him. // 他组织了一个学者小组为他出谋划策。

□ **panic**
['pænɪk]

n. 恐慌；惊慌

例 An earthquake hit the capital, causing panic among the population. // 首都发生了地震，引发民众的恐慌。

□ **pantheon**
['pænθiɑːn]

n. 众神

英 You can refer to a group of gods or a group of important people as a pantheon.

例 the birthplace of Krishna, another god of the Hindu pantheon // 印度诸神之一克利须那的诞生地

□ **paperback**
['peɪpərbæk]

n. 平装本

□ **parade**
[pə'reɪd]

n. 游行

英 A parade is a procession of people or vehicles moving through a public place in order to celebrate an important day or event.

例 A military parade marched slowly and solemnly down Pennsylvania Avenue. // 阅兵队列沿宾夕法尼亚大道缓慢而庄严地行进。

vi. & vt. 游行；展览

□ **quarry**
['kwɔːri]

n. 采石场；猎物

例 an old limestone quarry // 废旧的石灰岩采石场

□ **quasar**
['kweɪzɑːr]

n. [天] 类星体

□ **quail**
[kweɪl]

vi. 沮丧；畏缩

英 If someone or something makes you quail, they make you feel very afraid, often so that you hesitate.

例 The very words make many of us quail. // 这些话让我们许多人胆怯了。

n. 鹌鹑

□ **robe**
[roʊb]

n. 长袍；睡袍

□ **rodent**
['roʊdnt]

n. [动] 啮齿目动物

记 rod（咬）＋ent→咬东西的动物→啮齿目动物

派 rodential adj. 啮齿目的

□ **roost**
[ruːst]

vt. 栖息

英 When birds or bats roost somewhere, they rest or sleep there.

例 Politicians can fool some people some of the time, but in the end, the chickens will come home to roost. // 政客们有时能够愚弄一些人，但最终他们都会自食恶果。

n. 栖木；鸟巢

□ **rot**
[rɑːt]

n. &vi. &vt. 腐烂；腐坏

例 If we don't unload it soon, the grain will start rotting in the silos. // 如果我们不立刻把粮食卸下来，它们就会在筒仓里开始腐烂。

□ **spell**
[spel]

vt. 拼写；拼读

英 When you spell a word, you write or speak each letter in the word in the correct order.

例 He gave his name and then helpfully spelt it. // 他说出自己的名字，然后又热心地将它拼了出来。

□ **sperm**
[spɜːrm]

n. 精子；鲸蜡油

例 Conception occurs when a single sperm fuses with an egg. // 当一个精子和一个卵子结合时受孕就发生了。

□ **sphere**
[sfɪr]

n. 球（体）；（兴趣或活动的）范围

派 spherical adj. 球形的

□ **spill**
[spɪl]

vi. &vt. 溢出；泼出

英 If a liquid spills or if you spill it, it accidentally flows over the edge of a container.

例 A number of bags had split and were spilling their contents. // 有好多只袋子裂开了，里面的东西撒了出来。

□ **spin**
[spɪn]

vi. &vt. 快速旋转；纺（线）

例 Just spin the washing and it's nearly dry. // 只需要将洗好的衣物脱水，它就差不多干了。

□ **spine**
[spaɪn]

n. 脊柱；脊椎

□ **toxin**
['tɑːksɪn]

n. [生化] 毒素；毒质

□ **trace**
[treɪs]

vt. 跟踪

例 The government is currently trying to trace the whereabouts of certain sums of money. // 政府目前正试图找到某些钱款的下落。

n. 痕迹

□ **tractor**
['træktər]

n. 拖拉机

□ **vile**
[vaɪl]

adj. 糟糕透顶的；讨厌的

例 The weather was consistently vile. // 天气一直很糟糕。

□ **zeal**
[ziːl]

n. 热情；热心

英 Zeal is great enthusiasm, especially in connection with work, religion, or politics.

例 his zeal for teaching // 他对教学工作的热情

□ **zenith**
['ziːnɪθ]

n. 顶点；极点

Check !

□ ambition	□ layer	□ vigor	□ methodology
□ conceive	□ meteorite	□ wrought	□ meteor
□ concept	□ meticulous	□ vigilant	□ innate
□ discipline	□ nosh	□ tow	□ injustice
□ discontent	□ palace	□ speech	□ Hispanic
□ ETHO	□ pale	□ spectrum	□ grain
□ flute	□ palpable	□ spectacle	□ foil
□ fold	□ qualm	□ specify	□ evade
□ hinge	□ roast	□ sparse	□ ethics
□ hiss	□ spawn	□ quantum	□ disclose
□ inmate	□ specious	□ pan	□ disciple
□ ambivalent	□ spectroscopy	□ palliate	□ concentrate
□ brace	□ speculate	□ palatable	□ conceit
□ compromise	□ tourism	□ pact	□ bracket
□ concede	□ toxic	□ norm	□ amend

阅读中常见的背景故事

如何测定太阳系外恒星的质量？

1. 双星系统

双星系统中，两颗恒星都绕着它们的质心做椭圆周期运动，如图所示：

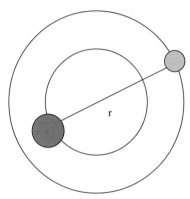

根据开普勒第三定律有：

$$\frac{r^3}{T^2} = \frac{G}{4\pi^2}(M_1 + M_2)$$

所以只要知道双星系统中两颗恒星的距离和周期，就能求出总质量。然后根据轨道得出到质心的距离比，或者测量两颗恒星的光谱多普勒效应，算出速度比，就能算出各自的质量。

双星的周期都容易测量，问题是如何测量距离/轨道。

（1）目视双星：可以直接用望远镜观测到两颗恒星，容易计算其距离。

（2）分光双星：这种双星距离非常近，无法用望远镜分辨，因为只有观测到恒星光谱周期性红移和蓝移才知道是双星。一般情况下，分光双星无法独立解出半长轴和轨道倾角，只能解出半长轴和 sin 轨道倾角的积，因此无法测定距离，比如绝大多数单线光谱双星（只有一颗能观测到光谱）无法测出轨道。

但有些特殊情况可以求解。比如食双星的轨道和我们的视线方向平行，因此可以观测到双星互食的现象。此时轨道倾角已知，就可以解出半长轴。双线光谱双星（两颗都能观测到光谱）如果能根据偏振观测得出轨道倾角，也可以求出距离。

2. 通过光度推算

恒星的质量和光度是有关系的，相同类型的恒星，质量越大光度越大。

近似公式是：

$$\frac{L}{L_\odot} = \left(\frac{M}{M_\odot}\right)^a$$

其中 $L_\odot$ 和 $M_\odot$ 是太阳的光度和质量，L 和 M 是恒星的光度和质量，a 与恒星类型和质量范围有关。

质量是太阳 2～20 倍的主序星，a 约等于 3.5。大于太阳质量 20 倍的主序星，a 则约等于 1。

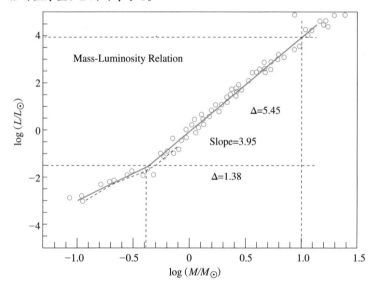

3. 引力红移

由广义相对论可知，强引力天体发出的电磁波波长会变长，即引力红移现象。

$$z = \frac{GM}{c^2 r}$$

其中 z 是谱线偏移量，M 是天体质量，r 是天体半径。对引力红移可以精确测量的白矮星来说，只要知道半径，就可以测出质量了。

2005 年利用哈勃望远镜精确测量天狼星 B 的引力红移，首次精确推算出天狼星 B 的质量为太阳质量的 98%。

Word List 24

扫码关注后回复 70879
免费下载配套音频

看看有没有已经认识的单词

- ☐ analysis
- ☐ ancillary
- ☐ anecdotal
- ☐ ancestor
- ☐ animate
- ☐ breach
- ☐ breed
- ☐ brew
- ☐ condition
- ☐ conducive
- ☐ conduct
- ☐ confederacy
- ☐ discrepancy
- ☐ discredit
- ☐ discover

- ☐ discrete
- ☐ discretionary
- ☐ discriminate
- ☐ evidence
- ☐ evoke
- ☐ evolve
- ☐ exacerbate
- ☐ flock
- ☐ flora
- ☐ flourish
- ☐ grasp
- ☐ grassroots
- ☐ holistic
- ☐ hollow
- ☐ inquisition

- ☐ inscription
- ☐ insecticide
- ☐ insightful
- ☐ lean
- ☐ militant
- ☐ milldam
- ☐ mimic
- ☐ nourish
- ☐ novel
- ☐ paradigm
- ☐ paradox
- ☐ parallel
- ☐ paralysis
- ☐ paramount
- ☐ rotate

- ☐ routine
- ☐ royalty
- ☐ rub
- ☐ spiral
- ☐ spiritual
- ☐ splendid
- ☐ split
- ☐ spoilage
- ☐ sponge
- ☐ trail
- ☐ trait
- ☐ vilify
- ☐ vindicate
- ☐ zonation
- ☐ zoologist

□ **ancillary**
['ænsələri]

adj. 辅助的；从属的

例 This information is supplemented by ancillary data. // 此信息通过辅助数据进行补充。

□ **anecdotal**
[ˌænɪk'doʊtl]

adj. 轶事的

英 Anecdotal evidence is based on individual accounts, rather than on reliable research or statistics, and so may not be valid.

派 anecdotalist *n.* 讲述或搜集轶事的人

例 anecdotal evidence // 轶事证据

□ **ancestor**
['ænsestər]

n. 祖宗；祖先

□ **analysis**
[ə'næləsɪs]

n. （对物质的）分析；（对事物的）分析结果

例 This information is only raw data and will need further analysis. // 这些资料只是原始数据，还需要进一步进行分析。

□ **animate**
['ænəmeɪt]

vt. 使有生气；激励

英 To animate something means to make it lively or more cheerful.

例 There was precious little about the cricket to animate the crowd. // 板球比赛能激起观众热情的地方很少。

□ **breach**
[briːtʃ]

vt. 攻破；违反

英 If you breach an agreement, a law, or a promise, you break it.

例 The newspaper breached the code of conduct on privacy. // 该报违反了保护隐私的行为准则。

n. 违背；破坏

□ **breed**
[briːd]

vt. 生育

例 Frogs will usually breed in any convenient pond. // 通常青蛙会在任何条件适宜的池塘中繁殖。

□ **brew**
[bruː]

vt. 酿造（啤酒、淡色啤酒等）

派 brewage *n.* 酿造

例 This beer has been brewed using traditional methods. // 这种啤酒是用传统方法酿造的。

□ **condition**
[kən'dɪʃn]

vt. 限制；使习惯于

英 If someone is conditioned by their experiences or environment, they are influenced by them over a period of time so that they do certain things or think in a particular way.

例 We are all conditioned by early impressions and experiences. // 我们都受到早年印象和经历的影响。

n. 状态；环境

□ **conducive**
[kən'duːsɪv]

adj. 有助于……的

例 conducive to reading // 适合看书

□ **conduct**
[kən'dʌkt] /
['kɑːndʌkt]

vi. & *vt.* 执行；传导；带领

英 When you conduct an activity or task, you organize it and carry it out.

例 I decided to conduct an experiment. // 我决定进行一项实验。

n. 行为；举止；管理（方式）

例 For Europeans, the law is a statement of basic principles of civilized conduct. // 对于欧洲人来说，法律是对基本文明行为准则的表述。

□ **confederacy**
[kən'fedərəsi]

n. （尤指国家之间的）联盟；同盟

英 A confederacy is a union of states or people who are trying to achieve the same thing.

例 They've entered this new confederacy because the central government's been unable to control the collapsing economy. // 由于中央政府无力控制逐渐崩溃的经济，所以他们加入了这个新联盟。

□ **discredit**
[dɪs'kredɪt]

vt. 使不可置信；使被怀疑

英 To discredit someone or something means to cause them to lose people's respect or trust.

派 discredited *adj.* 不足信的

例 a secret unit within the company that had been set up to discredit its major rival// 公司里设立的败坏其主要竞争对手名声的秘密部门

n. 耻辱；丧失名誉

□ **discover**
[dɪ'skʌvər]

vt. （第一个）发现；（出乎意料地）找到

例 Wind forward to the bit where they discover the body. // 往前绕到他们发现尸体的那一截。

□ **discrepancy**
[dɪ'skrepənsi]

n. 矛盾；不符合（之处）

例 the discrepancy between press and radio reports // 新闻和广播报道之间的出入

□ **discrete**
[dɪ'skriːt]

adj. 分离的；不相关联的

记 dis（分开）＋cret（区别）＋e→分开区别→不同的

派 discretely *adv.* 分离地

例 The organisms can be divided into discrete categories. // 有机体可分为许多互不相关的种类。

□ **discretionary**
[dɪ'skreʃəneri]

adj. 任意的；自由决定的

例 I have discretionary income. // 我有可自由支配的收入。

□ **discriminate**
[dɪ'skrɪməneɪt]

vi. & vt. 歧视；区别

例 The device can discriminate between the cancerous and the normal cells. // 这台仪器可以辨别癌细胞和正常的细胞。

□ **evidence**
['evɪdəns]

n. 证据；迹象

英 Evidence is anything that you see, experience, read, or are told that causes you to believe that something is true or has really happened.

例 Ganley said he'd seen no evidence of widespread fraud. // 甘利说他没有看见诈骗泛滥的证据。

vt. 表明；使明显；显示；证实

□ **evoke**
[ɪ'voʊk]

vt. 唤起；产生

例 the scene evoking memories of those old movies // 唤起对那些老电影记忆的场景

□ **evolve**
[i'vɑːlv]

vi. & vt. 进化；（使）逐步发展

例 a tiny airline which eventually evolved into Pakistan International Airlines // 最终发展成巴基斯坦国际航空公司的一家小型航空公司

□ **exacerbate**
[ɪɡ'zæsərbeɪt]

vt. 使加剧；使恶化；激怒

派 exacerbation *n.* 恶化

例 exacerbate ill feeling // 使恶感加深

□ **flock**
[flɑːk]

n. 兽群；群众

□ **flora**
['flɔːrə]

n. 植物群

\\\

□ **flourish**
['flɜːrɪʃ]

vi. 繁荣　*vt.* 挥舞

例 Business flourished and within six months they were earning 18,000 roubles a day. // 生意红火起来，不出 6 个月他们就可以每天赚 18 000 卢布了。

He flourished the glass to emphasize the point. // 他挥动手中的杯子来强调这一点。

□ **grasp**
[ɡræsp]

vi. & vt. 抓住；了解

例 She was trying to grasp at something. // 她正试图抓住什么东西。

□ **grassroots**
['ɡrɑːsruːts]

n. 基层；草根

□ **holistic**
[hoʊ'lɪstɪk]

adj. 全部的

英 incorporating the concept of holism in theory or practice

□ **hollow**
['hɑːloʊ]

adj. 空洞的；空的

例 a hollow tree // 空心的树

n. 洞

□ **inquisition**
[ˌɪnkwɪ'zɪʃn]

n. 调查

□ **inscription**
[ɪn'skrɪpʃn]

n. （作者）题词；献词

记 in（进入）＋script（写）＋ion（表名词）→写进去→刻写

□ **insecticide**
[ɪn'sektɪsaɪd]

n. 杀虫剂

□ **insightful**
['ɪnsaɪtfʊl]

adj. 富有洞察力的

□ **lean**
[liːn]

vi. & vt. （使）倾斜；倚

例 Eileen leaned across and opened the passenger door. // 艾琳倾身把后座门打开。

adj. 瘦的

例 It is a beautiful meat, very lean and tender. // 这块肉很好，又瘦又嫩。

n. 瘦肉

□ **militant**
['mɪlɪtənt]

adj. 斗志昂扬的；激进的

派 militancy *n.* 战斗性；交战状态

例 one of the most active militant groups // 最为活跃的激进团体之一

□ **milldam**
['mɪldæm]

n. 水闸

□ **mimic**
['mɪmɪk]

vt. 模拟

例 He could mimic anybody. // 他可以模仿任何人。

n. 巧于模仿的人；复写品或仿制品

□ **nourish**
['nɜːrɪʃ]

vt. 滋养；施肥于

英 To nourish a person, animal, or plant means to provide them with the food that is necessary for life, growth, and good health.

例 The food she eats nourishes both her and the baby. // 她吃的食物给她和婴儿提供了营养。

□ **novel**
['nɑːvl]

adj. 新奇的；异常的

派 novelly *adv.* 使用新方法

n. (长篇) 小说

□ **paradigm**
['pærədaɪm]

n. 范例；样式

英 A paradigm is a model for something which explains it or shows how it can be produced.

例 a new paradigm of production // 新的生产样式

□ **paradox**
['pærədɑːks]

n. 自相矛盾的人或物

英 You describe a situation as a paradox when it involves two or more facts or qualities which seem to contradict each other.

记 para (旁边) ＋dox (观点)→观点边上有观点→矛盾

例 "I always lie. " is a paradox because if it is true it must be false. // "我总是说谎。" 这句话是个自相矛盾的句子，因为，如果这句话是真的，那它也一定是假的。

□ **parallel**
['pærəlel]

adj. 平行的

英 If two lines, two objects, or two lines of movement are parallel, they are the same distance apart along their whole length.

例 seventy-two ships, drawn up in two parallel lines //
平行排成两队的 72 艘船

n. 平行线（面）；相似物

□ **paralysis**
[pə'rælɪsɪs]

n. 麻痹；中风

例 paralysis of the leg // 腿部麻痹

□ **paramount**
['pærəmaʊnt]

adj. 最高的，至上的；最重要的

英 Something that is paramount or of paramount
importance is more important than anything else.

例 The child's welfare must be seen as paramount. //
必须把儿童福利摆在首位。

n. 最高，至上；有最高权力的人；元首

□ **rotate**
['rəʊteɪt]

vi. & vt. （使某物）旋转；使转动；使轮流

例 The Earth rotates round the sun. // 地球围绕太
阳转。

□ **routine**
[ruː'tiːn]

adj. 例行的；常规的；日常的；普通的

派 routinely *adv.* 例行公事地；常规地，惯常地；
老一套地

n. 常规；例行公事

例 He checked up on you as a matter of routine. //
他给你做例行检查。

□ **royalty**
['rɔɪəlti]

n. 王族成员；版税

□ **rub**
[rʌb]

vt. 擦，摩擦

例 He rubbed his arms and stiff legs. // 他按摩着自
己的胳膊和僵硬的双腿。

□ **spiral**
['spaɪrəl]

adj. 螺旋形的；盘旋的

派 spirally *adv.* 成螺旋形

vt. 螺旋移动

英 If something spirals or is spiralled somewhere, it
grows or moves in a spiral curve.

例 Vines spiraled upward toward the roof. // 藤蔓
盘旋着朝屋顶方向生长。

□ **spiritual**
['spɪrɪtʃuəl]

adj. 精神（上）的；心灵的

例 She lived entirely by spiritual values. // 她追求
精神上的满足。

□ **splendid**
['splendɪd]

adj. 壮观的，豪华的

□ **split**
[splɪt]

vt. 分裂；分开

例 The ink has spilt on the desk. // 墨水撒在桌子上了。

□ **spoilage**
['spɔɪlɪdʒ]

n. 腐败；损坏

英 When spoilage occurs, something, usually food, decays or is harmed, so that it is no longer fit to be used.

□ **sponge**
[spʌndʒ]

n. 海绵

□ **trail**
[treɪl]

vt. 跟踪；追踪；（比分）落后

例 Two detectives were trailing him. // 两个侦探正在追踪他。

He scored again, leaving Dartford trailing 3-0 at the break. // 他又进球了，使得中场休息时达特福德队以 3:0 落后。

n. 小径

□ **trait**
[treɪt]

n. 特点；特性

例 The study found that some alcoholics had clear personality traits showing up early in childhood. // 研究发现，一些酗酒者在童年早期就显现出鲜明的人格特征。

□ **vilify**
['vɪləfaɪ]

vi. & vt. 诽谤

记 vil（卑劣）＋ify（表动词）→做卑劣的事→诽谤

派 vilification *n.* 污蔑

例 He was vilified, hounded, and forced into exile by the FBI. // 他遭到了联邦调查局的诬蔑和追捕，被迫流亡国外。

□ **vindicate**
['vɪndɪkeɪt]

vt. 维护；证明……无辜；证明……正确

英 If a person or their decisions, actions, or ideas are vindicated, they are proved to be correct, after people have said that they were wrong.

派 vindication *n.* 澄清

例 The director said he had been vindicated by the experts' report. // 主任说，专家们的报告证明他是正确的。

□ **zonation**   *n.* 带状配列，动植物的生物、地理学的地带
[zoʊˈneɪʃn]   分布

□ **zoologist**   *n.* 动物学家
[zoʊˈɑːlədʒɪst]

Check !

□ flush	□ concrete	□ zenith	□ innocent
□ grant	□ condemn	□ vile	□ historiography
□ hitherto	□ discord	□ trace	□ granary
□ innovate	□ discourse	□ spine	□ fluid
□ microcosmic	□ evaporate	□ spill	□ fluctuate
□ notify	□ eventually	□ sperm	□ even as
□ panel	□ fluctuation	□ rot	□ evaluate
□ pantheon	□ robe	□ rodent	□ discount
□ parade	□ roost	□ quail	□ condense
□ quasar	□ spell	□ quarry	□ concur
□ amphibian	□ sphere	□ paperback	□ concord
□ ample	□ spin	□ panic	□ concession
□ analogy	□ toxin	□ notion	□ branch
□ bran	□ tractor	□ migrate	□ anchor
□ brawl	□ zeal	□ leach	□ analogous
□ concise			

Word List 25

扫码关注后回复 70879
免费下载配套音频

看看有没有已经认识的单词

- annihilate
- annual
- annually
- annul
- anomalous
- bacteria
- bribe
- confer
- confess
- confide
- confine
- conflict
- discrimination
- disdain
- disenfranchise

- disgust
- disinterested
- exaggerate
- exalt
- examine
- exasperate
- excavate
- fleet
- flicker
- grateful
- gratuitous
- homeostasis
- homesteader
- insist
- inspect

- lease
- leech
- mineral
- mingle
- minimize
- minister
- novelty
- novice
- paraphrase
- parasite
- parasitize
- parch
- pare
- parliament
- radically

- raft
- rage
- raid
- sponsor
- spouse
- sprawl
- spread
- sprinkler
- trajectory
- tranquil
- tranquilize
- transaction
- vindictive
- vintage

□ **annihilate**
[ə'naɪəleɪt]

vi. & vt. **歼灭；毁灭**

英 To annihilate something means to destroy it completely.

例 There are lots of ways of annihilating the planet. // 毁灭地球有很多方法。

□ **annual**
['ænjuəl]

adj. **每年的；一年的** *n.* **年刊**

□ **annually**
['ænjuəlɪ]

adv. **每年；一年一次**

记 ann（年，一年）+ ual（……的）+ -ly（副词）→ 一年一度

例 These trees fruit annually. // 这些树每年结果。

□ **annul**
[ə'nʌl]

vt. **取消；废除；宣告无效**

英 declare invalid

记 an（加强）+ nul（= null 没有）→ 强调没有→ 取消

例 annul a marriage // 宣告婚约无效

□ **anomalous**
[ə'nɑːmələs]

adj. **不规则的；异常的**

英 Something that is anomalous is different from what is usual or expected.

例 I wish I could say that this is a single, anomalous group of students, but the trend is unmistakable. // 我希望我可以说这只是异常的一组学生，然而趋势是显而易见的。

□ **bribe**
[braɪb]

vi. & vt. **贿赂；行贿**

英 If one person bribes another, they give them a bribe.

例 He was accused of bribing a senior bank official. // 他被指控贿赂一名高级银行官员。

□ **bacteria**
[bæk'tɪrɪə]

n. **细菌（bacterium 的复数）**

例 The bacteria were growing in a sugar medium. // 细菌在糖基中生长。

□ **confer**
[kən'fɜːr]

vt. **授予；给予；商议**

英 When you confer with someone, you discuss something with them in order to make a decision. You can also say that two people confer.

记 con（共同）+ fer（带来，拿来）→ 共同带来观点→ 商议

派 conferment *n.* 给予，商量

例 He conferred with Hill and the others in his office. // 他与希尔及其他人在办公室里商议了一番。

□ **confess**
[kən'fes]

vi. & vt. 承认；坦白

英 If someone confesses to doing something wrong, they admit that they did it.

例 He had confessed to seventeen murders. // 他供认了 17 起谋杀案。

□ **confide**
[kən'faɪd]

vi. & vt. 吐露（或倾诉）秘密

英 If you confide in someone, you tell them a secret.

例 I knew she had some fundamental problems in her marriage because she had confided in me a year earlier. // 我知道她的婚姻存在一些根本性的问题，因为早在一年前她就向我倾诉过。

□ **confine**
[kən'faɪn]

vt. 限制；禁闭

记 con（全部）+ fine（限制）→全部限制

派 confinement *n.* 监禁

例 I wish you would confine yourself to the matter under discussion. // 我希望你只谈目前我们正在讨论的问题。

n. 界限；边界

□ **conflict**
['kɑːnflɪkt]

n. 抵触；战斗

记 con（共同）+ flict（打）→一起打斗→冲突

例 Employees already are in conflict with management over job cuts. // 雇员已经就裁员一事与管理层发生了争执。

□ **discrimination**
[dɪˌskrɪmə'neɪʃn]

n. 歧视；区别

记 discriminate（歧视）+ ion（动作或状态等）→辨别，区别，辨别力，歧视

例 This is a form of discrimination that is prohibited explicitly by American law. // 这是一种歧视行为，美国法律明文禁止。

□ **disdain**
[dɪs'deɪn]

vt. 鄙弃

例 He disdained to answer her rude remarks. // 他不屑回答她无礼的话语。

☐ **disenfranchise** *vt.* 剥夺……的选举权；剥夺……的公民权
[ˌdɪsɪnˈfræntʃaɪz] 英 To disenfranchise a group of people means to take away their right to vote, or their right to vote for what they really want.

例 fears of an organized attempt to disenfranchise supporters of Father Aristide // 对剥夺阿里斯蒂德神父支持者的选举权这一有组织企图的担心

☐ **disgust** *vt.* 使作呕；使厌恶
[dɪsˈɡʌst] 派 disgustedly *adv.* 厌烦地

例 His vulgar remarks disgusted us. // 他的下流话使我们厌恶。

n. 反感

☐ **disinterested** *adj.* 无私的；冷漠的
[dɪsˈɪntərɪstɪd] 派 disinterestedly *adv.* 无私地

例 He's always on the make; I have never known him do a disinterested action. // 他这个人一贯都是唯利是图，我从来不知道他有什么无私的行动。

☐ **exaggerate** *vi. & vt.* （使）扩大；（使）增加
[ɪɡˈzædʒəreɪt] 记 ex（出）+ ag（= ad）+ ger（带来，表达）+ ate（表动词）→表达太过分

例 Don't exaggerate. // 别夸张。

☐ **exalt** *vt.* 颂扬；赞扬
[ɪɡˈzɔlt] 派 exaltation *n.* 兴奋，得意扬扬

☐ **examine** *vt.* 检查；调查；考试
[ɪɡˈzæmɪn] 例 He examined her passport and stamped it. // 他仔细检查了她的护照，然后在上面盖了章。

☐ **exasperate** *vt.* 使恼怒；使加剧
[ɪɡˈzæspəreɪt] 派 exasperation *n.* 恼怒

例 The sheer futility of it all exasperates her. // 它毫无用处，这让她很生气。

☐ **excavate** *vi. & vt.* 挖掘；开凿
[ˈekskəveɪt] 记 ex(出) + cav(洞) + ate(做)→从洞中出来→挖出

派 excavation *n.* 挖掘；开凿

例 excavate a tunnel // 挖隧道

□ **fleet**
[fliːt]

n. 舰队；车队

例 The damage inflicted upon the British fleet was devastating. // 英国舰队遭到了毁灭性的重创。

adj. 快速的

□ **flicker**
['flɪkər]

vi. & vt. 闪烁；昏倒

例 Fluorescent lights flickered, and then the room was brilliantly, blindingly bright. // 荧光灯闪了几下，接着屋子里豁然大亮，刺得人睁不开眼。

□ **grateful**
['greɪtfl]

adj. 感激的

例 She was grateful to him for being so good to her. // 他对她这么好，令她很感激。

□ **gratuitous**
[grə'tuːɪtəs]

adj. 无理由的；不必要的

例 There's too much crime and gratuitous violence on TV. // 电视里充斥着犯罪和无端的暴力。

□ **homeostasis**
[ˌhoʊmioʊ'steɪsɪs]

n. 动态静止；动态平衡

□ **homesteader**
['hoʊmstedər]

n. 农场所有权者

□ **insist**
[ɪn'sɪst]

vi. & vt. 坚持；强调

例 Comparable worth insists that the values of certain tasks performed in dissimilar jobs can be compared. // 持有可比较价值观的人认为即使人们从事不同的工作也可以用相同的标准比较价值。

□ **inspect**
[ɪn'spekt]

vt. 视察；检查

派 inspection *n.* 检查；视察

例 Officers inspect the vessel carefully. // 警官对船只进行了仔细检查。

□ **lease**
[liːs]

n. 租约；租契

例 He took up a 10 year lease on the house at Rossie Priory. // 他签了一份 10 年租约，租下了罗西修道院的房子。

□ **leech**
[li:tʃ]

n. [动] 水蛭；蚂蟥

□ **mineral**
['mɪnərəl]

n. 矿物；矿石

□ **mingle**
['mɪŋgl]

vi. & vt. 混合；混淆

例 Now the cheers and applause mingled in a single sustained roar. // 现在，欢呼声和掌声汇成了一片持续的喧闹声。

□ **minimize**
['mɪnəmaɪz]

vt. 把……减至最低数量 [程度]；对（某事物）做最低估计

记 minim（*n.* 极小之物；半音符）+ ize（表动词）→减少到最少

□ **minister**
['mɪnɪstər]

n. 部长；大臣

□ **novelty**
['nɑ:vlti]

n. 新奇；新奇的事物

英 Novelty is the quality of being different, new, and unusual.

例 In the contemporary western world, rapidly changing styles cater to a desire for novelty and individualism. // 在当代西方社会，快速变化的时尚迎合了人们追求新奇和个性的需求。

□ **novice**
['nɑ:vɪs]

n. 初学者；新手

英 A novice is someone who has been doing a job or other activity for only a short time and so is not experienced at it.

例 I'm a novice at these things, Lieutenant. You're the professional. // 中尉，做这些事情我是新手，您是行家。

□ **paraphrase**
['pærəfreɪz]

vt. 改述

英 If you paraphrase someone or paraphrase something that they have said or written, you express what they have said or written in a different way.

记 paraphrase（= para 旁边）+ phrase（词句）→旁边的词句→释义

例 Parents, to paraphrase Philip Larkin, can seriously damage your health. // 菲利普·拉金的意思是：父母可能会严重损害你的健康。

n. 释义；意译

parasite
['pærəsaɪt]

n. 食客；寄生物

英 A parasite is a small animal or plant that lives on or inside a larger animal or plant, and gets its food from it.

记 para（旁边）+ site（场所）→在旁边场所的东西→寄生虫

parasitize
['pærəsɪtaɪz]

vt. 寄生于；寄生感染

例 The larvae of flies parasitize earthworms. // 蝇的幼虫寄生在蚯蚓上。

parch
[pɑːrtʃ]

vi. & vt. （使）焦干；（使）干透

英 cause to wither from exposure to heat

例 Hot and dry enough to burn or parch a surface. // 热而且干，足以燃烧或者烤干某个表面。

pare
[per]

vt. 削皮；削减；修剪（指甲等）

英 strip the skin off

parliament
['pɑːrləmənt]

n. 议会；国会

例 legislation enacted by parliament // 由议会通过的法律

radically
['rædɪkli]

adv. 根本上

例 two large groups of people with radically different beliefs and cultures // 信仰和文化上存在根本差异的两大群体

raft
[ræft]

n. 木筏；橡皮艇

例 a river trip on bamboo rafts through dense rainforest // 坐竹筏穿过茂密雨林的河上之旅

rage
[reɪdʒ]

n. 愤怒；激烈

英 Rage is strong anger that is difficult to control.

例 He was red-cheeked with rage. // 他气得满脸通红。

vi. 大发脾气；动怒

raid
[reɪd]

vi. & vt. 对……进行突然袭击

英 When soldiers raid a place, they make a sudden armed attack against it, with the aim of causing damage rather than occupying any of the enemy's land.

例 The guerrillas raided banks and destroyed a police barracks and an electricity substation. // 游击队突袭了银行，摧毁了一处警察驻地和一个变电站。

n. （骑兵队等的）急袭；突然袭击

☐ **sponsor**
['spɑːnsər]

vt. **赞助**

英 If an organization or an individual sponsors something such as an event or someone's training, they pay some or all of the expenses connected with it, often in order to get publicity for themselves.

例 *Mercury*, in association with *The Independent*, is sponsoring Britain's first major Pop Art exhibition for over 20 years. //《信使报》正携手《独立报》一起为 20 多年来英国举办的首届大型通俗艺术展览提供赞助。

n. **发起者，主办者**

☐ **spouse**
[spaʊs]

n. **配偶；夫或妻**

☐ **sprawl**
[sprɔːl]

vi. **蔓延；伸开四肢坐** *n.* **蔓延**

英 If you sprawl somewhere, you sit or lie down with your legs and arms spread out in a careless way.

例 She sprawled on the bed as he had left her, not even moving to cover herself up. //他离开她后她就摊手摊脚地躺在床上，甚至都懒得往身上盖点儿东西。

☐ **spread**
[spred]

vi. & vt. **展开；伸开**

英 If something spreads or is spread by people, it gradually reaches or affects a larger and larger area or more and more people.

例 The industrial revolution which started a couple of hundred years ago in Europe is now spreading across the world. // 两百多年前始于欧洲的工业革命目前正在向全世界传播。

She spread a towel on the sand and lay on it. // 她在沙滩上铺了一条毛巾，躺在上面。

n. **范围**

☐ **sprinkler**
['sprɪŋklər]

n. **洒水器；喷洒器**

☐ **trajectory**
[trə'dʒektəri]

n. **[物] 弹道；轨道；[几] 轨线**

例 the trajectory of an artillery shell // 一枚炮弹的弹道

tranquil
['træŋkwəl]

adj. 宁静的；平静的

例 The tranquil atmosphere of the Connaught allows guests to feel totally at home. // 康诺特酒店的宁静氛围让客人完全找到了宾至如归的感觉。

tranquilize
['træŋkwɪlaɪz]

vi. & vt. （使）平静；（使）镇定

英 make calm or still

例 This powerful drug is used to tranquilize patients undergoing surgery. // 这种强效药剂被用来麻醉正在接受手术的病人。

transaction
[træn'zækʃn]

n. 办理；处置；交易

vindictive
[vɪn'dɪktɪv]

adj. 怀有或显示报复心的；恶意的

记 vin（力量）+ dict（说话，断言，写）+ ive（……的）→报复性的

例 How can you be so vindictive? // 你的报复心怎么那么强？

vintage
['vɪntɪdʒ]

n. （优良品牌的）葡萄酒；佳酿

例 vintage car // 老爷车

Check!

confederacy	parallel	spiral	conducive
discover	paramount	royalty	hollow
discrete	routine	rotate	grassroots
discriminate	rub	paralysis	flourish
evoke	spiritual	paradox	flock
exacerbate	split	novel	evolve
flora	sponge	mimic	evidence
grasp	trait	militant	discretionary
holistic	vindicate	insightful	discrepancy
inquisition	zoologist	inscription	discredit
insecticide	zonation	ancillary	conduct
lean	vilify	anecdotal	condition
milldam	trail	analysis	breed
nourish	spoilage	breach	animate
paradigm	splendid	brew	ancestor

阅读中常见的背景故事

GMAT 阅读中常见的几种病

小儿麻痹症（Polio & Poliomyelitis）

脊髓灰质炎是由脊髓灰质炎病毒引起的急性传染病。脊髓灰质炎一般多发生于小儿，部分患者可发生弛缓性神经麻痹，故又称小儿麻痹症。

莱姆病（Lyme Disease）

莱姆病是一种以蜱为媒介的螺旋体感染性疾病，是由伯氏疏螺旋体所致的自然疫源性疾病。因在 1977 年最先发现于美国的莱姆镇而得名。其神经系统损害以脑膜炎、脑炎、颅神经炎、运动和感觉神经炎最为常见。其中一期莱姆病仅用抗生素即可奏效，到二期、三期用抗生素无济于事，特别是神经系统损害更缺乏特效疗法。早期以皮肤慢性游走性红斑为特点，以后出现神经、心脏或关节病变，通常在夏季和早秋发病，可发生于任何年龄，男性略多于女性。发病以青壮年居多，与职业相关密切。野外工作者、林业工人感染率较高。

登革热（Dengue）

登革热是登革热病毒引起、依蚊传播的一种急性传染病，病人和隐性感染者是主要传染源。临床特征为起病急骤，高热，全身肌肉、骨髓及关节痛。1779 年在埃及开罗、印度尼西亚雅加达及美国费城发现，并据症状命名为关节热。1869 年由英国伦敦皇家内科学会命名为登革热。

黑死病（Black Death）

黑死病对欧洲人口造成了严重影响，改变了欧洲的社会结构，动摇了当时支配欧洲的罗马天主教教会的地位，并因此使得一些少数族群受到迫害，例如犹太人、穆斯林、外国人、乞丐以及麻风病患者。生存与否的不确定性，使得人们产生了活在当下的一种情绪，如同薄伽丘在《十日谈》（The Decameron）中所描绘的一般。

14 世纪发生于欧洲，刚开始被当时的作家称作 Great Mortality，爆发之后，又有了黑死病之名。一般认为这个名称是取自其中一个显著的症状，称作 acral necrosis，患者的皮肤会因为皮下出血而变黑。而黑色实际上也象征忧郁、哀伤与恐惧。

在对于黑死病的特征记录中，有一些关于淋巴腺肿的描述，与19 世纪发生于亚洲的淋巴腺鼠疫相似，这使得科学家与历史学家推测自 12 世纪开始的黑死病，与鼠疫相同，皆是由一种被称为鼠疫杆菌（Yersinia pestis）的细菌造成。这些细菌寄生在跳蚤身上，并借由黑鼠（Rattus rattus）等动物来传播。不过由于其他疾病也有可能产生淋巴腺肿，因此也有人提出其他不同的观点。

扫码关注后回复 70879
免费下载配套音频

Word List
26

看看有没有已经认识的单词

- anonymous
- antagonism
- antelope
- anthropologist
- anticipate
- brisk
- broaden
- campus
- conform
- confront
- congest
- congregate
- congress
- conjecture
- dislodge
- dismiss

- dispatch
- dispense
- exceed
- excerpt
- flavor
- fledge
- flee
- gravity
- graze
- hominid
- homogeneous
- inspire
- install
- instant
- leery
- legacy

- legend
- minority
- miracle
- mirage
- noxious
- nuclear
- parlor
- parole
- parson
- participate
- particle
- partisan
- party
- rally
- ranch

- spurious
- squeeze
- squid
- squire
- squirrel
- stability
- stable
- stack
- stage
- transatlantic
- transcend
- transitory
- violate
- virtually
- virtue

□ **anonymous**   *adj.* 无名的；假名的
[ə'nɑːnɪməs]

□ **antagonism**   *n.* 敌对；对立
[æn'tæɡənɪzəm]
英 an actively expressed feeling of dislike and hostility
派 antagonist *n.* 敌手
例 In this intersection of ethnic diversity, class antagonism, and racism lay the origins of the draft riots. // 在这次种族差异的交叉中，阶级对抗、种族主义成为这次暴动的起源。

□ **antelope**   *n.* 羚羊；羚羊皮革
['æntɪloʊp]

□ **anthropologist**   *n.* 人类学者
[ˌænθrə'pɑːlədʒɪst]
英 Anthropology is the scientific study of people, society, and culture.
记 anthropo（人类）+ logist（学者）→人类学者

□ **anticipate**   *vt.* 预期；期望
[æn'tɪsəpeɪt]
派 anticipative *adj.* 预期的
例 We anticipated her winning first prize. // 我们期望她获得第一名。

□ **brisk**   *adj.* 敏锐的；凛冽的
[brɪsk]
派 briskness *n.* 轻快
vt. 活跃起来
例 The stock market brisked up. // 证券市场活跃起来。

□ **broaden**   *vt.* 使……变宽；加宽
['brɔːdn]
例 The trails broadened into roads. // 羊肠小道变成了宽阔的公路。

□ **conform**   *vi.* 符合；遵照
[kən'fɔːrm]
例 The Night Rider lamp has been designed to conform to new British Standard safety requirements. // 夜行者灯的设计符合新的英国安全标准的要求。
I am well aware that we all conform to one stereotype or another. // 我们所有人都能找到某种与自己相似的模式化形象，这一点我很清楚。

□ **confront**
[kən'frʌnt]

vt. 遭遇；面对

例 We must confront the future with optimism. // 我们必须乐观地面对未来。

□ **campus**
['kæmpəs]

n. 校园；(大学、学院的) 校区

例 University campuses are often the bellwether of change. // 大学校园往往引领变革的新潮。

□ **congest**
[kən'dʒest]

vt. 充满；拥挤

例 Trucks congested the tunnel. // 隧道里挤满了卡车。

□ **congregate**
['kɑːŋgrɪgeɪt]

vi. & vt. 使集合；聚集

英 When people congregate, they gather together and form a group.

例 Youngsters love to congregate here in the evenings outside cinemas showing American films. // 晚上，年轻人喜欢聚集在放映美国电影的电影院外面。

□ **congress**
['kɑːŋgrəs]

n. 国会；代表大会

例 Congress is behind the plan. // (美) 国会支持此项计划。

□ **conjecture**
[kən'dʒektʃər]

vt. 推测

记 con (共同) + ject (投掷，扔) + ure (表名词) →大家一起扔 [思想] →推测

例 We could not conjecture the fact from what he said. // 我们从他的话中还推测不出真实情况。

□ **dislodge**
[dɪs'lɑːdʒ]

vi. & vt. 把……逐出；驱逐

例 Rainfall had dislodged debris from the slopes of the volcano. // 雨水冲走了火山坡面上的岩屑。

□ **dismiss**
[dɪs'mɪs]

vt. 解散；解雇；让……离开

记 dis (分开) + miss (送) →分开送出→解散

派 dismissal *n.* 解雇

例 The boss dismissed the employee. // 老板解雇了那个雇员。

□ **dispatch**
[dɪ'spætʃ]

vt. 派遣；迅速处理

例 He dispatched scouts ahead. // 他派侦察兵打头阵。

例 Amy sat outside in the sun while Gerald dispatched his business. // 埃米坐在外面晒太阳，而杰拉尔德则忙着处理个人事务。

□ **dispense**
[dɪ'spens]

vt. 分配；实施

派 dispense with 摒弃

例 The Union had already dispensed £40,000 in grants. // 工会已经拨款4万英镑。

□ **exceed**
[ɪk'siːd]

vt. 超过；超越

例 He accepts he was exceeding the speed limit. // 他承认自己超速了。

□ **excerpt**
['eksɜːrpt]

vt. 摘录

英 If a long piece of writing or music is excerpted, short pieces from it are printed or played on their own.

例 The readings you heard earlier were excerpted from a new oral history of Pearl Harbor. // 你之前听到的朗读片段节选自一部新的珍珠港口述史。

n. 摘录；节录；摘要

□ **flavor**
['fleɪvər]

n. 味道；风味

例 Vegetables such as peppers can overpower the flavor of the stock. // 像甜椒这样的蔬菜会抢了原汤的味道。

□ **fledge**
[fledʒ]

vi. & vt. （鸟）长羽毛

□ **flee**
[fliː]

vi. & vt. 逃离；逃避

例 He slammed the bedroom door behind him and fled. // 他把卧室房门重重地关上，然后逃跑了。

□ **gravity**
['grævɪti]

n. 重力；万有引力

英 Gravity is the force which causes things to drop to the ground.

记 grav（重）+ ity（表名词）→重力，引力；严肃，庄重

□ **graze**
[greɪz]

vi. & vt. 放牧；轻擦

例 A bullet had grazed his arm. // 一颗子弹擦过他的手臂。

□ **hominid**
['hɑːmɪnɪd]

n. 人类及其祖先

□ **homogeneous**
[ˌhoʊməˈdʒiːniəs]

adj. 同种类的

英 Homogeneous is used to describe a group or thing which has members or parts that are all the same.

例 The unemployed are not a homogeneous group. // 失业者不能一概而论。

□ **inspire**
[ɪnˈspaɪr]

vt. 鼓舞；激励

派 inspiration *n.* 灵感

例 Jimi Hendrix inspired a generation of guitarists. // 吉米·亨德里克斯启发了整整一代吉他演奏者。

□ **install**
[ɪnˈstɔːl]

vt. 安装；安置

英 If you install a piece of equipment, you fit it or put it somewhere so that it is ready to be used.

例 They had installed a new phone line in the apartment. // 他们已经在公寓里装上了新的电话线。

□ **instant**
['ɪnstənt]

adj. 立即的

例 instant coffee // 速溶咖啡

n. 瞬间；顷刻

□ **leery**
['lɪri]

adj. 留神的；猜疑的

例 I'm as leery of certain polls as anyone. // 我和任何人一样对某些民意测验持怀疑态度。

□ **legacy**
['legəsi]

n. 遗产；遗赠

□ **legend**
['ledʒənd]

n. 传说；传奇故事

□ **minority**
[maɪˈnɔːrəti]

n. 少数；少数民族

例 minority shareholders // 少数股东

□ **miracle**
['mɪrəkl]

n. 奇迹

派 miraculous *adj.* 奇迹般的

mirage
[mə'rɑːʒ]

n. **海市蜃楼；幻景**

例 The girl was a mirage, cast up by his troubled mind. // 那个女孩儿是个幻觉，是他那忧郁不安的头脑妄想出来的。

noxious
['nɑːkʃəs]

adj. **有害的；有毒的**

英 A noxious gas or substance is poisonous or very harmful.

例 Many household products give off noxious fumes. 很多家用产品散发有害气体。

nuclear
['nuːkliər]

adj. **原子核的；原子能的**

英 Nuclear means relating to the nuclei of atoms, or to the energy released when these nuclei are split or combined.

例 a nuclear power station // 一座核电站

parlor
['pɑːrlər]

n. **客厅；起居室**

记 parl（说话）+ or（表名词）→ 客厅

parole
[pə'roʊl]

n. **假释；假释期；[军] 口令，暗号**

英 If a prisoner is given parole, he or she is released before the official end of their prison sentence and has to promise to behave well.

例 Although sentenced to life, he will become eligible for parole after serving 10 years. // 虽然被判终身监禁，但是他在服刑 10 年后可以申请假释。

parson
['pɑːrsn]

n. **牧师；教区牧师**

participate
[pɑːr'tɪsɪpeɪt]

vi. **参加某事；分享某事**

派 participation *n.* 参加，参与

例 Over half the population of this country participate in sport. // 这个国家一半以上的人口参加体育锻炼。

particle
['pɑːrtɪkl]

n. **微粒；极小量**

英 A particle of something is a very small piece or amount of it.

例 a particle of hot metal // 热金属微粒

□ **partisan**
['pɑːrtəzn]

adj. 偏袒的

派 partisanship *n.* 党派性

例 He is clearly too partisan to be a referee. // 他倾向性过于明显，当不了裁判。

n. (党派等的）强硬支持者

□ **party**
['pɑːrti]

n. 当事人；社交聚会；党

英 A party is a political organization whose members have similar aims and beliefs. Usually the organization tries to get its members elected to the government of a country.

例 a member of the Labour Party // 工党党员

□ **rally**
['ræli]

vt. 召集；集合

英 When people rally to something or when something rallies them, they unite to support it.

例 His supporters have rallied to his defence. // 他的拥护者团结起来为他辩护。

□ **ranch**
[ræntʃ]

n. 大牧场

例 He lives on a cattle ranch in Australia. // 他在澳大利亚靠一个牧牛场为生。

□ **spurious**
['spjʊriəs]

adj. 假的；伪造的

派 spuriously *adv.* 伪造地

例 spurious sciences // 伪科学

□ **squeeze**
[skwiːz]

vi. & vt. 挤；榨；压榨

英 If you squeeze something, you press it firmly, usually with your hands.

例 He squeezed her arm reassuringly. // 他安慰地捏了捏她的胳膊。

□ **squid**
[skwɪd]

n. 鱿鱼；乌贼

例 Add the prawns and squid and cook for 2 minutes. // 放入对虾和鱿鱼，烹炒 2 分钟。

□ **squire**
[skwaɪr]

n. <英>地主；乡绅

英 In former times, the squire of an English village was the man who owned most of the land in it.

□ **squirrel**
['skwɜːrəl]

n. 松鼠

□ **stability**
[stə'bɪlɪti]

n. 稳定；稳定性

例 I am confident that we can restore peace, stability and respect for the rule of law. // 我相信我们能恢复和平、稳定和对法治的尊重。

□ **stable**
['steɪbl]

adj. 稳定的；牢固的

例 The people are in a mentally stable condition. // 人们情绪稳定。

n. 马棚

□ **stack**
[stæk]

n. 垛；干草堆

□ **stage**
[steɪdʒ]

n. 阶段；舞台

□ **transatlantic**
[ˌtrænsət'læntɪk]

adj. 横跨大西洋的

英 Transatlantic flights or signals go across the Atlantic Ocean, usually between the United States and Britain.

例 Many transatlantic flights land there. // 许多跨大西洋的航班在那里着陆。

□ **transcend**
[træn'send]

vi. & vt. 超越；优于

记 trans(横过，越过) + scend(爬)→爬过→超越

派 transcendent *adj.* 卓越的

例 A possible explanation for this inconsistency is that legitimation and competitive forces transcend national boundaries. // 这个矛盾的一种可能的解释是，合法性和竞争的力量超越了国家的边界。

□ **transitory**
['trænsətɔːri]

adj. 短暂的；瞬息的

记 trans（变换）+ it（走）+ ory（……的）→你走他来→短暂的

派 transitorily *adv.* 短暂地

例 the transitory nature of beauty // 美貌昙花一现的本质

□ **violate**
['vaɪəleɪt]

vt. 违犯；违背

记 viol（违反，侵犯）+ ate（表动词）→违犯，亵渎［圣物］，冒犯，干扰

派 violation *n.* 违反

例 They violated the ceasefire agreement. // 他们违反了停火协议。

□ **virtually**
['vɜːtʃuəli]

adv. 实际上；事实上

例 It is virtually impossible to research all the information. // 要对所有的信息进行分析研究几乎是不可能的。

□ **virtue**
['vɜːtʃuː]

n. 美德；德行；优点

记 vir（男人）+ tue→有男子气概→美德

派 virtueless *adj.* 无美德的

例 Humility is considered a virtue. // 谦虚被认为是一种美德。

Check !

□ annihilate	□ lease	□ vindictive	□ homesteader
□ annual	□ mineral	□ tranquilize	□ gratuitous
□ annul	□ minimize	□ trajectory	□ flicker
□ bribe	□ novelty	□ spread	□ excavate
□ confer	□ paraphrase	□ spouse	□ examine
□ confide	□ parasitize	□ raid	□ exaggerate
□ discrimination	□ pare	□ raft	□ disgust
□ disenfranchise	□ radically	□ parliament	□ disdain
□ disinterested	□ rage	□ parch	□ conflict
□ exalt	□ sponsor	□ parasite	□ confine
□ exasperate	□ sprawl	□ novice	□ confess
□ fleet	□ sprinkler	□ minister	□ bacteria
□ grateful	□ tranquil	□ mingle	□ anomalous
□ homeostasis	□ transaction	□ leech	□ annually
□ insist	□ vintage	□ inspect	

Word List 27

扫码关注后回复 70879
免费下载配套音频

看看有没有已经认识的单词

- antifreeze
- antique
- antiseptic
- antislavery
- brokerage
- browse
- bruise
- conjunct
- conjure
- connotation
- conscience
- consensus
- consent
- consequence
- consequent
- disperse
- disposable

- dispose
- excessive
- exclamation
- exclude
- excrete
- excuse
- flamboyant
- flame
- flap
- greedy
- gregarious
- homology
- horizon
- instinct
- institute
- legislate
- legitimate

- mirror
- misdemeanor
- miserable
- nuisance
- null
- pastoral
- pasture
- patch
- patent
- paternal
- paternalistic
- pathetic
- patient
- rancher
- ransom
- rarely

- rash
- stagnant
- stake
- stalk
- stanch
- staple
- starve
- statist
- statistic
- translucent
- transmit
- transpiration
- trap
- virtuous
- virus
- visual

☐ **antifreeze**
[ˌæntɪˈfriːz]

n. 防冻剂

☐ **antique**
[ænˈtiːk]

n. 古玩

英 An antique is an old object such as a piece of china or furniture which is valuable because of its beauty or rarity.

例 a genuine antique // 一件古董真品

adj. 古代的；过时的

☐ **antiseptic**
[ˌæntɪˈseptɪk]

adj. 防腐的；无菌的

英 Something that is antiseptic kills germs and harmful bacteria.

例 These vegetables and herbs have strong antiseptic qualities. // 这些蔬菜和草本植物有很强的杀菌性。

☐ **antislavery**
[ˌæntɪˈsleɪvəri]

adj. 反对奴隶制度的

☐ **brokerage**
[ˈbroʊkərɪdʒ]

n. 佣金；中间人业务

英 A brokerage fee or commission is the money charged by a broker for his or her services.

例 And it usually involved buying on margin—that is, borrowing money from the brokerage. // 而且这通常涉及凭保证金额度买进——也就是说，从经纪人那里借钱。

☐ **browse**
[braʊz]

vt. 吃草；随便翻阅

例 Two cows browsed the hillside. // 两头牛在山坡上吃草。

I'm browsing the bookshelves for books to read. // 我正在书架上找书阅读。

☐ **bruise**
[bruːz]

vt. 使挫伤

英 If you bruise a part of your body, a bruise appears on it, for example because something hits you. If you bruise easily, bruises appear when something hits you only slightly.

例 I had only bruised my knee. // 我只是把膝盖给碰伤了。

n. 瘀伤

例 bruises on the fruit's skin // 水果表皮的碰伤

□ **conjunct**
[kən'dʒʌŋkt]

adj. 结合的；共同的

记 con（共同）+ junct（结合，连接）→ *adj.* 结合的，共同的

□ **conjure**
['kɑːndʒər]

vi. & vt. 变魔术般地创造出

例 Thirteen years ago she found herself having to conjure a career from thin air. // 13 年前，她认识到自己得白手起家创造出一番事业来。

□ **connotation**
[ˌkɑːnə'teɪʃn]

n. 内涵；含蓄

英 The connotations of a particular word or name are the ideas or qualities which it makes you think of.

例 What is the nature and connotation of the balanced development? // 均衡发展的性质和内涵是什么？

□ **conscience**
['kɑːnʃəns]

n. 良心；道德心

□ **consensus**
[kən'sensəs]

n. 一致；舆论

英 A consensus is general agreement among a group of people.

□ **consent**
[kən'sent]

vi. 同意；答应

例 He consented to make a few alteration. // 他同意做一些改动。

n. 同意

□ **consequence**
['kɑːnsəkwens]

n. 结果，成果

□ **consequent**
['kɑːnsɪkwent]

adj. 随之发生的；必然的

英 Consequent means happening as a direct result of an event or situation.

例 The warming of the Earth and the consequent climatic changes affect us all. // 地球变暖以及随之而来的气候变化影响着我们所有人。

□ **disperse**
[dɪ'spɜːrs]

vt. （使）分散；（使）散开

记 dis（分开）+ spers（散开）+ e → 分散

派 dispersive *adj.* 分散的

□ **disposable**
[dɪˈspoʊzəbl]

adj. **一次性的；可任意处理的**

英 A disposable product is designed to be thrown away after it has been used.

例 disposable nappies suitable for babies up to 8lb // 适合 8 磅以下婴儿使用的一次性尿布

□ **dispose**
[dɪˈspoʊz]

vi. & *vt.* **处理；处置**

派 disposal *n.* （事情的）处置

□ **excessive**
[ɪkˈsesɪv]

adj. **过多的；极度的**

例 Excessive drinking is harmful to the health. // 饮酒过多会伤害身体。

□ **exclamation**
[ˌekskləˈmeɪʃn]

n. **感叹；惊叫**

□ **exclude**
[ɪkˈskluːd]

vt. **排除；不包括；排斥**

记 ex（出）+ clud（关闭）+ e→关出去→排除

派 excludable *adj.* 可排他的

例 The army should be excluded from political life. // 军队不应该涉足政治。

□ **excrete**
[ɪkˈskriːt]

vt. **排泄；分泌；排出**

□ **excuse**
[ɪkˈskjuːz] / [ɪkˈskjuːs]

vi. & *vt.* **原谅；免除**

例 That doesn't excuse my mother's behaviour. // 那并不能为我母亲的行为辩解。

n. **借口**

□ **flamboyant**
[flæmˈbɔɪənt]

adj. **引人注目的；炫耀的**

例 Freddie Mercury was a flamboyant star of the British hard rock scene. // 弗雷迪·摩克瑞是英国硬摇滚乐界一颗耀眼的明星。

□ **flame**
[fleɪm]

vi. & *vt.* **燃烧；面红**

例 Her cheeks flamed an angry red. // 她气得脸涨红了。

n. **火焰；热情**

□ **flap**
[flæp]

n. **扁平物；拍打**

例 He drew back the tent flap and strode out into the blizzard. // 他拉开帐篷的门帘，大步走进暴风雪中。

□ **greedy**
['gri:di]

adj. 贪婪的；贪心的

□ **gregarious**
[grɪ'geɪriəs]

adj. 群居；爱交际的

例 She is such a gregarious and outgoing person. // 她很外向，喜欢结交朋友。

□ **homology**
[hoʊ'mɑ:lədʒɪ]

n. 相同；同族关系

□ **horizon**
[hə'raɪzn]

n. 地平线

□ **instinct**
['ɪnstɪŋkt]

n. 本能；直觉

例 I didn't have as strong a maternal instinct as some other mothers. // 我不像一些别的母亲那样有那么强烈的母性本能。

□ **institute**
['ɪnstɪtu:t]

vt. 建立；制定；着手

英 If you institute a system, rule, or course of action, you start it.

派 institution *n.* 机构

例 We will institute a number of measures to better safeguard the public. // 我们将实施一系列措施更好地保护公众安全。

n. 学院；协会

□ **legislate**
['ledʒɪsleɪt]

vi. & vt. 立法；制定法律

英 Legislation consists of a law or laws passed by a government.

派 legislation *n.* 立法；制定法律

□ **legitimate**
[lɪ'dʒɪtəmɪt]

adj. 合法的；正规的

英 Something that is legitimate is acceptable according to the law.

派 legitimacy *n.* 合法（性）

例 The French government has condemned the coup in Haiti and has demanded the restoration of the legitimate government. // 法国政府对海地政变表示谴责，并要求恢复合法政府的地位。

□ **mirror**
['mɪrər]

n. 镜子

□ **misdemeanor**
[ˌmɪsdɪˈmiːnər]

n. [律] 轻罪

例 Charge with a crime or misdemeanor. // 对犯罪或轻罪提出控告。

□ **miserable**
[ˈmɪzərəbl]

adj. 悲惨的

例 I took a series of badly paid secretarial jobs which made me really miserable. // 我做了几份薪酬微薄的秘书工作，这让我非常郁闷。

□ **nuisance**
[ˈnuːsns]

n. 讨厌的人（或事物）；[律] 妨害行为

例 Sorry to be a nuisance. // 抱歉添麻烦了。

□ **null**
[nʌl]

adj. [术] 零值的；失效的

英 If an agreement, a declaration, or the result of an election is null and void, it is not legally valid.

例 A spokeswoman said the agreement had been declared null and void. // 女发言人称该协议已宣布无效。

□ **pastoral**
[ˈpæstərəl]

adj. 牧师的；主教的

例 the pastoral care of the sick // 牧师对病人的关怀

n. 牧歌；田园诗

例 the pastoral beauty of a park // 公园里的田园式美景

□ **pasture**
[ˈpæstʃər]

n. 牧草地

□ **patch**
[pætʃ]

vt. 补缀；修补

例 patched clothes // 打着补丁的衣服

n. 补片；贴片

□ **patent**
[ˈpætnt]

n. 专利；专利品

□ **paternal**
[pəˈtɜːrnl]

adj. 父亲的；父系的

例 paternal love for his children // 对子女的父爱

□ **paternalistic**
[pəˌtɜːrnəˈlɪstɪk]

adj. 家长作风的

英 Someone who is paternalistic takes all the decisions for the people they govern, employ, or are responsible for.

例 IBM has always been a paternalistic employer. // 国际商用机器公司一直是个家长作风很强的雇主。

□ **pathetic**
[pə'θetɪk]

adj. 令人同情的；可怜的

例 a pathetic little dog with a curly tail // 可怜的卷尾巴小狗

□ **patient**
['peɪʃənt]

adj. 有耐性的；能容忍的

例 He was endlessly kind and patient with children. // 他对孩子们总是非常好，很有耐心。

□ **rancher**
['ræntʃər]

n. 大农（或牧）场经营者

□ **ransom**
['rænsəm]

vt. 赎回

英 If you ransom someone who has been kidnapped, you pay the money to set them free.

例 The same system was used for ransoming or exchanging captives. // 相同的制度还应用于赎回或交换俘虏。

n. 付赎金救人；赎金

□ **rarely**
['rerli]

adv. 很少；罕有地

例 She is rarely seen in public nowadays. // 如今她很少公开露面。

□ **rash**
[ræʃ]

adj. 鲁莽的；轻率的

英 If someone is rash or does rash things, they act without thinking carefully first, and therefore make mistakes or behave foolishly.

派 rashness *n.* 轻率，鲁莽

例 It would be rash to rely on such evidence. // 依靠这样的证据是草率的。

□ **stagnant**
['stægnənt]

adj. 停滞不前的；不发展的

例 He is seeking advice on how to revive the stagnant economy. // 他正在就如何振兴低迷的经济征求意见。

□ **stake**
[steɪk]

n. 桩；刑柱；重大利益

英 If something is at stake, it is being risked and might be lost or damaged if you are not successful.

例 The tension was naturally high for a game with so much at stake. // 对于一场成败攸关的比赛来说气氛自然非常紧张。

□ **stalk**
[stɔːk]

n. (植物的）茎；叶柄
例 corn stalks // 玉米秆
vi. & *vt.* 偷偷靠近
例 He is stalking the girl. // 他跟踪那个女孩。

□ **stanch**
[stæntʃ]

vt. 使（伤口）止血
例 stanch the blood flow // 止住血流
adj. 坚固的

□ **staple**
['steɪpl]

n. 主要产品；订书针

□ **starve**
[stɑːrv]

vi. 挨饿
例 A number of the prisoners we saw are starving. //
我们看到的许多囚犯快要饿死了。

□ **statist**
['steɪtɪst]

n. 统计学者

□ **statistic**
[stə'tɪstɪk]

n. （一项）统计数据；统计量
例 There are no reliable statistics for the number of
deaths in the battle. // 关于战争中的阵亡人数
没有可靠的统计数字。

□ **translucent**
[træns'luːsnt]

adj. 半透明的；有光泽的
记 trans（穿过）+ luc（明亮）+ ent→穿过明亮→
半透明
例 The building is roofed entirely with translucent
corrugated plastic. // 这座建筑完全用半透明
的瓦楞塑料封顶。

□ **transmit**
[træns'mɪt]

vi. & *vt.* 传输；传送
派 transmissive *adj.* 能传送的
例 The game was transmitted live in Spain and Italy. //
这场比赛在西班牙和意大利进行了现场直播。

□ **transpiration**
[ˌtrænspə'reɪʃn]

n. 蒸发；散发
英 Transpiration is the evaporation of water from a
plant's leaves, stem, or flowers.

□ **trap**
[træp]

vt. 诱骗；设陷阱捕捉
英 If you trap someone into doing or saying
something, you trick them so that they do or say
it, although they did not want to.

例 Were you just trying to trap her into making some admission? // 你刚才是想诱使她供认吗？
The locals were encouraged to trap and kill the birds. // 当地居民过去被鼓励设捕捉器捕杀这种鸟。
n. 陷阱；罗网

□ **virtuous**
['vɜːrtʃuəs]

n. 有道德的；善良的
例 Louis was shown as an intelligent, courageous and virtuous family man. // 路易斯在人们眼里是一个智慧、勇敢、品德高尚的顾家男人。

□ **virus**
['vaɪrəs]

n. 病毒
英 A virus is a kind of germ that can cause disease.
例 There are many different strains of flu virus. // 流感病毒有很多不同类型。

□ **visual**
['vɪʒuəl]

adj. 视觉的；看得见的   *n.* 画面

Check !

□ hominid	□ gravity	□ virtually	□ leery
□ inspire	□ minority	□ transitory	□ install
□ instant	□ mirage	□ transatlantic	□ homogeneous
□ legacy	□ nuclear	□ stack	□ graze
□ anonymous	□ parole	□ stability	□ flee
□ antagonism	□ participate	□ squire	□ flavor
□ anthropologist	□ partisan	□ squeeze	□ exceed
□ brisk	□ rally	□ ranch	□ dispatch
□ conform	□ spurious	□ party	□ dislodge
□ campus	□ squid	□ particle	□ congress
□ congregate	□ squirrel	□ parson	□ congest
□ conjecture	□ stable	□ parlor	□ confront
□ dismiss	□ stage	□ noxious	□ broaden
□ dispense	□ transcend	□ miracle	□ anticipate
□ excerpt	□ violate	□ legend	□ antelope
□ fledge	□ virtue		

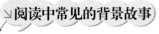

阅读中常见的背景故事

女权主义

"女权主义"一词源自西方，可理解成一个主要以女性经验为来源与动机的社会理论与政治运动。

第一代女权运动风潮

西方女权主义起源于法国资产阶级革命和启蒙运动以后，19世纪下半叶出现第一代，和欧洲工业革命同步，代表人物是英国的哈莉耶特·泰勒·密尔（Harriet Taylor Mill）。最初的诉求是妇女在受教育和立法上应当平等，在经济上与男性平等。她们主要是从经济方面诉求妇女的解放，对以后的女权主义运动，特别是马克思主义和社会主义女权运动有很大影响，这一代有影响的文学作品有易卜生的《娜拉》、托尔斯泰的《安娜·卡列尼娜》等。这一时期，女权主义还没有上升到理论高度，主要是一些实践活动。

第二代女权运动风潮

从20世纪初到20世纪60年代，经历了两次世界大战，殖民制度瓦解，女权主义在这个大动荡的时期也各自为营。这个时期的女权主义主要有三个派别。

（1）激进主义女权主义：以凯特·米勒特（Kate Millet）、凯瑟琳·麦金农（Catharine MacKinnon）等人为代表，最主要的理论建树是父权制（patriarchy）理论。激进女权主义的父权制理论并不把国家作为政治的中心议题，而是认为国家只是父权制压迫的工具；它不看重经济压迫，并且认为，那种以为推翻了经济压迫一切问题就会迎刃而解的观点是错误的。女人是作为女人而遭受经济压迫的，不是作为一个性别中立的无产阶级成员而遭受经济压迫的。这一理论还认为，家庭是社会权力结构的中心部分，其中包括在家务劳动上对女性的剥削、性剥削等。

（2）马克思主义女权主义：以朱丽叶·米切尔（Juliet Mitchell）为代表，是经典马克思主义对妇女从属地位及解放路线的论述。这种观点把问题简单化了，经济解放固然是妇女解放的条件，但经济问题解决了，妇女解放也不一定能实现。

（3）自由主义女权主义：以贝蒂·佛里丹（Betty Friedan）等为代表人物。该理论认为人人都有理性，都有权参与社会政治生活，其理论根源于资产阶级的启蒙运动。

第三代女权运动风潮（后现代）

后现代女权主义开始于 20 世纪 60 到 80 年代，它的产生大概与两个因素有关：一个因素是，60 年代的性解放和将男女对立起来的女权思想，带来了无数的家庭破裂、单亲母亲、问题儿童和艾滋病流行，于是人们反思：社会值不值得为性解放和女权主义付出那么大的代价？另一个因素是，80 年代以后，越来越多的女人占据了政府、企业、学校、传媒的领导地位，当了老板，于是，后现代的女权应运而生。

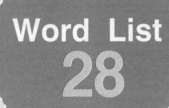

Word List 28

扫码关注后回复 70879
免费下载配套音频

看看有没有已经认识的单词

- apathetic
- apologize
- apology
- apparent
- appeal
- bud
- budget
- conservative
- conserve
- consist
- consistently
- console
- consolidate
- conspicuous

- disposition
- dispute
- disrupt
- disseminate
- dissent
- executive
- exemplify
- exempt
- firm
- fiscal
- fistful
- flake
- grievance
- grim

- hormone
- instruct
- insulate
- insulin
- lensed
- leopard
- misgive
- mishap
- missionary
- numerous
- patron
- pattern
- paucity
- pawn

- peak
- pearl
- ratify
- rattle
- statue
- status
- steady
- stealthy
- steel
- steer
- traverse
- tray
- vacillate
- vacuum

☐ **apathetic**
[ˌæpəˈθetɪk]

adj. 无动于衷的；冷淡的

英 If you describe someone as apathetic, you are criticizing them because they do not seem to be interested in or enthusiastic about doing anything.

例 Even the most apathetic students are beginning to sit up and listen. // 连最不感兴趣的学生都开始坐直了听讲。

☐ **apology**
[əˈpɑːlədʒi]

n. 道歉认错；愧悔

例 I didn't get an apology. // 还没有人向我道歉。

☐ **apparent**
[əˈpærənt]

adj. 显然的；表面上的

例 However that is not apparent yet. // 然而，那种情况现在还不明显。

☐ **appeal**
[əˈpiːl]

vi. & vt. 有吸引力；（迫切）要求

英 If you appeal to someone to do something, you make a serious and urgent request to them.

例 The Prime Minister appealed to young people to use their vote. // 首相呼吁年轻人行使他们的投票权。

n. 上诉；呼吁；（迫切的）要求

☐ **apologize**
[əˈpɑːlədʒaɪz]

vi. 道歉；谢罪

☐ **bud**
[bʌd]

vi. 发芽

英 When a tree or plant is budding, buds are appearing on it or are beginning to open.

例 The leaves were budding on the trees below. // 下面的树正在发芽。

n. 萌芽；未成熟的人

☐ **budget**
[ˈbʌdʒɪt]

n. 预算

派 budgetary *adj.* 预算上的

☐ **conservative**
[kənˈsɜːrvətɪv]

adj. 保守的

派 conservatism *n.* 保守主义
conservative *n.* 保守派

例 He listed himself as a conservative. // 他自称是一个保守主义者。

□ **conserve**
[kən'sɜːrv]

vt. 保存

例 So the body needs salt and knows how to find it and how to conserve it. // 所以我们的身体需要盐、知道怎么去找到盐，也知道如何节约用盐。

□ **consist**
[kən'sɪst]

vi. 由……组成

例 Breakfast consisted of porridge served with butter. // 早餐是麦片粥配佐餐黄油。

□ **consistently**
[kən'sɪstəntli]

adv. 一贯地；一致地

例 This is a policy we have pursued consistently. // 这是我们一贯奉行的政策。

□ **console**
[kən'soʊl]

vt. 安慰；慰问

例 "Never mind, Ned," he consoled me. // "没关系，内德。"他安慰我说。

n. 控制台

□ **consolidate**
[kən'sɑːlɪdeɪt]

vt. 巩固；使固定；合并

派 consolidation *n.* 巩固

例 They consolidated seven provinces to form four new ones. // 他们把 7 个省合并成 4 个新的省。

□ **conspicuous**
[kən'spɪkjuəs]

adj. 明显的

□ **disposition**
[ˌdɪspə'zɪʃn]

n. 处置；[心理]性情；倾向

记 dis（分开）+ posit（放）+ ion（表名词）→分开放→安排→引申为人的喜好，心情

例 She has a good disposition. // 她的性情好。

□ **dispute**
[dɪ'spjuːt]

vi. & vt. 辩论；争论

记 dis（分开）+ put（认为，思考）+ e→各抒己见

□ **disrupt**
[dɪs'rʌpt]

vt. 破坏；使瓦解；使中断

记 dis（分开）+ rupt（断裂）→分开断→使崩溃，瓦解

派 disrupter *n.* 分裂者

例 The bad news disrupted our conference. // 这则坏消息搅乱了我们的会议。

□ **disseminate**
[dɪ'semɪneɪt]

vt. 传播；散布

记 dis（分开）+ semin（种子）+ ate（表动词）→散布（种子）

派 dissemination *n.* 散播，宣传

例 The company disseminated information about its new programmes. // 公司传播有关其新计划的信息。

□ **dissent**
[dɪˈsent]

n. 意见的分歧；异议

例 He is the toughest military ruler yet and has responded harshly to any dissent. // 他是迄今最强硬的军事统治者，对任何异议都一律进行打压。

vi. 不同意

□ **executive**
[ɪgˈzekjətɪv]

n. 总经理；行政部门

英 An executive is someone who is employed by a business at a senior level. Executives decide what the business should do, and ensure that it is done.

例 an advertising executive // 广告主管

□ **exemplify**
[ɪgˈzempləfaɪ]

vt. 是……的典型；举例证明

英 If a person or thing exemplifies something such as a situation, quality, or class of things, they are a typical example of it.

例 The room's style exemplifies Conran's ideal of "beauty and practicality". // 那个房间的风格是体现康兰美观和实用观念的典范。

□ **exempt**
[ɪgˈzempt]

vt. 使免除；豁免

例 South Carolina claimed the power to exempt its citizens from the obligation to obey federal law. // 南卡罗来纳州声称有权力免除该州公民遵守联邦法规的义务。

□ **firm**
[fɜːrm]

adj. 坚固的；坚牢的

派 firmly *adv.* 坚固地

n. 公司

□ **fiscal**
[ˈfɪskl]

adj. <美>财政上的

例 In 1987, the government tightened fiscal policy. // 1987 年，政府紧缩财政政策。

□ **fistful**
[ˈfɪstfʊl]

n. 一把；一批

□ **flake**
[fleɪk]

n. 小薄片

例 corn flake // 玉米片

□ **grievance**
['griːvəns]

n. 不平；抱怨

记 grieve（悲伤）+ ance（表名词）→说悲伤的话 →牢骚

例 They had a legitimate grievance. // 他们的抱怨是合乎情理的。

□ **grim**
[grɪm]

adj. 冷酷的；严厉的

例 They painted a grim picture of growing crime. // 他们描绘了犯罪率上升的严峻情形。

□ **hormone**
['hɔːrmoʊn]

n. 荷尔蒙；激素

□ **instruct**
[ɪn'strʌkt]

vt. 指示；命令；指导

例 The family has instructed solicitors to sue Thomson for compensation. // 那家人已经指示律师起诉汤姆森，要求赔偿。

□ **insulate**
['ɪnsəleɪt]

vt. 使隔离；使绝缘

记 insul（岛屿，sul 有"单独"之意）+ ate（表动词）→变成岛的状态→隔离

派 insulation *n.* 隔离

例 A wet suit provides excellent insulation. // 湿式潜水服有极佳的隔热性能。

□ **insulin**
['ɪnsəlɪn]

n. 胰岛素

□ **lensed**
['lenzd]

adj. 有透镜的

例 Theoretically, the coupling of cone lensed polarization maintaining fiber with super luminescent diodes is analyzed. // 对采用锥形光纤微透镜的保偏光纤与超辐射发光二极管的耦合进行了理论分析。

□ **leopard**
['lepərd]

n. 豹

□ **misgive**
[mɪs'gɪv]

vt. 使（某人的情绪、精神等）疑虑；担忧

英 suggest fear or doubt

□ **mishap**
['mɪshæp]

n. 灾难；坏运气

英 A mishap is an unfortunate but not very serious event that happens to someone.

记 mis（错过）＋hap（运气）→运气不好

□ **missionary**
['mɪʃəneri]

n. 传教士

□ **numerous**
['nuːmərəs]

adj. 许多的

例 Sex crimes were just as numerous as they are today. // 当时性犯罪和现在一样多。

□ **patron**
['peɪtrən]

n. 赞助人

□ **pattern**
['pætərn]

n. 模式；榜样

例 A change in the pattern of his breathing became apparent. // 他的呼吸方式明显有了变化。

□ **paucity**
['pɔːsɪti]

n. 少数；少量

例 paucity of imagination // 想象力匮乏

□ **pawn**
[pɔːn]

n. 典当；抵押物

例 He is contemplating pawning his watch. // 他正在考虑抵押他的手表。

□ **peak**
[piːk]

n. 山峰；最高点

例 The party's membership has fallen from a peak of fifty-thousand after the Second World War. // 第二次世界大战后该党党员人数已从 5 万人的峰值上降下来了。

Temperatures have peaked at over thirty degrees Celsius. // 温度最高达 30 摄氏度以上。

□ **pearl**
[pɜːrl]

n. 珍珠

例 Her advice includes perfectly true but rather fulsome pearls of wisdom. // 她的建议中有完全正确的金玉良言，但有过于恭维之嫌。

□ **ratify**
['rætəfaɪ]

vi. & *vt.* 批准；认可

派 ratification *n.* 批准；承认

□ **rattle**
['rætl]

vi. & *vt.* （使）发出格格的响声

例 She slams the kitchen door so hard I hear dishes rattle. // 她把厨房门重重地关上，我甚至听到了碟子的震颤声。

☐ **statue**
['stætʃuː]

n. 雕像；塑像

☐ **status**
['steɪtəs]

n. 地位；身份

例 People of higher status tend more to use certain drugs. // 社会地位较高的人往往更容易吸食某种毒品。 They have no wish for any change in the status quo. // 他们不想改变现状。

☐ **steady**
['stedi]

adj. 稳固的；平稳的

派 steadily *adv.* 平稳地

☐ **stealthy**
['stelθi]

adj. 秘密的；鬼鬼祟祟的

英 Stealthy actions or movements are performed quietly and carefully.

例 It was a stealthy sound made by someone anxious not to be heard. // 这是有人不想让别人听到而偷偷摸摸移动的声音。

☐ **steel**
[stiːl]

n. 钢铁；钢制品

例 the iron and steel industry // 钢铁工业

☐ **steer**
[stɪr]

vi. & vt. 掌（船）舵；带领

例 steer a car // 开车
Nick steered them into the nearest seats. // 尼克将他们领到最近的座位上。

☐ **traverse**
[trə'vɜːrs]

vi. & vt. 通过；横越

英 If someone or something traverses an area of land or water, they go across it.

例 I traversed the narrow pedestrian bridge. // 我走过狭窄的人行天桥。

n. 穿过

☐ **tray**
[treɪ]

n. 盘子；托盘

☐ **vacillate**
['væsəleɪt]

vi. 摇摆；犹豫

英 If you vacillate between two alternatives or choices, you keep changing your mind.

派 vacillation *n.* 摇摆

例 She vacillates between men twice her age and men younger than she. // 她犹豫不决，不知道是该选择年龄比她大一倍的男人还是选比她小的男人。

□ **vacuum**
['vækjuəm]

n. **真空；空虚**

英 A vacuum is a space that contains no air or other gas.

例 Wind is a current of air caused by a vacuum caused by hot air rising. // 风是由于热空气上升产生真空导致的一种气流运动。

vi. & vt. **用真空吸尘器清扫**

例 I vacuumed the carpets today. // 今天我用吸尘器清洁了地毯。

Check !

□ antifreeze	□ legitimate	□ virus	□ legislate
□ antique	□ misdemeanor	□ trap	□ instinct
□ antislavery	□ nuisance	□ transmit	□ homology
□ browse	□ pastoral	□ statistic	□ greedy
□ conjunct	□ patch	□ starve	□ flame
□ connotation	□ paternal	□ stanch	□ excuse
□ consensus	□ pathetic	□ stake	□ exclude
□ consequence	□ rancher	□ rash	□ excessive
□ disperse	□ rarely	□ ransom	□ disposable
□ dispose	□ stagnant	□ patient	□ consequent
□ exclamation	□ stalk	□ paternalistic	□ consent
□ excrete	□ staple	□ patent	□ conscience
□ flamboyant	□ statist	□ pasture	□ conjure
□ flap	□ translucent	□ null	□ bruise
□ gregarious	□ transpiration	□ miserable	□ brokerage
□ horizon	□ virtuous	□ mirror	□ antiseptic
□ institute	□ visual		

Word List 29

扫码关注后回复 70879
免费下载配套音频

看看有没有已经认识的单词

- □ append
- □ appetite
- □ applaud
- □ appoint
- □ appraise
- □ bump
- □ conspire
- □ constituent
- □ constitute
- □ constrain
- □ consult
- □ consume
- □ consummate
- □ dissipate
- □ dissolve
- □ distance
- □ distinct
- □ exert
- □ exhaust
- □ fidelity
- □ fierce
- □ figure
- □ filter
- □ grind
- □ horticulture
- □ hostile
- □ insult
- □ insurance
- □ intangible
- □ integrate
- □ lesion
- □ lethal
- □ mitigate
- □ moan
- □ mock
- □ nutrient
- □ peasant
- □ pebble
- □ peck
- □ peculiar
- □ pedestal
- □ pedestrian
- □ peer
- □ ravage
- □ raven
- □ stellar
- □ stem
- □ sterile
- □ stern
- □ stew
- □ stiff
- □ stifle
- □ tread
- □ treason
- □ treat
- □ vital
- □ vocal

append
[ə'pend]

vt. 附加；添加

英 When you append something to something else, especially a piece of writing, you attach it or add it to the end of it.

例 Violet appended a note at the end of the letter. // 维奥莱特在信的末尾附加了一条备注。

appetite
['æpɪtaɪt]

n. 欲望；胃口

英 Your appetite is your desire to eat.

例 She gave him just enough information to whet his appetite. // 她向他透露的信息刚好能吊起他的胃口。

applaud
[ə'plɔːd]

vi. & *vt.* 鼓掌（以示赞赏）

英 When a group of people applaud, they clap their hands in order to show approval, for example when they have enjoyed a play or concert.

例 The audience laughed and applauded. // 观众边笑边鼓掌。

vt. 称赞，赞许

appoint
[ə'pɔɪnt]

vt. 任命；指定

派 appointee *n.* 被任命者

例 We appointed the school-house as the place for the meeting. // 我们确定校舍为会面地点。

appraise
[ə'preɪz]

vt. 估量；评价

派 appraisal *n.* 评价

例 This prompted many employers to appraise their selection and recruitment policies. // 这促使许多雇主考量其人才选拔和招聘政策。

bump
[bʌmp]

vi. & *vt.* 颠簸；碰撞

英 If you bump into something or someone, you accidentally hit them while you are moving.

例 They stopped walking and he almost bumped into them. // 他们停下了脚步，结果他差点儿撞到他们身上。

n. 肿块；碰撞

例 Small children often cry after a minor bump. // 小孩子常常是稍微磕碰一下就哭。

conspire
[kən'spaɪr]

vi. 共谋；协力

例 The criminals conspired to rob a bank. // 这些罪犯阴谋策划抢劫银行。

□ **constituent**
[kənˈstɪtjʊənt]

adj. 构成的；选举的

例 What happens in the intestine is that food gets broken down into constituent molecules, some of those molecules are absorbed into our bodies. // 在肠道中，食物必须分解成基本的组成分子，其中一些分子才能被我们的身体吸收。

n. 成分；选民；委托人

□ **constitute**
[ˈkɑːnstətuːt]

vt. 构成，组成；指派

记 con（共同）+ stitut（建立，放）+ e→放到一起→构成

例 The vote hardly constitutes a victory. // 这次投票很难被视为一次胜利。

□ **constrain**
[kənˈstreɪn]

vt. 强迫；束缚；驱使

记 con(一起) + strain(拉紧)→拉到一起→限制，强制

派 constrainedly *adv.* 勉强地

例 The company has constrained the growth of health care costs while expanding medical services. // 该公司在增加医疗服务项目的同时缩减了医疗保健开支。

□ **consult**
[kənˈsʌlt]

vi. & vt. 商议，商量；[医] 会诊；咨询

记 con（一起）+ sult（跳 [该 "跳" 为活跃之意]）→一起跳，一起讨论→商量，商议

例 If you are in any doubt, consult a financial adviser. // 如有任何疑问，请向财务顾问咨询。

□ **consume**
[kənˈsuːm]

vt. 消费；耗尽

例 The march would consume half of the useful life of the vehicle. // 此次长途跋涉将过度损耗车辆的寿命。

□ **consummate**
[ˈkɑːnsəmeɪt]

vt. （婚礼后的）圆房；完成

记 con（全部）+ sum（总，加）+ mate→全部总和→完成的

例 There have been several close calls, but no one has been able to consummate a deal. // 有好几次死里逃生，却没有人做成一笔交易。

adj. 完美的；圆满的

英 You use consummate to describe someone who is extremely skilful.

例 He acted the part with consummate skill. // 他以精湛的演技诠释了这一角色。

□ **dissipate**
['dɪsəpeɪt]

vt. 驱散；使消散；挥霍

例 The tension in the room had dissipated. // 房间里的紧张气氛消失了。

He is dissipating his time and energy on too many different things. // 他在太多不同的事情上浪费了时间和精力。

□ **dissolve**
[dɪ'zɑːlv]

vt. 使溶解；使消失

例 Heat gently until the sugar dissolves. // 慢慢加热直到糖溶解为止。

The committee has been dissolved. // 委员会已经解散了。

□ **distance**
['dɪstəns]

n. 距离，路程

□ **distinct**
[dɪ'stɪŋkt]

adj. 明显的，清楚的；卓越的，不寻常的；有区别的

派 distinctly *adv.* 明显地

□ **exert**
[ɪg'zɜːrt]

vt. 发挥；运用

英 If someone or something exerts influence, authority, or pressure, they use it in a strong or determined way, especially in order to produce a particular effect.

派 exertion *n.* 努力；运用

例 He exerted considerable influence on the thinking of the scientific community on these issues. // 他极大地影响了科学界对这些问题的看法。

□ **exhaust**
[ɪg'zɔːst]

vt. 排出；耗尽；使精疲力竭

例 Don't exhaust him. // 不要把他累坏了。

□ **fidelity**
[fɪ'delɪti]

n. 逼真；忠诚

英 Fidelity is loyalty to a person, organization, or set of beliefs.

例 I had to promise fidelity to the Queen. // 我必须承诺效忠女王。

□ **fierce**
[fɪrs]

adj. 凶猛的；残酷的

派 fiercely *adv.* 凶猛地

□ **figure**
['fɪgjər]

vi. & vt. 计算；出现

例 Work it out and you'll find it figures. // 弄明白了你就会觉得这合情合理。

filter
['fɪltə]

vi. & vt. **过滤；渗透**

英 To filter a substance means to pass it through a device which is designed to remove certain particles contained in it.

例 The best prevention for cholera is to boil or filter water, and eat only well-cooked food. // 预防霍乱的最佳方法是将水煮沸或过滤，并且只食用煮熟后的食物。

grind
[graɪnd]

vi. & vt. **磨碎；嚼碎**

例 Store the peppercorns in an airtight container and grind the pepper as you need it. // 将胡椒粒储存在密封容器中，在需要的时候磨成粉。

n. 碾

horticulture
['hɔːrtɪkʌltʃər]

adj. **园艺学的**

记 horti（来自 Hortense，来自法国喜欢种花的女子）+ cul + ture（一般状态，行为等）→园艺学的

hostile
['hɑːstl]

adj. **怀有敌意的；敌人的**

英 If you are hostile to another person or an idea, you disagree with them or disapprove of them, often showing this in your behaviour.

例 Many people felt he would be hostile to the idea of foreign intervention. // 很多人觉得他会反对外国干预的主意。

insult
[ɪn'sʌlt]/
['ɪnsʌlt]

vt. **辱骂；侮辱**

英 If someone insults you, they say or do something that is rude or offensive.

例 I did not mean to insult you. // 我不是要故意侮辱你。

n. **侮辱**

例 Their behaviour was an insult to the people they represent. // 他们的行为是对他们代表的人民的一种侮辱。

insurance
[ɪn'ʃʊrəns]

n. **保险；保险业**

intangible
[ɪn'tændʒəbl]

adj. **触不到的；难以理解的**

记 in（不）+ tangible（*adj.* 可触摸的）→ *adj.* 不可捉摸的

派 intangibility *n.* 无形，不能把握

例 This decision may give predominant weight to a single intangible factor. // 这样的决策可能给给无形的因素以很大的影响力。

□ **integrate**
['ıntıgreıt]

vt. 使一体化；使整合

派 integration *n.* 整合

例 He didn't integrate successfully into the Italian way of life. // 他没有顺利地融入意大利的生活方式中。

□ **lesion**
['li:ʒn]

n. 身体器官组织的损伤

□ **lethal**
['li:θl]

adj. 致命的；致死的

英 A substance that is lethal can kill people or animals.

例 a lethal dose of sleeping pills // 剂量足以致命的安眠药

□ **mitigate**
['mıtıgeıt]

vi. & vt. 缓和；减轻

派 mitigatory *adj.* 缓解的

例 mitigate the effects of the affair // 减轻该事件的影响

□ **moan**
[moʊn]

n. 呻吟声；呜咽声

□ **mock**
[mɑːk]

vi. & vt. 愚弄；嘲弄

英 If someone mocks you, they show or pretend that they think you are foolish or inferior, for example by saying something funny about you, or by imitating your behaviour.

例 I thought you were mocking me. // 我还以为你在嘲笑我。

adj. 模拟的

例 "It's tragic!" swoons Jeffrey in mock horror. // "真惨啊！" 杰弗里假装吓昏了过去。

□ **nutrient**
['nuːtriənt]

n. 营养物；营养品

派 nutrition *n.* 营养

例 Magnesium is the nutrient element in plant growth. // 镁是植物生长的营养要素。

□ **peasant**
['peznt]

n. 农夫

□ **pebble**
['pebl]

n. 卵石；水晶

英 A pebble is a small, smooth, round stone which is found on beaches and at the bottom of rivers.

□ **peculiar**
[pɪˈkjuːliər]

adj. 奇怪的；特殊的

记 peculi（奇怪，特殊）+ ar（……的）→ *adj.* 奇特的，罕见的，特殊的

派 peculiarly *adv.* 异常

例 Mr Kennet has a rather peculiar sense of humour. // 肯尼特先生有种很奇怪的幽默感。

□ **pedestal**
['pedɪstl]

n. 底座；基座

例 a larger than life-sized bronze statue on a granite pedestal // 安放在花岗岩底座上的比真人尺寸还要大的青铜雕像

□ **pedestrian**
[pəˈdestriən]

n. 行人

记 ped（足，脚）+ estrian（……的人）→用脚走路的人

例 In Los Angeles a pedestrian is a rare spectacle. // 在洛杉矶很少见到步行者。

□ **peer**
[pɪr]

n. 凝视；盯着看

例 I had been peering at a hand-out. // 我一直盯着一张讲义看。

□ **peck**
[pek]

vi. & vt. 啄食；啄

例 It was winter and the sparrows were pecking at whatever they could find. // 时值冬季，麻雀啄食着能够找到的任何东西。

□ **ravage**
['rævɪdʒ]

vi. & vt. 使荒芜

英 A town, country, or economy that has been ravaged is one that has been damaged so much that it is almost completely destroyed.

记 rav（捕，夺）+ age（状态）→掠夺后的状态

例 The country has been ravaged by civil war and foreign intervention. // 这个国家一直被内战外侵所蹂躏。

□ **raven**
['reɪvn]

n. 渡鸦　*adj.* （头发）乌黑的

□ **stellar**
['stelər]
adj. 星球的；主要的
例 A constellation is a stellar system. // 一个星座就是一个恒星星系。

□ **stem**
[stem]
n. 茎；血统

□ **sterile**
['sterəl]
adj. 贫瘠的；不生育的；无效果的
英 A person or animal that is sterile is unable to have or produce babies.
派 sterility *n.* 不孕
例 George was sterile. // 乔治没有生育能力。

□ **stern**
[stɜ:rn]
adj. 严厉的；严格的
例 Mr Straw issued a stern warning to those who persist in violence. // 斯特劳先生向那些坚持进行暴力活动的人发出了严正警告。

□ **stew**
[stu:]
n. 烦恼；炖煮的菜肴
例 He's been in a stew since early this morning. // 他从今天一大早就焦虑不安。
vi. 思考；担忧
例 I'd rather let him stew. // 我宁可让他一个人去烦恼。
vi. & vt. 炖；煨

□ **stiff**
[stɪf]
adj. 严厉的；僵硬的
例 The furniture was stiff, uncomfortable, too delicate, and too neat. // 家具又硬又不舒服，太不结实而且太小巧。
She looked at him with a stiff smile. // 她看着他，脸上挤出生硬的笑。
vt. 诈骗

□ **stifle**
['staɪfl]
vi. & vt. 使窒息；扼杀
派 stifling *adj.* 令人窒息的
例 Education stifles creativity. // 教育扼杀创造力。

□ **tread**
[tred]
vi. & vt. 踩；踏
英 If you tread on something, you put your foot on it when you are walking or standing.
例 Oh, sorry, I didn't mean to tread on your foot. // 哦，对不起，我不是故意踩你脚的。

□ **treason**
['triːzn]

n. 谋反；叛国（罪）

□ **treat**
[triːt]

vi. & vt. 治疗；处理；款待

英 If you treat someone or something in a particular way, you behave towards them or deal with them in that way.

例 Artie treated most women with indifference. // 阿蒂对大多数女人都漠不关心。

n. 招待

□ **vital**
['vaɪtl]

adj. 充满活力的；致命的

例 They are both very vital people and a good match. // 他俩都很有活力，十分般配。

□ **vocal**
['voʊkl]

adj. 直言不讳的；声音的；嗓音的

例 He has been very vocal in his displeasure over the results. // 他直言不讳地表达了他对结果的不满。

n. （乐曲中的）歌唱部分

Check !

□ bud	□ misgive	□ stealthy	□ hormone
□ conservative	□ missionary	□ status	□ grievance
□ consist	□ patron	□ rattle	□ fistful
□ console	□ paucity	□ pearl	□ firm
□ conspicuous	□ peak	□ pawn	□ exemplify
□ dispute	□ ratify	□ pattern	□ dissent
□ disseminate	□ statue	□ numerous	□ disrupt
□ executive	□ steady	□ mishap	□ disposition
□ exempt	□ steel	□ leopard	□ consolidate
□ fiscal	□ traverse	□ insulin	□ consistently
□ flake	□ vacillate	□ instruct	□ conserve
□ grim	□ vacuum	□ apathetic	□ budget
□ insulate	□ tray	□ apology	□ apologize
□ lensed	□ steer	□ appeal	□ apparent

阅读中常见的背景故事

盲人有昼夜节律吗？

盲人也有昼夜节律，靠内在生物钟并受社会信息（三餐社交等）的调节，但是不如视力正常的人那么有节律。

光（感光能力）和昼夜节律的关系：光线从视网膜直接投射传送到视交叉上核（SCN），SCN再将节律信号传送到身体每个部分，比如褪黑素分泌、肝功能、肠道蠕动等。

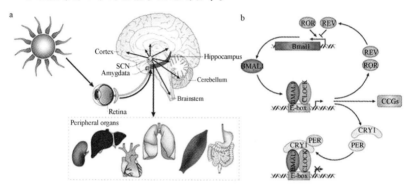

细胞是有自节律的，就算把它们养在小碟子里也可以看到这些基因的变化，如下图所示。但是在没有光线或 SCN 调节的时候它们是乱的，每个细胞的节律都可能不一样，SCN 很大的一个作用就是通过神经信号来同步它下游细胞的节律。

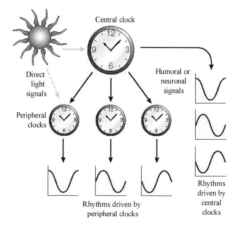

　　当完全不接受来自环境的时间线索时，人体的自体昼夜节律（内在的生物钟：internal body clock）还是根据近 24 小时的周期运行（实际上稍稍长于 24 小时）。盲人（全盲）因为无法感受光线，他们的生物钟就不受光线调节，而更多的是受到外界信息的调节，如社交活动、时钟、三餐时间等。但这种调节并不能完全补偿光线的作用，因此有些盲人就会在夜晚失眠而白天嗜睡。

扫码关注后回复 70879
免费下载配套音频

Word List 30

看看有没有已经认识的单词

- appreciate
- apprehend
- apprentice
- apprenticeship
- approach
- buoyancy
- burden
- contagious
- contaminate
- contemplate
- contemporary
- contend
- distinctive
- distinguish
- distort
- distract

- disturb
- diverge
- exhibit
- exhilarate
- feud
- feudalism
- fiber
- grip
- grocery
- huddle
- humane
- intemperate
- intensify
- intention
- lettuce
- levy

- moderate
- modest
- modulate
- oasis
- obedient
- pelt
- penalty
- penetration
- penguin
- pension
- perceive
- perception
- perch
- readily
- readmit
- real estate

- realism
- realm
- reap
- stigmatize
- stilted
- stimulate
- sting
- stipulate
- treatise
- treaty
- tremendous
- trench
- vogue
- volatile
- volcano

☐ **appreciate**
[ə'priːʃieɪt]

vt. **感激；欣赏**

记 ap（一再）+ preci（价值）+ ate（表动词）→ 一再给价→欣赏

派 appreciative *adj.* 感激的

☐ **apprehend**
[ˌæprɪ'hend]

vt. **逮捕；拘押**

例 Police have not apprehended her killer. // 警察还未抓获谋杀她的凶手。

vi. **了解，明白**

例 Only now can I begin to apprehend the power of these forces. // 直到现在我才真正了解这些队伍的力量。

☐ **apprentice**
[ə'prentɪs]

vt. **使……做学徒**

英 If a young person is apprenticed to someone, they go to work for them in order to learn their skill.

例 I was apprenticed to a builder when I was fourteen. // 14 岁时，我拜一个建筑工人为师当学徒。

n. **学徒，徒弟**

☐ **apprenticeship**
[ə'prentɪsʃɪp]

n. **学徒期；学徒身份**

例 This is how I served my apprenticeship in the composition of songs. // 这就是我如何完成自己在作曲方面的学徒生涯的。

☐ **approach**
[ə'prəʊtʃ]

n. **方法；途径**

例 This seems, therefore, to be an approach worth exploring. // 因此，这似乎是一个值得探索的方法。

☐ **buoyancy**
['bɔɪənsi]

n. **浮力；保持高价**

例 Buoyancy is not a property of individual water molecules. // 浮力不是单个水分子的性质。

☐ **burden**
['bɜːrdn]

n. **负担；责任**

例 He eased me of my burden. // 他减轻了我的负担。

vt. **烦扰；使负担**

例 I don't want to burden you with my problems. // 我不想拿我的问题烦扰你。

☐ **contagious**
[kən'teɪdʒəs]

adj. 有传染性的；传染病的

记 con（共同）+ tag（接触）+ ious（表形容词）→ 共同接触导的→传染的

例 Laughing is contagious. // 笑是有感染力的。

☐ **contaminate**
[kən'tæməneɪt]

vt. 污染，弄脏

派 contaminant *n.* 污染物

contamination *n.* 污染

例 The river was contaminated with waste from the factory. // 这条河流被从工厂排出的废物所污染。

Have any fish been contaminated in the Arctic Ocean? // 北冰洋的鱼受到过污染吗？

☐ **contemplate**
['kɑːntempleɪt]

vi. & vt. 沉思；注视

派 contemplator *n.* 沉思者

例 He goes to the park every day to sit and contemplate. // 他每天去公园，坐在那里沉思默想。

☐ **contemporary**
[kən'tempəreri]

adj. 当代的；同时代的

派 contemporarily *adv.* 同时代地

例 Contemporary music would not be what it is if not for the influences of the past. // 如果不是过去音乐的影响，就不会有我们现在流行的当代音乐。

☐ **contend**
[kən'tend]

vi. & vt. 声称；争论；斗争

例 American businesses could soon have a new kind of lawsuit to contend with. // 美国公司可能很快就要有一种新型的官司去应付了。

☐ **distinctive**
[dɪ'stɪŋktɪv]

adj. 独特的；有特色的

英 Something that is distinctive has a special quality or feature which makes it easily recognizable and different from other things of the same type.

派 distinctively *adv.* 特殊地

distinctiveness *n.* 特殊性

例 the distinctive odour of chlorine // 氯气特有的气味

☐ **distinguish**
[dɪ'stɪŋgwɪʃ]

vt. 区分；辨别

派 distinguishable *adj.* 可区别的

例 Could he distinguish right from wrong? // 他能分辨是非吗？

□ **distort**
[dɪˈstɔːrt]

vi. & vt. **歪曲；扭曲**

例 The media distorts reality. // 媒体会歪曲事实。

□ **distract**
[dɪˈstrækt]

vt. **使分心；使混乱**

例 A disturbance in the street distracted my attention. // 街上的一阵骚乱分散了我的注意力。

□ **disturb**
[dɪˈstɜːrb]

vt. **打扰；妨碍**

例 I dream about him, dreams so vivid that they disturb me for days. // 我梦见了他几次，梦境如此逼真，我好几天都心神不宁。

□ **diverge**
[dɪˈvɜːrdʒ]

vi. & vt. **分开；叉开**

记 di（两个，双）+ verge（= vers 转）→两个转弯的地方→分岔；分歧

□ **exhibit**
[ɪgˈzɪbɪt]

vt. **呈现；陈列**

例 His work was exhibited in the best galleries in America, Europe and Asia. // 他的作品在美洲、欧洲和亚洲最好的美术馆展出。

□ **exhilarate**
[ɪgˈzɪləreɪt]

vt. **使高兴；使兴奋**

英 fill with sublime emotion

例 To exhilarate or stupefy as if with alcohol, he drinks much champagne and becomes elevated. // 为了像喝醉了酒似的兴奋、神志不清，他喝了许多香槟，已经醉醺醺的了。

□ **feud**
[fjuːd]

n. **不和；世仇**

例 He feuded with his ex-wife. // 他和前妻积怨已久。

□ **feudalism**
[ˈfjuːdəlɪzəm]

n. **封建制度**

英 Feudalism was a system in which people were given land and protection by people of higher rank, and worked and fought for them in return.

派 feudalist *n.* 封建论者

□ **fiber**
[ˈfaɪbə]

n. **光纤；（织物的）质地**

□ **grip**
[grɪp]

vi. & vt. **握紧；抓牢**

例 She gripped the rope. // 她紧紧抓住绳索。

□ **grocery**
['grousəri]

n. 食品杂货店

□ **huddle**
['hʌdl]

n. 拥挤；杂乱一团

英 A huddle is a small group of people or things that are standing very close together or lying on top of each other, usually in a disorganized way.

□ **humane**
[hjuː'meɪn]

adj. 仁爱的；慈善的

□ **intemperate**
[ɪn'tempərɪt]

adj. 不节制的；酗酒的

记 in (不，无，非) + temperate (自制的) → *adj.* 放纵的

例 the unwisely intemperate language of the spokesman // 该发言人愚蠢失当的言辞

□ **intensify**
[ɪn'tensəfaɪ]

vi. & vt. (使) 增强；(使) 加剧

记 intense (*adj.* 强烈的；热情的) + ify (……化) → *v.* 加强；变强；加剧

派 intensification *n.* 激烈化

例 Britain is intensifying its efforts to secure the release of the hostages. // 英国正加紧努力确保人质的获释。

□ **intention**
[ɪn'tenʃn]

n. 意向；意图

例 Beveridge announced his intention of standing for parliament. // 贝弗里奇宣布他打算竞选议员。

□ **lettuce**
['letəs]

n. 莴苣

□ **levy**
['levi]

n. 征税；征兵

例 They levied religious taxes on Christian commercial transactions. // 他们对基督徒的商业交易征收宗教税。

□ **moderate**
['mɑːdərət]

adj. 中等的；有节制的

派 moderatism *n.* (政治、宗教等方面的) 温和主义

例 the moderate wing of the army // 军队中的稳健派

□ **modest**
['mɑ:dɪst]

adj. 谦虚的；适度的

记 moder（= mod 量度，方式，模式，风度）+ ate（……的）→做事有分度→适度的

派 modestly *adv.* 谦虚地；适度地

例 the modest home of a family who lived off the land // 靠土地过活的一户人家的简朴住房

□ **modulate**
['mɑ:dʒəleɪt]

vi. & vt. 调节；调制

英 If you modulate your voice or a sound, you change or vary its loudness, pitch, or tone in order to create a particular effect.

例 He carefully modulated his voice. // 他小心地压低了声音。

□ **oasis**
[oʊ'eɪsɪs]

n. （沙漠中的）绿洲

英 You can refer to a pleasant place or situation as an oasis when it is surrounded by unpleasant ones.

例 The immaculately tended gardens are an oasis in the midst of Cairo's urban sprawl. // 在开罗不断扩张的都市版图内，这些被悉心照料的花园成了一片世外桃源。

□ **obedient**
[oʊ'bi:diənt]

adj. 孝顺的；顺从的

英 A person or animal who is obedient does what they are told to do.

例 He was very respectful at home and obedient to his parents. // 他在家里对父母十分恭敬顺从。

□ **pelt**
[pelt]

n. 毛皮；抨击

例 rapidly diminishing suppliers of furs and pelts // 数量锐减的毛皮供应商

□ **penalty**
['penəlti]

n. 处罚；刑罚

例 a penalty kick // 点球

□ **penguin**
['peŋgwɪn]

n. 企鹅

例 There are all sorts of animals, including bears, pigs, kangaroos, and penguins. // 有各种各样的动物，包括熊、猪、袋鼠和企鹅。

□ **penetration**
[ˌpenɪ'treɪʃn]

n. 穿透；渗透

派 penetrate *vt.* 渗入

例 import penetration across a broad range of heavy industries // 进口对重工业领域的广泛渗透

□ **pension**
['penʃn]

n. 退休金

例 a company pension scheme // 公司养老金计划

□ **perceive**
[pər'siːv]

vt. 意识到；察觉

记 per（全部）+ ceive（抓）→全部抓住→发觉

派 perceivable *adj.* 可知觉的

例 I can't perceive any difference between these coins. // 我看不出这些硬币的区别。

□ **perception**
[pər'sepʃn]

n. 知觉；观念

英 Your perception of something is the way that you think about it or the impression you have of it.

派 percept *n.* 知觉的对象
perceptible *adj.* 可感觉到的

例 He is interested in how our perceptions of death affect the way we live. // 他感兴趣的是我们对死亡的看法如何影响我们的生活。

□ **perch**
[pɜːtʃ]

vi. & vt.（使）坐 *vi.* 栖息

例 He lit a cigarette and perched on the corner of the desk. // 他点了一根烟，坐在桌角边。

n. 鲈鱼

□ **readily**
['redəli]

adv. 乐意地；很快地

例 I don't readily make friends. // 我不轻易交朋友。

□ **readmit**
[ˌriːəd'mɪt]

vt. 重新接纳

例 Only the board of trustees has the power to readmit an expelled student. // 只有理事会才有资格重新接纳被开除的学生。

□ **real estate**
['riəl ɪ'steɪt]

n. 不动产；房地产

□ **realism**
['riːəlɪzəm]

n. 现实主义

例 It was time now to show more political realism. // 现在是拿出更多政治务实精神的时候了。

□ **realm**
[relm]

n. 国土；领土

英 You can use realm to refer to any area of activity, interest, or thought.

□ **reap**
[riːp]

vi. &vt. 收割；获得

英 If you reap the benefits or the rewards of something, you enjoy the good things that happen as a result of it.

例 You'll soon begin to reap the benefits of being fitter. // 你很快就会体会到身体更健康带来的好处。

□ **stigmatize**
['stɪɡmətaɪz]

vt. 给……带来耻辱；指责

记 stigma（标志，斑点）+ tize（= ize 表动词）→ 给别人污点→玷污

派 stigmatization *n.* 描绘，陈述

例 Homosexuality should not be stigmatized. // 同性恋不应该被指责。

□ **stilted**
['stɪltɪd]

adj. 夸张的；矫揉造作的

英 If someone speaks in a stilted way, they speak in a formal or unnatural way, for example because they are not relaxed.

例 His delivery was stilted and occasionally stumbling. // 他的发言很生硬，有时还结巴。

□ **stimulate**
['stɪmjəleɪt]

vi. &vt. 刺激；激励

记 stimul（刺，刺激）+ ate（使……）→ 刺激，使兴奋；激励，鼓舞

派 stimulation *n.* 激励；刺激
stimulus *n.* 刺激物

例 America's priority is rightly to stimulate its economy. // 美国的首要任务自然是刺激经济。

□ **sting**
[stɪŋ]

vt. 叮；刺痛；刺激

例 His cheeks were stinging from the icy wind. // 刺骨的寒风吹得他脸颊生疼。
He's a sensitive lad and some of the criticism has stung him. // 他是个敏感的小伙子，有些批评刺痛了他。

□ **stipulate**
['stɪpjəleɪt]

vi. &vt. 规定；约定

派 stipulation *n.* 契约

例 League rules stipulate the number of foreign entrants. // 联盟规则规定了外国参赛者的人数。

□ **treatise**
['triːtɪs]

n. 论文；专著

□ **treaty**
['triti]

n. 条约；协定

记 treat（处理）+ y→做出处理的文件→条约

□ **tremendous**
[trɪ'mendəs]

adj. 极大的；惊人的

记 trem（颤抖）+ end + ous（……的）→（让人）颤抖的，可怕的

派 tremendously *adv.* 极大地；极端地；极其；非常

例 That's a tremendous amount of information. // 那是海量的信息。

□ **trench**
[trentʃ]

n. 战壕；沟

派 the trenches 常指第一次世界大战的西线战场

例 We fought with them in the trenches. // 我们曾在第一次世界大战西线战场上与他们并肩作战。

□ **vogue**
[voʊg]

n. 时尚；流行

例 Despite the vogue for so-called health teas, there is no evidence that they are any healthier. // 尽管现在流行所谓的健康茶饮，但没有证据证明这些茶更有益健康。

adj. 流行的

□ **volatile**
['vɑːlətl]

adj. 易变的；不稳定的

英 A situation that is volatile is likely to change suddenly and unexpectedly.

例 There have been riots before and the situation is volatile. // 以前曾发生过暴乱，现在局势不太稳定。

□ **volcano**
[vɑːl'keɪnoʊ]

n. 火山

Check !

- bump
- constituent
- append
- appetite
- appoint
- constrain
- consume
- dissipate
- distance
- exert
- fidelity
- figure
- grind
- hostile
- insurance
- integrate
- lethal
- moan
- nutrient
- pebble
- pedestal
- peer
- ravage
- stellar
- sterile
- stew
- stifle
- treason
- vital
- vocal
- treat
- tread
- stiff
- stern
- stem
- raven
- peck
- pedestrian
- peculiar
- peasant
- mock
- conspire
- appraise
- applaud
- mitigate
- lesion
- intangible
- insult
- horticulture
- filter
- fierce
- exhaust
- distinct
- dissolve
- consummate
- consult
- constitute

扫码关注后回复 70879
免费下载配套音频

Word List
31

看看有没有已经认识的单词

- appropriate
- approximate
- apt
- arable
- bureaucracy
- burial
- burrow
- content
- context
- contiguous
- continent
- contort
- divergent
- diverse
- divert

- dividend
- doctrine
- exhortation
- exile
- exist
- exorbitant
- feminism
- feminist
- fertile
- grove
- grudge
- humanitarian
- humidity
- interdisciplinary
- interfere

- interloper
- interlude
- interrogate
- lexeme
- liable
- libel
- moist
- molar
- molecule
- obese
- obligate
- percolate
- percussion
- perennial
- perfume

- peripheral
- perish
- rear
- reassure
- rebate
- stir
- stock
- storm
- stout
- strain
- trend
- trespass
- triage
- tribe
- volume

appropriate
[əˈprəupriət]

adj. 适当的；恰当的

记 ap（加强）+ propri（恰当的）+ ate（……的）→ adj. 适当的，恰当的，特有的

例 Dress neatly and attractively in an outfit appropriate to the job. // 着装要整洁美观，适合这份工作。

approximate
[əˈprɑːksɪmət]

adj. 大概的；极相似的

英 An approximate number, time, or position is close to the correct number, time, or position, but is not exact.

派 approximately adv. 近似地，大约

例 The approximate cost varies from around £150 to £250. // 费用大概介于150至250英镑之间。

apt
[æpt]

adj. 恰当的；有……倾向的

例 The words of this report are as apt today as in 1929. // 这份报告的措辞用在今天和用在1929年一样贴切。

arable
[ˈærəbl]

adj. 适于耕种的

英 Arable farming involves growing crops such as wheat and barley rather than keeping animals or growing fruit and vegetables. Arable land is land that is used for arable farming.

例 arable farmers // 从事农耕的农场主

bureaucracy
[bjʊˈrɑːkrəsi]

n. 官僚政治；官僚主义

记 bureau（局）+ cracy（统治）→官僚政治

派 bureaucratization n. 官僚化

例 There were a few articles in the newspaper inveighing against bureaucracy. // 报纸上有几篇抨击官僚主义的文章。

burial
[ˈberiəl]

n. 葬礼；葬

例 The priest prepared the body for burial. // 牧师给死者做安葬准备。

burrow
[ˈbɜːrəu]

vi.&vt. 挖掘（洞穴）；挖洞

英 to make a hole or a tunnel in the ground by digging.

例 The larvae burrow into cracks in the floor. // 幼虫钻进了地板的缝隙里。

☐ **content**
['kɑːntent]

adj. 满足的

英 If you are content with something, you are willing to accept it, rather than wanting something more or something better.

例 I am content to admire the mountains from below. // 我满足于从山脚下观赏山景。

n. 内容；（书等的）目录

☐ **context**
['kɑːntekst]

n. 上下文；背景

派 contextual *adj.* 文脉上的；前后关系的

☐ **contiguous**
[kən'tɪgjuəs]

adj. 接触的；邻近的

英 Things that are contiguous are next to each other or touch each other.

例 Its vineyards are virtually contiguous with those of Ausone. // 其葡萄园差不多紧挨着欧颂堡的那些葡萄园。

☐ **continent**
['kɑːntɪnənt]

n. 大陆；洲

派 continental *adj.* 大陆的

例 He traversed alone the whole continent of Africa from east to west // 他只身长途跋涉，从东向西横穿整个非洲大陆。

☐ **contort**
[kən'tɔːrt]

vi. & *vt.* 扭曲；扭弯

例 His face contorts as he screams out the lyrics. // 当他吼出这些歌词的时候，脸都扭曲了。

☐ **divergent**
[daɪ'vɜːrdʒənt]

adj. 相异的；有分歧的

派 divergence *n.* 分叉；分歧

例 But how to reconcile divergent practices? // 但如何协调分歧习惯？

☐ **diverse**
[daɪ'vɜːrs]

adj. 不同的；多种多样的

派 diversity *n.* 多样性

例 shops selling a diverse range of gifts // 出售各种礼品的商店

☐ **divert**
[daɪ'vɜːrt]

vt. 使转移；转移注意力

英 If you say that someone diverts your attention from something important or serious, you disapprove of them behaving or talking in a way that stops you thinking about it.

例 They want to divert the attention of the people from the real issues. // 他们想要把人们的注意力从真正的问题上转移开。

□ **dividend**
['dɪvɪdend]

n. 股息；[数] 被除数

记 divide (*v.* 分开) + end→划分，区分 (红利，股息也是划分出去的)

例 You may get the dividend, but possibly not the capital appreciation. // 你或许能得到红利，但是资本可能不会增值。

□ **doctrine**
['dɑːktrɪn]

n. 教条；教义

英 A doctrine is a set of principles or beliefs, especially religious ones.

例 the doctrine of reincarnation // 轮回转世说

□ **exhortation**
[ˌegzɔːr'teɪʃn]

n. 敦促；极力推荐

例 Foreign funds alone are clearly not enough, nor are exhortations to reform. // 光有外资显然不够，只是劝告人们进行改革也不行。

□ **exile**
['egzaɪl]

vt. 放逐；流放

例 He is now living in exile in Egypt. // 他目前流亡埃及。

□ **exist**
[ɪg'zɪst]

vi. 存在；生存

例 Life once existed on Mars. // 火星上曾存在生命。

□ **exorbitant**
[ɪg'zɔːrbɪtənt]

adj. 过度的；极高的

英 If you describe something such as a price or fee as exorbitant, you are emphasizing that it is much greater than it should be.

例 Exorbitant housing prices have created an acute shortage of affordable housing for the poor. // 过高的房价已经造成了穷人能够买得起的住房严重短缺。

□ **feminism**
['femənɪzəm]

n. 女权主义

□ **feminist**
['femənɪst]

n. 男女平等主义者

□ **fertile**
['fɜːrtl]

adj. 肥沃的；可繁殖的

派 fertility *n.* (土地的) 肥沃

例 a product of Flynn's fertile imagination // 弗林丰富想象力的产物

grove
[groʊv]

n. 树丛；果园

例 They clambered up the stone walls of a steeply terraced olive grove. // 他们手脚并用，爬上了一片成陡直梯田状的橄榄林外面的石头围墙。

grudge
[grʌdʒ]

n. 怨恨；妒忌

例 He appears to have a grudge against certain players. // 看来他对某些选手怀恨在心。

humanitarian
[hjuːˌmænɪˈteriən]

n. 人道主义者；慈善家

英 If a person or society has humanitarian ideas or behaviour, they try to avoid making people suffer or they help people who are suffering.

记 human（人）+ it + arian（……的人）→人道主义者

humidity
[hjuːˈmɪdɪti]

n. 湿度；潮湿

记 humid（湿润的）+ ity（表名词）→ *n.* 湿气，湿度

interdisciplinary
[ˌɪntərˈdɪsəplɪneri]

adj. 跨学科；各学科间的

英 Interdisciplinary means involving more than one academic subject.

例 interdisciplinary courses combining psychology, philosophy and linguistics // 综合了心理学、哲学与语言学的跨学科课程

interfere
[ˌɪntərˈfɪr]

vi. 干预；干涉

例 Don't interfere in what doesn't concern you. // 不要管与自己无关的事。

interloper
[ˈɪntərloʊpər]

n. 闯入者；干涉他人事务者

英 If you describe someone as an interloper, you mean that they have come into a situation or a place where they are not wanted or do not belong.

例 She had no wish to share her father with any outsider and regarded us as interlopers. // 她不愿与任何外人分享父亲的爱，并把我们视为闯入者。

interlude
[ˈɪntərluːd]

n. 插曲；穿插

英 An interlude is a short period of time when an activity or situation stops and something else happens.

例 It was a happy interlude in the Kents' life. // 那是肯特一家生活中一段幸福的插曲。

interrogate
[ɪnˈterəgeɪt]

vt. 审问；质问

英 If someone, especially a police officer, interrogates someone, they question them thoroughly for a long time in order to get some information from them.

记 inter（在……中间）+ rog（要求，问）+ ate（表动词）→在（审问室）中问→审问

lexeme
[ˈleksiːm]

n. 词汇

liable
[ˈlaɪəbl]

adj. 有责任的；有义务的

例 The airline's insurer is liable for damages to the victims' families. // 航空公司所投的保险公司有责任向受害者家属赔付损害赔偿金。

libel
[ˈlaɪbl]

n. 文字诽谤；诋毁

例 The newspaper which libelled him had already offered compensation. // 诽谤他的报纸已经向他提出支付赔偿金。

moist
[mɔɪst]

adj. 潮湿的；微湿的

派 moisture *n.* 潮气

molar
[ˈmoʊlər]

adj. 臼齿的；用来磨碎的

英 Your molars are the large, flat teeth towards the back of your mouth that you use for chewing food.

molecule
[ˈmɑːlɪkjuːl]

n. 分子；微小颗粒

obese
[oʊˈbiːs]

adj. 极为肥胖的；肥大的

派 obesity *n.* 肥胖症

例 The tendency to become obese is at least in part hereditary. // 发胖至少有一部分是源于遗传。

obligate
[ˈɑːblɪgeɪt]

vt. 使（在法律或道义上）负有责任或义务

例 The ruling obligates airlines to release information about their flight delays. // 这一裁决规定航空公司有义务公布航班晚点信息。

percolate
[ˈpɜːrkəleɪt]

vi.&vt. 渗透；（思想等）渗透

英 To percolate somewhere means to pass slowly through something that has very small holes or gaps in it.

例 Rain water will only percolate through slowly. // 雨水只会慢慢地渗进来。

□ **percussion**
[pər'kʌʃn]

n. 敲打；碰撞

英 Percussion instruments are musical instruments that you hit, such as drums.

□ **perennial**
[pə'reniəl]

adj. 多年生的；永恒的

英 You use perennial to describe situations or states that keep occurring or which seem to exist all the time; used especially to describe problems or difficulties.

例 the perennial urban problems of drugs and homelessness // 毒品和无家可归这两个一直困扰城市的问题

□ **perfume**
[pər'fjuːm]

n. 香水；香料

例 The hall smelled of her mother's perfume. // 大厅里弥漫着她母亲身上的香水味。

vt. 使……充满香气

例 Flowers started to perfume the air. // 花儿的香气开始在空气中弥漫。

□ **peripheral**
[pə'rɪfərəl]

adj. 外围的；次要的

英 A peripheral activity or issue is the one which is not very important compared with other activities or issues.

派 peripherally *adv.* 外围地

例 Companies are increasingly keen to contract out peripheral activities like training. // 公司越来越倾向于把像培训这样的非核心业务外包出去。

□ **perish**
['perɪʃ]

vi. 毁灭；死亡

英 If something perishes, it comes to an end or is destroyed for ever.

例 Buddhism had to adapt to the new world or perish. // 佛教必须适应新时代，否则将会消亡。

□ **rear**
[rɪr]

adj. 后面的

例 Please get off the bus from the rear door. // 请从公交车后门下车。

vt. 抚养

319

□ **reassure**
[ˌriːəˈʃʊr]

vt. 使安心；使得到保证

例 I tried to reassure her, "Don't worry about it. We won't let it happen again." // 我试图使她安心，"不要担心。我们再也不会让这样的事情发生了。"

□ **rebate**
[ˈriːbeɪt]

n. 回扣；折扣　*vt.* 减少

□ **stir**
[stɜːr]

vi. & vt. 搅拌；搅动；激动；纷乱

例 stir sugar into the tea // 将糖搅进茶里
Stir yourself! We've got a visitor. // 动起来！有客人来了。
The voice, less coarse now, stirred her as it had then. // 现在声音已经不那么刺耳，它又如当年一样让她怦然心动。

□ **stock**
[stɑːk]

n. 库存；股票

例 the buying and selling of stocks and shares // 证券和股票买卖

vt. 提供货物

□ **storm**
[stɔːrm]

n. 暴风雨；暴风雪

□ **stout**
[staʊt]

adj. 结实的；强壮的

例 He produced a stout defence of the car business. // 他为汽车业进行了坚决的辩护。

□ **strain**
[streɪn]

n. 压力

英 If strain is put on an organization or system, it has to do more than it is able to do.

例 The prison service is already under considerable strain. // 监狱系统已经承受了巨大的压力。

vi. & vt. 拉紧，拉伤

□ **trend**
[trend]

n. （海岸、河流等的）走向；趋势

例 The record has already proved a success and may well start a trend. // 该唱片已证明大获成功，并且很可能会引导潮流。

□ **trespass**
[ˈtrespəs]

vi. 冒犯；侵入

例 They were trespassing on private property. // 他们擅自闯入私人房屋。

□ **triage**
[triː'ɑːʒ]

n. 分类；已分类的事物

例 the triage process // 分类过程

□ **tribe**
[traɪb]

n. 部落；部族

例 tribes of talented young people // 一群群才华出
众的年轻人

□ **volume**
['vɑːljuːm]

n. 体积；音量

Check !

□ burden	□ moderate	□ volatile	□ intention
□ contaminate	□ modulate	□ trench	□ intemperate
□ contemporary	□ obedient	□ treaty	□ huddle
□ distinctive	□ penalty	□ stipulate	□ grip
□ distort	□ penetration	□ stimulate	□ feudalism
□ disturb	□ perceive	□ stigmatize	□ exhilarate
□ exhibit	□ perch	□ realm	□ diverge
□ feud	□ readmit	□ real estate	□ distract
□ fiber	□ realism	□ readily	□ distinguish
□ grocery	□ reap	□ perception	□ contend
□ humane	□ stilted	□ pension	□ contemplate
□ appreciate	□ sting	□ penguin	□ contagious
□ apprehend	□ treatise	□ pelt	□ buoyancy
□ apprenticeship	□ tremendous	□ oasis	□ approach
□ intensify	□ vogue	□ modest	□ apprentice
□ lettuce	□ volcano	□ levy	

阅读中常见的背景故事

对冲基金

小明同学看到搞金融的都非常赚钱，也想创一个对冲基金玩玩，于是他去了高盛提出申请，高盛的 Sam 大叔说："好，想搞基金没问题，我们这里没什么规矩，但得满足唯一一个条件，你得确保 65% 以上的投资者都得是有钱人，就算不是盖茨、乔布斯之流，好歹也得身价百万，年入 20 万美元以上吧，否则没办法搞，你不管穷人死活，政府还在乎呢，这第一个特征，叫 Accredited Investor。"

走出银行，小明同学觉得世界都是美好的，不过等等，钱呢？他找到了盖茨，盖茨说："你要我给你投资钱？你说得那么好听，自己投了多少钱进去？你自己都不敢往自己的基金里投钱，我怎么相信你？"小明同学觉得在理，把心一横，拿出自己所有家底 400 万美元，投入自己的基金。盖茨一看，这熊孩子那么霸气，应该是有点真本事吧，那我不如也投个几百万玩玩吧。这第二个特征，叫 Large Personal Stake。

小明再一想，光有这个超级富豪投资者钱还不够啊，隔壁星巴克端盘子的小李倒是也想投资，这种拿着一万两万的平头百姓要投我的基金，我收还是不收？不行，第一我这里人手也不够，一个个处理小客户要累死；第二为了这点小钱和那么多人打交道也太麻烦了；第三我还是想要大钱啊，几百万几百万地投，我的基金才能迅速发展壮大。所以宁缺毋滥，还是针对有钱人吧，要投我的基金的，100 万美元起，少了我看不上。这第三个特征，叫 High Minimum。

好了，客户都招到了，基金规模 4000 万，小明心里这个美啊，不过还是得防一手，有个投资者小张，臭名昭著，经常投资后过一个礼拜就撤资逗别人玩，好歹也是几百万啊，我这在市场里来来回回倒腾，想要我亲命啊，所以定个规矩，投了我的基金，第一年你就别想取出来，是死是活全在我。这第四个特征，叫 First Year Lock-In。

光这还不够，一年以内安全了，那一年以后呢？到时候客户想什么时候撤资什么时候撤资，小明不是要麻烦死？所以一年只有指定的几个日子可以撤资（也可能一年一度），到日子了提前给客户发个邮件提醒他们有这个事，撤资日到了，要撤资快撤资，过了这个村就没这个店了哟，有意向的提前告诉我们。这第五个特征，叫 Infrequent Redemption。

钱的问题解决了，小明想，好吧，总算开始玩投资了啊，作为一只"对冲基金"，别以为这真的和对冲有什么必然联系，这只是历史遗留的命名问题，作为对冲基金，只是限制少多了，有自由用各种投资策略，什么 Long/Short，Event Driven，Global Macro，Distressed Securities，要多刺激有多刺激，还有，我能投资股票、债券、CDS，众多稀奇古怪的衍生品，想怎么玩怎么玩。这第六个特征，叫 Variety of Investments。（没人说对冲基金不能单纯买点股票搞价值投资，和公募一个路数。）

最爽的部分来了，收钱！小明同学累死累活（或者装得累死累活）搞投资，不就是为了最后的分红吗？如果赚钱了，我要在赚钱部分分 20%，如果不赚钱，我也不能白干啊，这场地费、人工费、我的跑腿费、辛苦费，好歹也得一年收个 2% 吧。这规则差不多算行规了，大部分对冲基金都有类似的收钱规矩。这第七个特征，叫 2 / 20 Gains。

小明看着别人家基金都动辄上亿，耐不住寂寞，就 4000 万规模的基金还不够别人塞牙缝的，于是去和银行的 Sam 大叔说，你借我点钱吧，我有个绝妙点子，保证赚大钱。Sam 倒是个好说话的人，二话不说批了 2 亿美元给小明，这个叫 5∶1 的杠杆。于是乎，这第八个特征，叫 Leverage。

基本上，大部分对冲基金，都包含上述 8 个特征，符合这些情况的，就是对冲基金，而非字面上"采用对冲策略的基金"。

最后讲一个大多数人的误解，觉得对冲基金这东西如何恐怖，比如金融危机的时候，新闻里动不动报道对冲基金导致股指大跌！这种耸人听闻的结果一般是如何造成的呢，大部分情况主要是第五和第八个特征共同作用导致的。一年就那么几个撤资日，遇上恐慌性时期，比如雷曼垮台、欧债危机，一到日子客户就集体撤资，对冲基金没办法，只好短时间不计成本地平仓。考虑到对冲基金一般是高杠杆，你就明白这意味着什么了。

Word List
32

扫码关注后回复 70879
免费下载配套音频

看看有没有已经认识的单词

- arbitrary
- arbitrate
- arboreal
- archaeologist
- archival
- ardent
- butcher
- buttress
- contract
- contradict
- contrast
- controversial
- convection
- convention

- dogged
- domestic
- domesticate
- dominant
- expatriate
- expedient
- feline
- fellow
- grumble
- hall
- hurricane
- intersperse
- interval
- intervene

- liberal
- liberate
- lien
- limb
- mollusk
- monarch
- monogamous
- oblique
- permanent
- permeate
- permit
- perpetrator
- perpetuate

- rebel
- rebound
- strand
- strategy
- stratum
- stray
- streamline
- strengthen
- tribute
- trickle
- trigger
- vortex
- vulnerable

□ **arbitrary**
['ɑːrbətreri]

adj. [数] 任意的；武断的

记 arbitr（判断）＋ary（……的）→做出（自己的）判断→武断的

例 This is unfair, and its arbitrary. // 这是不公平的，也是武断的。

□ **arbitrate**
['ɑːrbɪtreɪt]

vi. & vt. 仲裁；公断

例 He arbitrates between investors and members of the association. // 他在投资者和该协会成员之间做出仲裁。

□ **arboreal**
[ɑːr'bɔːriəl]

adj. 树木的；栖息在树上的

英 inhabiting or frequenting trees

例 Were the first flyers arboreal creatures that initially glided from tree tops to the ground? // 最初的飞行动物是首先从树梢滑翔到地面的树栖动物吗？

□ **archaeologist**
[ˌɑːrkɪ'ɑːlədʒɪst]

n. 考古学家

派 archaeology *n.* 考古学

例 In fact, she was an archaeologist. // 其实她是一个考古学家。

□ **archival**
[ɑːr'kaɪvl]

adj. 档案的

英 The archive or archives are a collection of documents and records that contain historical information.

□ **ardent**
['ɑːrdnt]

adj. 热情的；热心的

派 ardency *n.* 热心

例 Ardent expectations were held by his parents for his college career. // 他父母对他的大学学习抱着殷切的期望。

□ **butcher**
['bʊtʃər]

vt. 屠杀

例 The invaders were accused of butchering many of the villagers. // 侵略者被谴责屠杀了许多村民。

n. 屠夫

□ **buttress**
['bʌtrɪs]

vt. 支持；鼓励

记 butt（树桩）＋ress（物品）→*n.* 扶墙，拱壁

v. 支持

---

contract
['kɑːntrækt] /
[kən'trækt]

vi. & vt. 感染；订约；收缩

派 contractive *adj.* 收缩的

例 We contracted with a local clothing firm for 400 shirts a month. // 我们与当地一家服装公司立约每月订购 400 件衬衫。

n. 合同；婚约

---

contradict
[ˌkɑːntrə'dɪkt]

vi. & vt. 反驳；驳斥

记 contra（反）+ dict（说）→反着说→反驳

派 contradiction *n.* 矛盾

例 She dared not contradict him. // 她不敢反驳他。

---

contrast
['kɑːntræst]

n. 对比；差别

例 This is an example of no contrast. // 这就是一个没有对比的例子。

---

controversial
[ˌkɑːntrə'vɜːrʃl]

adj. 有争议的；有争论的

派 controversially *adv.* 有争议地

例 They tried their best to run away from controversial issues. // 他们尽力避开有争议的问题。

---

convection
[kən'vekʃn]

n. 传送；对流

英 Convection is the process by which heat travels through air, water, and other gases and liquids.

例 clouds which lift warm, moist air by convection high into the atmosphere // 通过对流而使温暖潮湿的空气上升到大气中的云朵

---

convention
[kən'venʃn]

n. 会议；全体与会者；惯例

派 conventional *adj.* 传统的；惯例的

例 The conventional practice flourishes in the United States. // 这种常规做法在美国很盛行。

---

dogged
['dɔːgɪd]

adj. 顽强的；固执的

记 dog = 狗（狗很固执）

例 They have gained respect through sheer dogged determination. // 他们完全是凭借顽强的毅力赢得了尊敬。

---

domestic
[də'mestɪk]

adj. 国内的；家庭的

记 dom（屋，家）+ estic（表形容词）→家里的→驯养的

派 domestically *adv.* 家庭式地

例 The film turns about a domestic tragedy. // 这部影片主要讲述一个家庭悲剧。

□ **domesticate**
[dəˈmestɪkeɪt]

vt. 驯养；引进

英 When people domesticate wild animals or plants, they bring them under control and use them to produce food or as pets.

派 domesticity *n.* 家庭生活

例 We domesticated the dog to help us with hunting. // 我们驯狗来帮我们打猎。

□ **dominant**
[ˈdɑmɪnənt]

adj. 显性的；占优势的

记 domin（= dom 统治）+ ant→*adj.* 有统治权的，占优势的，支配的

例 dominant culture // 主流文化

□ **expatriate**
[ˌeksˈpeɪtriət]

n. 侨民；移居国外者

英 An expatriate is someone who is living in a country which is not their own.

例 British expatriates in Spain // 在西班牙的英国侨民

□ **expedient**
[ɪkˈspiːdiənt]

adj. 权宜之计的；方便的

记 ex（出）+ ped（足，脚）+ ient→能把脚跨出去→方便

派 expedience *n.* 方便，权宜

例 Shift your attention from the expedient to the important. // 将你的注意力从权宜之计转移到重要的事情上。

□ **feline**
[ˈfiːlaɪn]

adj. 猫（科）的；像猫一样（优雅）的

英 You can use feline to describe someone's appearance or movements if they are elegant or graceful in a way that makes you think of a cat.

例 a woman with large feline eyes and a sexy voice // 有着猫一样的大眼睛和性感声音的女人

n. 猫科动物

□ **fellow**
[ˈfeloʊ]

n. 同伴

英 You use fellow to describe people who are in the same situation as you, or people you feel you have something in common with.

例 She discovered to her pleasure, a talent for making her fellow guests laugh. // 她高兴地发现自己具备一种能把其他客人逗笑的才能。

grumble
['grʌmbl]

vi. 抱怨；发牢骚

例 It was quiet now, the thunder had grumbled away to the west. // 隆隆的雷声向西边传去，现在寂静下来了。
I shouldn't grumble about Mum — she's lovely really. // 我不该抱怨妈妈——她真的很好。

hurricane
['hɜːrəkeɪn]

n. 飓风，十二级风

hall
[hɔːl]

n. 门厅；礼堂

intersperse
[ˌɪntər'spɜːrs]

vt. 点缀；散布

例 Originally the intention was to intersperse the historical scenes with modern ones. // 最初是想用现代景观点缀历史景观。

interval
['ɪntərvl]

n. 间隔；幕间休息

记 inter (在……之间，相互) + v + al (表形容词) →间隔，距离

例 There was a long interval of silence. // 中间有很长时间的沉默。

intervene
[ˌɪntər'viːn]

vt. 干涉；干预

记 inter(之间) + ven(走) + e→走在二者之间→干涉
派 intervention *n.* 干涉；干预
例 The Government is doing nothing to intervene in the crisis. // 政府没有采取任何行动对这次危机进行干预。

liberal
['lɪbərəl]

adj. 心胸宽阔的；自由主义的

记 liber (自由) + al (……的)→ *adj.* 慷慨的，大方的；富足的；自由的，思想开放的
派 liberalism *n.* 自由主义
例 liberal free-market policies // 开放的自由市场政策

liberate
['lɪbəreɪt]

vt. 解放；释放

派 liberation *n.* 解放；释放
例 They did their best to liberate slaves. // 他们尽最大的努力解放奴隶。

□ **lien**
[li:n]

n. [法] 留置权；扣押权

例 A maritime lien is one that is specifically binding on a ship and its cargo freight. // 海上留置是一种对轮船和货物有约束力的留置。

□ **limb**
[lɪm]

n. 枝干；大树枝

□ **mollusk**
['mɑːləsk]

n. ＜美＞软体动物

□ **monarch**
['mɑːnərk]

n. 君主，帝王

□ **monogamous**
[məˈnɑːgəməs]

adj. 一夫一妻的

例 She wouldn't want to be in a monogamous relationship. // 她不想要单一的伴侣关系。

□ **oblique**
[oʊˈbliːk]

adj. 不直截了当的；倾斜的

例 It was an oblique reference to his mother. // 这影射到了他的母亲。

□ **permanent**
['pɜːrmənənt]

adj. 永久（性）的；永恒的

派 permanently *adv.* 永久地

例 The only way to lose weight permanently is to completely change your attitudes toward food. // 永久性减肥的唯一办法就是彻底改变对食物的态度。

□ **permeate**
['pɜːrmieɪt]

vi. & vt. 渗透；渗入

例 The smell of roast beef permeated the air. // 空气中弥漫着烤牛肉的香味。
Bias against women permeates every level of the judicial system. // 司法体制中各个层面都有歧视女性的现象。

□ **permit**
[pərˈmɪt]

vi. & vt. 许可；准许

记 per（始终）+ mit（送，放出，派，错过）→始终放出→许可

例 He can let the court's decision stand and permit the execution. // 他有权维持法庭判决，批准死刑生效。

□ **perpetrator**
['pɜːrpətreɪtər]

n. 做坏事者；犯罪者

英 Perpetrators are those who commit crimes or any other immoral or harmful acts.

例 The perpetrator of this crime must be traced. // 对这起案件的凶手必须要一查到底。

□ **perpetuate**
[pər'petʃueɪt]

vt. **使永存；使不朽，使不灭；保持**

记 per（全部，永久）+ pet（追求，寻求）+ uate（= ate 表动词）→追求永久

派 perpetuation *n.* 永存，不朽
perpetuate *adj.* 长存的

□ **rebel**
[rɪ'bel] /
['rebl]

n. **造反者；反抗者**

记 re（反）+ bell（打斗）→反打→反叛

例 He had been a rebel at school. // 在学校时他就是个叛逆者。

vi. **造反**

□ **rebound**
[rɪ'baʊnd]

vi. & vt. **弹回；跳回**

例 If something rebounds from a solid surface, it bounces or springs back from it.

例 His shot in the 21st minute of the game rebounded from a post. // 在比赛进行到第 21 分钟时，他的一记射门击中门柱弹了回来。

□ **strand**
[strænd]

n. **（绳子的）股；（思想等的）一个组成部分**

例 There had been two strands to his tactics. // 他的策略分为两个部分。

vt. **使滞留；陷入困境**

例 The climbers had been stranded by a storm. // 登山者被暴风雨困住了。

□ **strategy**
['strætədʒi]

n. **策略；战略学**

□ **stratum**
['streɪtəm]

n. **地层；社会阶层**

派 strata stratum 的复数形式

例 I'm from the poorest strata of rural society. // 我来自农村的最贫困阶层。

□ **stray**
[streɪ]

adj. **迷路的；走失的**

例 a stray dog // 一条走失的狗

□ **streamline**
['stri:mlaɪn]

n. **流线型**

□ **strengthen**
['streŋθn]

vt. 加强；激励

英 If something strengthens a person or group or if they strengthen their position, they become more powerful and secure, or more likely to succeed.

例 the new constitution, which strengthens the government and enables it to balance and check the powers of parliament and president // 巩固了政府的地位并使其能够制衡国会和总统权力的新宪法

□ **tribute**
['trɪbjuːt]

n. 进贡；贡品

例 The song is a tribute to Mr Mao. // 那首歌是对毛先生的致敬。

□ **trickle**
['trɪkl]

n. 滴；淌

例 A trickle of refugees began to flee the country. // 难民开始三五成群地陆续逃离该国。

□ **trigger**
['trɪgər]

n. （枪炮的）扳机；触发器

例 Stress may act as a trigger for these illnesses. // 压力可能会成为引发这些疾病的原因。

vt. 触发

□ **vortex**
['vɔːrteks]

n. 涡；旋风

例 a self-destructive vortex of alcoholic binges and blackouts // 纵酒狂欢和醒来时什么都不记得的自毁漩涡

□ **vulnerable**
['vʌlnərəbl]

adj. 易受伤的

派 vulnerability *n.* 弱点

例 Plants that are growing vigorously are less likely to be vulnerable to disease. // 生命力强的植物不容易得病。

Check !

- contiguous
- contort
- diverse
- dividend
- exhortation
- exist
- feminism
- fertile
- grudge
- humidity
- interfere
- appropriate
- approximate
- arable
- burial

- content
- interlude
- lexeme
- libel
- molar
- obese
- percolate
- perennial
- peripheral
- rear
- rebate
- stock
- stout
- trend
- triage

- volume
- tribe
- trespass
- strain
- storm
- stir
- reassure
- perish
- perfume
- percussion
- obligate
- molecule
- moist
- liable
- interrogate

- interloper
- interdisciplinary
- humanitarian
- grove
- feminist
- exorbitant
- exile
- doctrine
- divert
- divergent
- continent
- context
- burrow
- bureaucracy
- apt

Word List
33

扫码关注后回复 70879
免费下载配套音频

看看有没有已经认识的单词

□ **arena**
[ə'riːnə]

n. 表演场地；竞技场

□ **argument**
['ɑːrɡjumənt]

n. 论证；论据

例 That supports the argument. // 那足以证明这论点。

□ **arid**
['ærɪd]

adj. 干旱的

例 She had given him the only joy his arid life had ever known. // 她为他枯燥无味的生活带来了从未有过的乐趣。

□ **arise**
[ə'raɪz]

vi. 产生；出现

记 a + rise (*n. & v.* 上升，增加，上涨) → *v.* 出现，发生，起因于

例 Problems arise when the body's immune system is not functioning adequately. // 免疫系统不能充分发挥作用时，身体就会出现问题。

□ **aristocracy**
[ˌærɪ'stɑːkrəsi]

n. 贵族；贵族统治

英 a class of people in some countries who have a high social rank and special titles

派 aristocratic *adj.* 贵族的

例 The other difference between the Party Traditionalists and the New Aristocracy was their attitude to luxury brands. // 党传统主义者与新贵族的另外一个区别是他们对待奢侈品的态度。

□ **arouse**
[ə'raʊz]

vt. 引起；唤醒

英 If something arouses a particular reaction or attitude in people, it causes them to have that reaction or attitude.

例 We left in the daytime so as not to arouse suspicion. // 我们在白天离开以免引起怀疑。

□ **bypass**
['baɪpæs]

vt. 绕开；忽视；迂回

例 I bypassed the city. // 我绕城走。

n. 旁路

□ **converge**
[kən'vɜːrdʒ]

vi. & vt. （线条、运动的物体等）汇于一点；聚集

例 Hundreds of coaches will converge on the capital. // 数百辆长途汽车将会在首都汇集。

□ **converse**
[kən'vɜːrs]
['kɑːnvɜːrs] /

vi. **交谈；谈话**

例 Luke sat directly behind the pilot and conversed with him. // 卢克就坐在飞行员后面，并且和他说着话。

n. **相反的事物**

例 What you do for a living is critical to where you settle and how you live — and the converse is also true. // 一个人的谋生手段对于其居住地的选择和生活方式来说有着至关重要的影响，反之亦然。

□ **convert**
[kən'vɜːrt]

vt. **（使）转变**

例 The signal will be converted into digital code. // 信号会被转变为数字代码。

□ **convey**
[kən'veɪ]

vt. **传达；运输**

记 con（共同）+ vey（道路）→共同用路→运输

例 I can't convey my feelings in words. // 我无法用言语表达我的心情。

□ **convict**
[kən'vɪkt]

vt. **宣判有罪；定……的罪**

英 If someone is convicted of a crime, they are found guilty of that crime in a law court.

例 In 1977 he was convicted of murder and sentenced to life imprisonment. // 1977 年，他被判谋杀罪名成立，判处终身监禁。

□ **dominate**
['dɑːmɪneɪt]

vi. & vt. **控制；在……中占首要地位**

例 The book is expected to dominate the best-seller lists. // 这本书预计会占据畅销书排行榜的榜首。

□ **dormancy**
['dɔːrmənsi]

n. **冬眠；蛰伏**

记 dorm（睡眠）+ ancy（表名词）→睡眠，冬眠，隐匿

派 dormant *adj.* 蛰伏的，休眠的

例 The long dormant volcano of Mount St Helens erupted in 1980. // 长期休眠的圣海伦斯火山在 1980 年爆发。

□ **draft**
[dræft]

n. **草稿；汇票；草图**

记 drag（拉，拖，绘画）+ ft → *n.* 草稿，草案，草图 v. 起草，为……制作草图

派 drafter *n.* 起草者

□ **drain**
[dreɪn]

vi. 排水；流干　*n.* 排水系统

例 Miners built the tunnel to drain water out of the mines. // 矿工们开凿了一条地道，以排出矿井里的水。

□ **expedite**
['ekspɪdaɪt]

vt. 加快进展；迅速完成

派 expedition *n.* 考察

例 The government has been extremely reluctant to expedite investigations that might result in his trial. // 政府极不情愿推进调查，因为其结果可能会让他接受审判。

□ **expenditure**
[ɪk'spendətʃər]

n. 花费；费用

例 Policies of tax reduction must lead to reduced public expenditure. // 减税政策必然导致公共支出的削减。

□ **feat**
[fiːt]

n. 功绩；伟业

例 A racing car is an extraordinary feat of engineering. // 赛车是工程学上一项相当了不起的成就。

□ **federal**
['fedərəl]

adj. 美国联邦政府的；联邦（制）的

□ **feign**
[feɪn]

n. 装作；假装

例 One morning, I didn't want to go to school, and decided to feign illness. // 有天早晨我不想上学，于是决定装病。

□ **grunt**
[grʌnt]

vi. & vt. & n. （猪等的）呼噜声；咕哝

例 the sound of a pig grunting // 猪发出的呼噜声

□ **husk**
[hʌsk]

n. 荚

□ **hustle**
['hʌsl]

vi. & vt. 猛推；猛拉

例 The guards hustled Harry out of the car. // 卫兵将哈里从车里拉了出来。

□ **interweave**
[ˌɪntər'wiːv]

vt. 使混杂

英 If two or more things are interwoven, they are very closely connected or are combined with each other.

□ **intimate**
['ɪntəmɪt]

adj. 亲密的；亲近的

派 intimately *adv.* 亲密地

例 He wrote about the intimate details of his family life. // 他写到了关于他家庭生活的一些不为人知的细节。

□ **intolerable**
[ɪn'tɑːlərəbl]

adj. 不能忍受的；无法容忍的

派 intolerably *adv.* 不能忍受地

例 His illness placed an intolerable burden on his family. // 他的病给家庭带来了无法承受的负担。

□ **intricate**
['ɪntrɪkɪt]

adj. 错综复杂的；难理解的

例 intricate patterns and motifs // 复杂的式样与图案

□ **limestone**
['laɪmstoʊn]

n. 石灰岩；石灰石

例 high limestone cliffs // 高耸的石灰岩峭壁

□ **lineage**
['lɪniːɪdʒ]

n. 后裔；家系

例 a respectable family of ancient lineage // 受人尊敬的古老世家

□ **linguistic**
[lɪŋ'gwɪstɪk]

adj. 语言的；语言学的

例 linguistic theory // 语言学理论

□ **liquidate**
['lɪkwɪdeɪt]

vt. 清算；清偿

例 A unanimous vote was taken to liquidate the company. // 全体投票一致通过停业清理公司。

□ **literacy**
['lɪtərəsi]

n. 识字；有文化

□ **literally**
['lɪtərəli]

adv. 真正地，确实地；逐字地；照字面地

例 It literally is a sea of people. // 这真是人山人海。

□ **monotone**
['mɑːnətoʊn]

n. 单调

例 The evidence was read out to the court in a dull monotone. // 证据被当庭呆板地宣读了一遍。

□ **moose**
[muːs]

n. [动] 麋；北美麋

□ **morale**
[mə'ræl]

n. 道德；士气

英 Morale is the amount of confidence and cheerfulness that a group of people have.

记 mor(道德) + ale→（一群人）有道德精神→士气

例 They hope to boost the morale of their troops. // 他们希望提升部队的士气。

☐ **obliterate**
[ə'blɪtəreɪt]

vt. 擦掉；使消失

例 There was enough time to obliterate memories of how things once were for him. // 时间足以抹去他对过去经历的记忆。

☐ **oblivious**
[ə'blɪviəs]

adj. 不知道的；未注意的

例 She lay motionless where she was, oblivious to pain. // 她一动不动地躺在原地，已经感觉不到疼痛。

☐ **obscene**
[ɑːb'siːn]

adj. 淫秽的；猥亵的

☐ **perplex**
[pər'pleks]

vt. 使迷惑；使混乱

例 It perplexed him because he was tackling it the wrong way. // 由于处理不当，这个问题令他大伤脑筋。

☐ **persist**
[pər'sɪst]

vi. 坚持；固执

派 persistent *adj.* 坚持不懈的

例 These problems persisted for much of the decade. // 这些问题在那 10 年的大部分时间里一直存在。

☐ **personally**
['pɜːrsənəli]

adv. 亲自地

例 I'll deal with it personally. // 我将亲自处理这件事。

☐ **personify**
[pər'sɑːnɪfaɪ]

vt. 人格化；拟人化

例 She seemed to personify goodness and nobility. // 她宛如善良和高贵的化身。

☐ **perspective**
[pər'spektɪv]

n. 透视图法；观点；展望

例 She gave me a new perspective on life. // 她给了我对人生的新认识。

☐ **persuasion**
[pər'sweɪʒn]

n. 劝说；说服（力）

英 Persuasion is the act of persuading someone to do something or to believe that something is true.

例 Only after much persuasion from Ellis had she agreed to hold a show at all. // 埃利斯劝了她半天后她才同意办一场展览。

□ **pertain**
[pər'teɪn]

vi. 与……相关；适用（于）

英 If one thing pertains to another, it relates, belongs, or applies to it.

例 The restrictions he imposed pertained to the type and height of buildings and the activities for which they could be used. // 他限制的是建筑物的种类和高度以及它们的用途。

□ **perturb**
[pər'tɜːrb]

vt. 使（某人）烦恼，不安

派 perturbation *n.* 忧虑，不安

例 Her sudden appearance did not seem to perturb him in the least. // 她的突然出现似乎一点也没有令他不安。

□ **pervade**
[pər'veɪd]

vt. 遍及；弥漫

英 If something pervades a place or thing, it is a noticeable feature throughout it.

例 The smell of sawdust and glue pervaded the factory. // 工厂里弥漫着锯屑和胶水的气味。

□ **rebuke**
[rɪ'bjuːk]

vt. 指责；非难；谴责

英 If you rebuke someone, you speak severely to them because they have said or done something that you do not approve of.

例 The president rebuked the House and Senate for not passing those bills within 100 days. // 总统谴责参众两院没有在 100 天之内通过那些法案。

□ **rebut**
[rɪ'bʌt]

vt. 反驳；揭穿

派 rebuttable *adj.* 可反驳的

□ **recede**
[rɪ'siːd]

vi. 后退；减弱

例 Luke's footsteps receded into the night. // 卢克在夜色中渐行渐远。

□ **receptor**
[rɪ'septər]

n. （人体的）感受器；受体

英 Receptors are nerve endings in your body which react to changes and stimuli and make your body respond in a particular way.

例 the information receptors in our brain // 我们大脑里的信息感受器

☐ **recession**
[rɪˈseʃn]

n. 后退；（经济的）衰退

派 recessive *adj.* 有倒退倾向的

例 A recession is less bad than a depression. // 经济衰退不如经济萧条那么严重。

☐ **stress**
[stres]

vt. 强调；给……加压力（或应力）

例 The spokesman stressed that the measures did not amount to an overall ban. // 该发言人强调这些措施并不等同于全面禁止。

☐ **stretch**
[stretʃ]

vi. & vt. 伸直；拉直

例 She yawned and stretched. // 她打了个呵欠，伸了伸懒腰。

☐ **strike**
[straɪk]

n. 罢（工、课等）；攻击

英 When there is a strike, workers stop doing their work for a period of time, usually in order to try to get better pay or conditions for themselves.

例 French air traffic controllers have begun a three-day strike in a dispute over pay. // 法国空中交通管制员因为薪资纠纷已开始了为期3天的罢工。

☐ **stringent**
[ˈstrɪndʒənt]

adj. 迫切的；严厉的

记 string（拉紧）+ ent（……的）→拉紧的→紧迫的

例 SFDA claimed that its standard on chromium content of capsule is the most stringent in the world. // 国家药监局宣称其胶囊含铬标准是世界上最严格的。

☐ **stripe**
[straɪp]

n. 条纹；种类

例 She wore a bright green jogging suit with a white stripe down the sides. // 她身穿一套裤腿两边有白色条纹的亮绿色慢跑服。

☐ **stroke**
[strəʊk]

vt. 打；（用手）抚摸

例 stroke a cat // 抚摸猫

☐ **stroll**
[strəʊl]

n. 漫步；闲逛　　*vi. & vt.* 散步

英 If you stroll somewhere, you walk there in a slow, relaxed way.

例 Afterwards, we strolled back, put the kettle on and settled down with the newspapers. // 然后，我们溜达回来，烧上水，又坐下看报纸。

struggle
['strʌgl]

vi. 搏斗；奋斗

派 struggle on 挣扎着（生活）下去

例 They had to struggle against all kinds of adversity. // 他们不得不同一切困境做斗争。

n. 奋斗

stubborn
['stʌbərn]

adj. 顽固的；固执的

英 Someone who is stubborn or who behaves in a stubborn way is determined to do what they want and is very unwilling to change their mind.

例 He is a stubborn character used to getting his own way. // 他性格固执，惯于一意孤行。

trim
[trɪm]

vt. 修剪；除去

例 We had to trim the marketing department. // 我们不得不缩小了市场营销部的规模。

n. 修剪；整齐

triumph
['traɪəmf]

vi. 战胜

例 All her life, Kelly had stuck with difficult tasks and challenges, and triumphed. // 凯莉一生经历了各种艰巨的任务与挑战，她都一一成功应对了。

n. 胜利；巨大的成就

wag
[wæg]

vi. & vt. 摇动；摇摆

英 When a dog wags its tail, it repeatedly waves its tail from side to side.

例 The dog was biting, growling and wagging its tail. // 这条狗撕咬着，咆哮着，摇晃着尾巴。

n. 摇动

Check !

□ archaeologist	□ dominant	□ oblique	□ vulnerable
□ ardent	□ expedient	□ permeate	□ vortex
□ buttress	□ fellow	□ perpetrator	□ trickle
□ arbitrary	□ hurricane	□ rebel	□ strengthen
□ arbitrate	□ intersperse	□ strand	□ stray
□ contradict	□ intervene	□ stratum	□ strategy
□ controversial	□ liberate	□ streamline	□ rebound
□ convention	□ limb	□ tribute	□ perpetuate
□ domestic	□ monarch	□ trigger	□ permit

□ permanent	□ interval	□ domesticate	□ contract
□ monogamous	□ hall	□ dogged	□ butcher
□ mollusk	□ grumble	□ convection	□ archival
□ lien	□ feline	□ contrast	□ arboreal
□ liberal	□ expatriate		

↘ 阅读中常见的背景故事

常见的云彩有哪几种？

根据云的常见云底高度，云被分为高云、中云和低云三族。此外，世界气象组织 1956 年公布的国际云图分类体系又将云分为十属。其中低云有积云（Cu）、积雨云（Cb）、层积云（Sc）、层云（St）和雨层云（Ns），中云有高积云（Ac）和高层云（As），高云则有卷云（Ci）、卷层云（Cs）、卷积云（Cc）。

一般来说，高云云底都在 4.5 公里以上，中云云底在 2.5～4.5 公里，低云云底在 0.1～2.5 公里。

一、高云族：

高云族形成于 6 000 米以上高空，对流层较冷的部分。在这个高度的水都会凝固结晶，所以这族的云都是由冰晶体组成的。高云一般呈纤维状，薄薄的并多数透明。

1. 卷云：具有丝缕状结构，柔丝般光泽，分离散乱的云。云体通常白色无暗影，呈丝条状、羽毛状、马尾状、钩状、团簇状、片状、砧状等。我国北方和西部高原地区，冬季卷云有时会下零星的雪。日出之前，日落以后，在阳光反射下，卷云常呈鲜明的黄色或橙色。我国北方和西部高原地区严寒季节，有时会出现一种高度不高的云，外形似层积云，但却有丝缕结构、柔丝般光泽的特征，有时还有晕，此应为卷云。如无卷云特征，则应为层积云。

2. 卷积云：似鳞片或由球状细小云块组成的云片或云层，常排列成行或成群，很像轻风吹过水面所引起的小波纹。白色无暗影，有柔丝般光泽。卷积云可由卷云、卷层云演变而成。有时高积云也可演变为卷积云。整层高积云的边缘，有时有小的高积云块，形态和卷积云颇相似。

3. 卷层云：白色透明的云幕，日、月透过云幕时轮廓分明，地物有影，常有晕环。有时云的组织薄得几乎看不出来，只使天空呈乳白色；有时丝缕结构隐约可辨，好像乱丝一般。我国北方和西部高原地区，冬季卷层云可以有少量降雪。

二、中云族：

中云于 2 500 米至 6 000 米的高空形成。它们是由过度冷冻的小水点组成。

1. 高积云：高积云的云块较小，轮廓分明，常呈扁圆形、瓦块状、鱼鳞片，或是水波状的密集云条。成群、成行、成波状排列。大多数云块的视宽度角在 1°～5°。有时可出现在两个或几个高度上。薄的云块呈白色，厚的云块呈暗灰色。在薄的高积云上，常有环绕日月的虹彩，或颜色为外红内蓝的华环。高积云可与高层云、层积云、卷积云相互演变。

2. 高层云：带有条纹或纤缕结构的云幕，有时较均匀，颜色为灰白或灰色，有时微带蓝色。在云层较薄部分可以看到昏暗不清的日月轮廓，看去好像隔了一层毛玻璃。厚的高层云，则底部比较阴暗，看不到日月。由于云层厚度不一，各部分明暗程度也不同，但是云底没有显著的起伏。高层云可降连续或间歇性的雨、雪。若有少数雨（雪）幡下垂时，云底的条纹结构仍可分辨。高层云常由卷层云变厚或雨层云变薄而成。有时也可由蔽光高积云演变而成。在我国南方有时积雨云上部或中部延展，也能形成高层云，但持续时间不长。

三、低云族：

低云是在 2 500 米以下的大气中形成。包括浓密灰暗的层云、层积云（不连续的层云）和浓密灰暗兼带雨的雨层云。层云接地就被称为雾。

1. 雨层云：厚而均匀的降水云层，完全遮蔽日月，呈暗灰色，布满全天，常有连续性降水。如因降水不及地在云底形成雨（雪）幡时，云底显得混乱，没有明确的界限。雨层云多数由高层云演变而成，有时也可由蔽光高积云、蔽光层积云演变而成。

2. 层积云：团块、薄片或条形云组成的云群或云层，常成行、成群或波状排列。云块个体都相当大，其视宽度角多数大于 5°（相当于一臂距离处三指的视宽度）。云层有时满布全天，有时分布稀疏，常呈灰色、灰白色，常有若干部分比较阴暗。层积云有时可降雨、雪，通常量较小。层积云除直接生成外，也可由高积云、层云、雨层云演变而来，或由积云、积雨云扩展或平衍而成。

3. 层云：低而均匀的云层，像雾，但不接地，呈灰色或灰白色。层云除直接生成外，也可由雾层缓慢抬升或由层积云演变而来。可降毛毛雨或米雪。

Word List 34

扫码关注后回复 70879
免费下载配套音频

看看有没有已经认识的单词

- ☐ arrest
- ☐ arrogance
- ☐ artifact
- ☐ artificial
- ☐ ascend
- ☐ conviction
- ☐ convince
- ☐ cooperate
- ☐ coordinate
- ☐ copper
- ☐ coral
- ☐ drainage
- ☐ drastic
- ☐ drawback
- ☐ dread

- ☐ expense
- ☐ expire
- ☐ explicit
- ☐ fake
- ☐ favor
- ☐ feasible
- ☐ guarantee
- ☐ hybrid
- ☐ intrigue
- ☐ intrinsic
- ☐ intrude
- ☐ intuition
- ☐ literature
- ☐ lithosphere
- ☐ mordant

- ☐ mortal
- ☐ mortar
- ☐ obscure
- ☐ pervasive
- ☐ pest
- ☐ pesticide
- ☐ pestle
- ☐ petition
- ☐ philanthropy
- ☐ philosophy
- ☐ photon
- ☐ reciprocal
- ☐ reckon
- ☐ reclaim
- ☐ recoil

- ☐ stumble
- ☐ stun
- ☐ sturdy
- ☐ subatomic
- ☐ submersible
- ☐ subordinate
- ☐ subscribe
- ☐ subsequent
- ☐ subside
- ☐ trough
- ☐ trout
- ☐ truce
- ☐ wage
- ☐ wagon
- ☐ waive

□ **arrest**
[əˈrest]

vt. **逮捕；阻止**

例 The police arrested the burglar. // 警察逮捕了窃贼。

□ **arrogance**
[ˈærəgəns]

n. **傲慢；自大**

例 Someone who is arrogant behaves in a proud, unpleasant way towards other people because they believe that they are more important than others.

例 I can't stand that man and his arrogance. // 我受不了那个男人和他的傲慢。

□ **artifact**
[ˈɑːrtəfækt]

n. **人工制品；手工艺品**

记 arti (= art 技巧，关节，诡计) + fact (做出的东西，事实)→人造物→工艺品

□ **artificial**
[ˌɑːrtɪˈfɪʃl]

adj. **人造的；人工的**

记 artifice (技巧) + ial (表形容词)→用技巧做出的→人工的

例 a wholefood diet free from artificial additives, colours and flavours // 不含人工添加剂、色素和香料的天然食品

□ **ascend**
[əˈsend]

vt. **攀登；继承**

例 Mrs Clayton had to hold Lizzie's hand as they ascended the steps. // 拾级而上的时候克莱顿夫人不得不抓着莉齐的手。
Mobutu ascended through the ranks, eventually becoming commander of the army. // 蒙博托通过一级级晋升，最终成为陆军司令。

□ **conviction**
[kənˈvɪkʃn]

n. **定罪；确信**

例 If you have a conviction about something, stick with it. // 如果你对某事有自己的信念，那就坚持吧！

□ **convince**
[kənˈvɪns]

vt. **使相信；说服**

例 You'll need to convince them of your enthusiasm for the job. // 你要使他们相信你殷切希望得到这份工作。

□ **cooperate**
[koʊˈɑːpəreɪt]

vi. & vt. **合作；配合**

英 If you cooperate with someone, you work with them or help them for a particular purpose. You can also say that two people cooperate.

例 The UN had been cooperating with the State Department on a plan to find countries willing to take the refugees. // 联合国一直都在与美国国务院合作推进一项计划，寻找愿意接纳难民的国家。

□ **coordinate**
[koʊˈɔːrdəneɪt]

vt. 调整

例 Many people coordinate their lives so that they have to be together. // 为了能够在一起，许多人调整他们的生活。

n. 坐标；套装

□ **copper**
[ˈkɑːpər]

n. 铜；铜币

例 Iron casts better than copper. // 铁比铜更易于浇铸。

□ **coral**
[ˈkɔːrəl]

n. 珊瑚；珊瑚虫

例 The women have elaborate necklaces of turquoise and pink coral. // 那些女人戴着由绿松石和粉色珊瑚制成的精美项链。

□ **drainage**
[ˈdreɪnɪdʒ]

n. 排水；排水系统

记 drain (排干) + age (状态，总称)→排水；下水道

例 drainage hole // 排泄孔

□ **drastic**
[ˈdræstɪk]

adj. 激烈的；极端的

英 If you have to take drastic action in order to solve a problem, you have to do something extreme and basic to solve it.

派 drastically *adv.* 彻底地

例 Drastic measures are needed to clean up the profession. // 行业清理整顿需要严厉的措施。

□ **drawback**
[ˈdrɔːbæk]

n. 退税；缺点

英 A drawback is an aspect of something or someone that makes them less acceptable than they would otherwise be.

例 He felt the apartment's only drawback was that it was too small. // 他觉得这个公寓唯一的缺点就是太小了。

□ **dread**
[dred]

vt. 害怕；担心

英 If you dread something which may happen, you feel very anxious and unhappy about it because you think it will be unpleasant or upsetting.

例 I'm dreading Christmas this year. // 今年我非常害怕过圣诞节。

n. 恐惧

□ **expense**
[ɪkˈspens]

n. 费用

英 Expense is the money that something costs you or that you need to spend in order to do something.

例 He's bought a specially big TV at vast expense so that everyone can see properly. // 他花大价钱买了一台特别大的电视机，这样每个人都能看清楚。

□ **expire**
[ɪkˈspaɪr]

vi. 到期；失效

例 He had lived illegally in the United States for five years after his visitor's visa expired. // 在访问签证到期后，他又在美国非法居住了 5 年。

□ **explicit**
[ɪkˈsplɪsɪt]

adj. 明确的；清楚的

派 explicitly *adv.* 明确地

例 He was explicit about his intention to overhaul the party's internal voting system. // 他直言自己的目的是改革党内的投票制度。

□ **fake**
[feɪk]

adj. 伪造的   *n.* 假货

□ **favor**
[ˈfeɪvər]

vt. 支持；赞成

例 You'd think you were the one who did me the favor, and not the other way around. // 你应该认为是你帮了我，而不是我帮了你。

□ **feasible**
[ˈfiːzəbl]

adj. 可行的；可实行的

英 If something is feasible, it can be done, made, or achieved.

例 She questioned whether it was feasible to stimulate investment in these regions. // 她对在这些地区刺激投资是否可行表示怀疑。

□ **guarantee**
[ˌɡærənˈtiː]

n. 保证，担保

例 There is still no guarantee that a formula could be found. // 还没有把握是否能找到一个配方。

vt. 保证

□ **hybrid**
[ˈhaɪbrɪd]

n. 杂种；混血儿；混合动力车；混合物

例 hybrid car // 混合动力车

□ **intrigue**
[ˈɪntriːg]

n. 阴谋策划

英 Intrigue is the making of secret plans to harm or deceive people.

例 political intrigue // 政治阴谋

□ **intrinsic**
[ɪnˈtrɪnzɪk]

adj. 固有的；内在的

派 intrinsically *adv.* 从本质上（讲）

例 Goods and services add to the national well-being, not because of any intrinsic value they may possess, but simply because they were produced and bought. // 商品和服务之所以能计算在国民幸福指数中，不是因为它们可能拥有的任何内在价值，而仅仅是因为它们的生产和购买。

□ **intrude**
[ɪnˈtruːd]

vi. 闯入；打扰

例 The officer on the scene said no one had intruded into the area. // 在场的警官说没人闯入过这个地方。

□ **intuition**
[ˌɪntuːˈɪʃn]

n. 直觉；凭直觉感知的知识

例 Her intuition was telling her that something was wrong. // 她的直觉告诉她一定出了什么问题。

□ **literature**
[ˈlɪtərətʃʊr]

n. 文学

记 liter（文字）+ ature（一般状态，行为等）→文字状态→文学

派 literary *adj.* 文学（上）的

□ **lithosphere**
[ˈlɪθəsfɪr]

n. 岩石圈

□ **mordant**
[ˈmɔːrdnt]

adj. 尖刻的；刻薄的

例 A wicked, mordant sense of humour has come to the fore in Blur's world. // 布勒的世界里已出现了一种恶意、刻薄的幽默感。

□ **mortal**
[ˈmɔːrtl]

adj. 致死的；致命的

记 mort（死）+ al（人）→终有一死的人→凡人

派 mortality *n.* 死亡数

例 A man is deliberately designed to be mortal. // 人终有一死。

The nation's infant mortality rate has reached a record low. // 该国的婴儿死亡率已经降至历史最低水平。

n. 凡人

□ **mortar**
['mɔːrtər]

n. 水泥；灰浆

□ **obscure**
[əb'skjʊr]

adj. 模糊的

英 If something or someone is obscure, they are unknown, or are known by only a few people.

例 an obscure composer // 一位名不见经传的作曲家

vt. 使……模糊不清

例 Trees obscured his vision; he couldn't see much of the Square's southern half. // 树木遮挡了他的视线，南半广场的一大部分他都无法看清。

□ **pervasive**
[pər'veɪsɪv]

adj. 普遍的；弥漫的

派 pervasiveness *n.* 无处不在，遍布

例 a pervasive sense of guilt // 深深的愧疚

□ **pest**
[pest]

n. 有害动植物；瘟疫

例 Each year ten percent of the crop is lost to a pest called corn rootworm. // 一种叫玉米根虫的害虫每年会让粮食减产 10%。

□ **pesticide**
['pestɪsaɪd]

n. 杀虫剂；农药

□ **pestle**
['pesl]

n. 杵；碾槌

□ **petition**
[pə'tɪʃn]

n. 请愿书

英 A petition is a document signed by a lot of people which asks a government or other official group to do a particular thing.

记 pet（追求，寻求）+ ition（表名词）→追寻状态→请愿

派 petitionary *adj.* 请愿的

□ **philanthropy**
[fɪ'lænθrəpi]

n. 慈善行为；慈善事业

记 phil（爱，喜欢）+ anthrop（人）+ y→爱人，博爱

派 philanthropism *n.* 博爱主义

例 well-known for one's philanthropy // 以乐善好施著称

□ **philosophy**
[fə'lɑːsəfi]

n. 哲学

□ **photon** [ˈfoʊtɑːn]	*n.* ［物］光子；光量子 记 photo（光）+ n→光子
□ **reciprocal** [rɪˈsɪprəkl]	*adj.* 相互的；倒数的 例 Our relationship is based on reciprocal respect. // 我们的关系是以互相尊重为基础的。
□ **reckon** [ˈrekən]	*vi. & vt.* 认为；测算；断定 英 If you reckon that something is true, you think that it is true. 例 Toni reckoned that it must be about three o'clock. // 托尼估计当时肯定是 3 点钟左右。
□ **reclaim** [rɪˈkleɪm]	*vt.* 取回；开垦 英 If you reclaim something that you have lost or that has been taken away from you, you succeed in getting it back. 例 In 1986, they got the right to reclaim South African citizenship. // 1986 年，他们取得了恢 复南非公民身份的权利。
□ **recoil** [rɪˈkɔɪl]	*vi.* 反跳；退却 英 If something makes you recoil, you move your body quickly away from it because it frightens, offends, or hurts you. 例 For a moment I thought he was going to kiss me. I recoiled in horror. // 我当时以为他要亲我，所 以吓得直往后退。
□ **stumble** [ˈstʌmbl]	*vi.* 跌跌撞撞地走；蹒跚 英 If you stumble, you put your foot down awkwardly while you are walking or running and nearly fall over. 例 I stumbled into the telephone box and dialed 999. // 我跌跌撞撞地进了电话亭拨了 999。
□ **stun** [stʌn]	*vt.* 使震惊；使目瞪口呆 英 If you are stunned by something, you are extremely shocked or surprised by it and are therefore unable to speak or do anything. 例 Many cinema-goers were stunned by the film's violent and tragic end. // 许多来看电影的人都 被这部影片暴力而悲惨的结局所震惊。

□ **sturdy**
['stɜːrdi]

adj. 强壮的，健全的

派 sturdiness *n.* 强健

例 The camera was mounted on a sturdy tripod. // 相机固定在一个坚固的三脚架上。

□ **subatomic**
[ˌsʌbə'tɑːmɪk]

adj. 亚原子的；次原子的

英 A subatomic particle is a particle which is part of an atom, for example an electron, a proton, or a neutron.

□ **submersible**
[səb'mɜːrsəbl]

adj. 能沉入水中的；能潜航的

□ **subordinate**
[sə'bɔːrdɪnət]

n. 部属

记 sub（下面，副手）+ ordin（顺序）+ ate（……的）→顺序在下→附属的

例 Her subordinates adored her. // 她的下属都崇拜她。

adj. 级别或职位较低的；下级的

□ **subscribe**
[səb'skraɪb]

vi. & vt. 认购；订阅

例 I've personally never subscribed to the view that either sex is superior to the other. // 我个人从来都不同意性别有优劣之分的观点。

□ **subsequent**
['sʌbsɪkwent]

adj. 后来的；随后的

派 subsequently *adv.* 随后

例 Those concerns were overshadowed by subsequent events. // 随后发生的事使之前所关注的那些问题显得无足轻重。

□ **subside**
[səb'saɪd]

vi. 减弱；平息

记 sub（下）+ side（坐）→坐下去→下沉

派 subsidiary *adj.* 附带的

□ **trough**
[trɔːf]

n. 饲料槽；饮水槽

例 a terminal trough in one's career // 事业中一蹶不振的低谷

□ **trout**
[traʊt]

n. 鲑鱼（属）；真鱼尊

□ **truce**
[truːs]

n. 停战；休战

记 tru（相信，真实）+ ce→相信对方而停战

例 Let's call a truce. // 我们别争论了。

□ **wage**
[weɪdʒ]

n. 工资；报应

□ **wagon**
['wægən]

n. （四轮）运货马车

□ **waive**
[weɪv]

vt. 宣布放弃；搁置；放弃（权利、要求等）

英 If you waive your right to something, for example legal representation, you choose not to have it or do it.

例 He pleaded guilty to the murders of three boys and waived his right to appeal. // 他承认谋杀了3个男孩，并放弃上诉。

Check!

□ converge	□ literally	□ triumph	□ literacy
□ convert	□ moose	□ stubborn	□ linguistic
□ convict	□ obliterate	□ stroll	□ limestone
□ dormancy	□ obscene	□ stripe	□ intolerable
□ drain	□ persist	□ strike	□ interweave
□ arena	□ personify	□ stress	□ husk
□ argument	□ persuasion	□ receptor	□ feign
□ arise	□ perturb	□ rebut	□ feat
□ arouse	□ rebuke	□ pervade	□ expedite
□ expenditure	□ recede	□ pertain	□ draft
□ federal	□ recession	□ perspective	□ dominate
□ grunt	□ stretch	□ personally	□ convey
□ hustle	□ stringent	□ perplex	□ converse
□ intimate	□ stroke	□ oblivious	□ bypass
□ intricate	□ struggle	□ morale	□ aristocracy
□ lineage	□ trim	□ monotone	□ arid
□ liquidate	□ wag		

Word List
35

扫码关注后回复 70879
免费下载配套音频

看看有没有已经认识的单词

- ascribe
- ash
- aspect
- asphyxiate
- aspire
- corollary
- corporation
- correlate
- corroborate
- corrode
- corrupt
- cortex
- dredge
- drift
- drill
- exploit
- explosive

- exponent
- fantasy
- fast
- fate
- fatigue
- guile
- guilt
- hydrocarbon
- hydrogen
- intuitive
- inundate
- invade
- invalid
- litigant
- litigation
- livestock
- loan

- loath
- mortgage
- mortify
- mosaic
- observe
- obsolete
- physic
- pierce
- pilfer
- pine
- pineal
- recommend
- reconcile
- recording
- recount
- subsist

- substance
- substantial
- substantially
- substantiate
- substantive
- substitute
- subtle
- subtly
- subtract
- trumpet
- trunk
- wander
- ward
- warehouse
- warrant
- wax

□ **ascribe**
[əˈskraɪb]

vt. **把……归于；认为……是由于**

派 ascribable *adj.* 可归于……的

例 studies of specific regions and towns revealed astonishing mortality rates ascribed to the epidemic // 对特定区域和城镇的研究显示出如此高的死亡率竟是因为流行病。

□ **ash**
[æʃ]

n. **灰；灰烬**

英 Ash is the grey or black powdery substance that is left after something is burnt. You can also refer to this substance as ashes.

例 A cloud of volcanic ash is spreading across wide areas of the Philippines. // 火山灰云层正在菲律宾大范围扩散。

□ **aspect**
[ˈæspekt]

n. **方面；方位；方向**

例 Climate and weather affect every aspect of our lives. // 气候和天气影响着我们生活的方方面面。

□ **asphyxiate**
[æsˈfɪksieɪt]

vi. & *vt.* **使窒息**

派 asphyxiation *n.* 窒息

□ **aspire**
[əˈspaɪr]

vi. **渴望；立志**

派 aspiration *n.* 强烈的愿望；吸气

例 people who aspire to public office // 渴望担任公职的人

□ **corollary**
[ˈkɔːrəleri]

n. **推论；必然的结果**

英 A corollary of something is an idea, argument, or fact that results directly from it.

例 This is the corollary. It's due to Clausius and it says the energy in the universe is conserved. // 这条结论由克劳修斯得到，它说宇宙间能量守恒。

□ **corporation**
[ˌkɔːrpəˈreɪʃn]

n. **公司；社团；法人（团体）**

派 corporate *adj.* 法人的；团体的

例 The president disbanded the corporation. // 总裁解散了公司。

□ **correlate**
[ˈkɔːrəleɪt]

vt. **使有相互关系；互相有关系**

例 It is interesting to correlate the history of the 20th century with its literature. // 把 20 世纪的历史与文学联系起来是很有趣的。

☐ **corroborate**
[kə'rɑːbəreɪt]

vt. 证实；确证

例 I had access to a wide range of documents which corroborated the story. // 我能够查阅证实这一说法的大量文件。

☐ **corrode**
[kə'roʊd]

vt. 使腐蚀；侵蚀

英 If metal or stone corrodes, or is corroded, it is gradually destroyed by a chemical or by rust.

例 Engineers found the structure had been corroded by moisture. // 工程师们发现该建筑已经受潮腐蚀。

☐ **corrupt**
[kə'rʌpt]

adj. 腐败的；贪污的

记 cor（全部）+ rupt（断）→全部断→变坏的，腐败的

派 corruptive *adj.* 使堕落的

例 The corrupt mayor should be removed from office and prosecuted. // 这个腐化堕落的市长应当撤职查办。

☐ **cortex**
['kɔːrteks]

n. 皮质；树皮

例 the cerebral cortex // 大脑皮层

☐ **dredge**
[dredʒ]

n. 挖泥船；疏浚机

☐ **drift**
[drɪft]

vi. & vt. 漂移；漂泊

记 drif（驾驶，偏移）+ t→冲洗，漂流物，漂流

派 drift off（人）渐渐离开

例 The boat drifted out to sea. // 船漂流出海。

☐ **drill**
[drɪl]

n. 钻头；操练

例 The Marines carried out a drill that included 18 ships and 90 aircraft. // 海军陆战队进行了有 18 艘军舰和 90 架飞机参与的训练。

vi. & vt. 钻（孔）

☐ **exploit**
[ɪk'splɔɪt]

vt. 开采；开拓

记 ex（出，往外）+ ploit（= plic 重叠）+ it→把折叠之物展开→使用

派 exploitation *n.* 开发

n. 功绩

☐ **explosive**
[ɪk'sploʊsɪv]

adj. 爆炸的；爆炸性的

例 explosive gas // 爆炸性气体

□ **exponent**
[ɪkˈspoʊnənt]

n. 说明物；指数

□ **fantasy**
[ˈfæntəsi]

n. 空想；幻想

例 fantasies of romance and true love // 对浪漫和真爱的憧憬

□ **fast**
[fæst]

vi. 禁食，（尤指）斋戒

英 If you fast, you eat no food for a period of time, usually for either religious or medical reasons, or as a protest.

例 I fasted for a day and half and asked God to help me. // 我斋戒了一天半，祈求上帝伸出援手。

□ **fate**
[feɪt]

n. 命运；天命

□ **fatigue**
[fəˈtiːg]

n. 疲劳

例 She continued to have severe stomach cramps, aches, fatigue, and depression. // 她仍然患有严重的胃痉挛，感觉疼痛、疲乏、抑郁。

□ **guile**
[gaɪl]

n. 狡诈；欺骗

例 His cunning and guile were not attributes I would ever underestimate. // 我从未对他的狡猾和奸诈掉以轻心。

□ **guilt**
[gɪlt]

n. 有罪；犯罪行为

例 Feelings of guilt prevent her from seeking happiness. // 内疚感让她不能追求快乐。

□ **hydrocarbon**
[ˌhaɪdrəˈkɑːrbən]

n. [化] 碳氢化合物，烃

□ **hydrogen**
[ˈhaɪdrədʒən]

n. [化] 氢

□ **intuitive**
[ɪnˈtjuːɪtɪv]

adj. 直觉的

英 If you have an intuitive idea or feeling about something, you feel that it is true although you have no evidence or proof of it.

派 intuitively *adv.* 直觉地

例 Teachers and educators have an intuitive feeling for this. // 教师和教育学家对此会有直观的感觉。

inundate ['ɪnʌndeɪt]	*vt.* 淹没；泛滥 英 If an area of land is inundated, it becomes covered with water. 例 Their neighborhood is being inundated by the rising waters of the Colorado River. // 他们的街区正被科罗拉多河上涨的河水淹没。
invade [ɪn'veɪd]	*vi. & vt.* 侵入；侵略 记 in（进入）+ vade（走）→走进去→入侵 派 invasive *adj.* 侵略性的 例 The Romans and the Normans came to Britain as invading armies. // 罗马人以及诺曼人通过军事入侵来到英国。
invalid ['ɪnvəlɪd]	*adj.* 无效的；作废的 例 The trial was stopped and the results declared invalid. // 审判被中止，判决结果被宣布无效。
litigant ['lɪtɪɡənt]	*n.* 诉讼当事人 英 A litigant is a person who is involved in a civil legal case. *adj.* 进行诉讼的
litigation [ˌlɪtɪ'ɡeɪʃn]	*n.* 诉讼
livestock ['laɪvstɑːk]	*n.* 家畜；牲畜 例 The heavy rains and flooding killed scores of livestock. // 暴雨和洪水淹死了许多牲口。
loan [loʊn]	*n.* 贷款；借款　*vi. & vt.* 借；借给
loath [loʊθ]	*adj.* 不愿意；不喜欢的 例 He is loath to talk about his full scholarships from the two universities. // 他不愿意谈论他从两所大学拿到的全奖。
mortgage ['mɔːrɡɪdʒ]	*n.* 抵押；抵押单据 例 They had to mortgage their home to pay the bills. // 他们不得不通过抵押房屋来支付这些款项。
mortify ['mɔːrtɪfaɪ]	*vt.* 使丢面子；使窘迫 例 Jane mortified her family by leaving her husband. // 简离开丈夫的做法使她的家庭蒙羞。

□ **mosaic**
[moʊ'zeɪk]

n. 马赛克；镶嵌图案

□ **observe**
[əb'zɜːrv]

vi. & vt. 观察；研究
例 Stern also studies and observes the behaviour of babies. // 斯特恩还研究并观察婴儿的行为。

□ **obsolete**
[ˌɑːbsə'liːt]

adj. 废弃的；已过时的
例 So much equipment becomes obsolete almost as soon as it's made. // 这么多设备几乎一生产出来就要被淘汰。
vt. 淘汰

□ **physic**
['fɪzɪk]

n. 医学；医术

□ **pierce**
[pɪrs]

vt. 刺破；刺穿
例 One bullet pierced the left side of his chest. // 一颗子弹射入他的左胸。

□ **pilfer**
['pɪlfər]

vi. & vt. 偷窃（小东西）；小偷；小摸
英 If someone pilfers, they steal things, usually small cheap things.
例 Staff were pilfering behind the bar. // 店员在柜台后有些小偷小摸的行为。

□ **pine**
[paɪn]

n. 松树；松木；菠萝
例 high mountains covered in pine trees // 长满松树的高山
vt. 为……悲哀；哀悼；渴望
例 She'd be sitting at home pining for her lost husband. // 她会坐在家里，思念死去的丈夫。
I pine for the countryside. // 我渴望乡间的生活。
vi. 憔悴

□ **pineal**
['pɪniəl]

adj. 松球状的

□ **recommend**
[ˌrekə'mend]

vt. 推荐；劝告
英 If someone recommends a person or thing to you, they suggest that you would find that person or thing good or useful.
例 I have just spent a holiday there and would recommend it to anyone. // 我刚刚在那里度过假，很想把它推荐给每一个人。

□ **reconcile**
['rekənsaɪl]

vt. 调停；调解

记 re（再）+ con（共同）+ cil（召集）+ e→（双方）再次召到一起→和解

派 reconcilable *adj.* 可和解的，可调和的

例 It is possible to reconcile these apparently opposing perspectives. // 这些看似对立的观点是可以调和的。

□ **recording**
[rɪ'kɔːrdɪŋ]

n. 记录；录音

□ **recount**
[rɪ'kaʊnt]

vt. 讲述

英 If you recount a story or event, you tell or describe it to people.

n. 重新清点（选票）

例 She wanted a recount. She couldn't believe that I had got more votes than her. // 她想要重新计票。她不相信我比她得票多。

□ **subsist**
[səb'sɪst]

vi. 维持生活；生存下去

例 I work at a comic book store to subsist. // 我靠在漫画书店打工维持生活。

□ **substance**
['sʌbstəns]

n. 物质；材料

例 mature men of substance // 有钱有势的成熟男人

□ **substantial**
[səb'stænʃl]

adj. 本质的，显著的；大量的

记 substant（= substance 物质；实质）+ ial（……的）→实质的，显著的

派 substantiality *n.* 实质性

例 a very substantial improvement // 一个非常巨大的进步

□ **substantially**
[səb'stænʃəli]

adv. 本质上；实质上

例 Open trading policy remains substantially unchanged. // 自由贸易政策基本保持不变。

□ **substantiate**
[səb'stænʃieɪt]

vt. 证实

记 substant（= substance 物质；实质）+ iate（表动词）→把（理论）物质化→证实

例 There is little scientific evidence to substantiate the claims. // 这些观点几乎找不到科学依据来证实。

substantive
['sʌbstəntɪv]

adj. 坚固的；独立的

例 substantive negotiations // 实质性的谈判

substitute
['sʌbstɪtuːt]

n. 代替者；代替物　　*vi. & vt.* 用……代替

subtle
['sʌtl]

adj. 微妙的；敏感的

派 subtleness *n.* 微妙

例 There's a subtle hint of garlic in the sauce. // 调味汁里稍微有一点儿蒜味。

the slow and subtle changes that take place in all living things // 发生在所有生物身上的缓慢而细微的变化

subtly
['sʌtli]

adv. 隐隐约约地

subtract
[səb'trækt]

vt. 减去；扣除

派 subtractive *adj.* 减去的，负的

例 The nation's central measure of economic well-being works like a calculating machine that adds but cannot subtract. // 国家衡量经济好坏的工作就像一个只加不减的计算机器。

trumpet
['trʌmpɪt]

n. 小号；喇叭

trunk
[trʌŋk]

n. 树干；躯干

例 Will this trunk hold all your clothes? // 这箱子能装下你所有的衣服吗？

wander
['wɑːndər]

vi. & vt. 漫步；漫游

英 If you wander in a place, you walk around there in a casual way, often without intending to go in any particular direction.

例 Because Mother is afraid we'll get lost, we aren't allowed to wander far. // 妈妈生怕我们迷路，不准我们走远。

n. 游荡

ward
[wɔːrd]

n. 病房；病室

英 A ward is a room in a hospital which has beds for many people, often people who need similar treatment.

□ **warehouse**
['werhaʊs]

n. 仓库；货栈

□ **warrant**
['wɔːrənt]

vt. 保证

英 If something warrants a particular action, it makes the action seem necessary or appropriate for the circumstances.

例 The allegations are serious enough to warrant an investigation. // 这些指控很严重，有必要进行一番调查。

n. 授权证；许可证

□ **wax**
[wæks]

n. 蜡

Check !

□ drainage	□ reciprocal	□ subatomic	□ mortal
□ drawback	□ reclaim	□ stun	□ lithosphere
□ expense	□ stumble	□ recoil	□ intuition
□ explicit	□ sturdy	□ reckon	□ intrinsic
□ favor	□ submersible	□ photon	□ hybrid
□ guarantee	□ subscribe	□ philanthropy	□ feasible
□ intrigue	□ subside	□ pestle	□ fake
□ intrude	□ trout	□ pest	□ expire
□ literature	□ wage	□ arrest	□ dread
□ mordant	□ waive	□ arrogance	□ drastic
□ mortar	□ wagon	□ artificial	□ coral
□ pervasive	□ truce	□ conviction	□ coordinate
□ pesticide	□ trough	□ cooperate	□ convince
□ petition	□ subsequent	□ copper	□ ascend
□ philosophy	□ subordinate	□ obscure	□ artifact

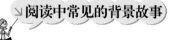

阅读中常见的背景故事

什么是飓风？

人们将大西洋和北太平洋地区强大而深厚（最大风速达 32.7 米/秒，风力为 12 级以上）的热带气旋称为飓风（hurricane）。飓风也泛指狂风和任何热带气旋以及风力达 12 级的任何大风。飓风中心有一个风眼，风眼愈小，破坏力愈大，其意义和台风类似，只是产生地点不同。

飓风一词源自加勒比海语言的恶魔 Hurican，亦有人说是玛雅人神话中创世众神的其中一位，就是雷暴与旋风之神 Hurakan。而台风一词则源自希腊神话中大地之母盖亚之子 Typhon，它是一头长有一百个龙头的魔物，传说其孩子就是可怕的大风。

飓风在一天之内就能释放出惊人的能量。飓风与龙卷风不能混淆。后者的时间很短暂，属于瞬间爆发，最长也不超过数小时。此外，龙卷风一般是伴随着飓风而产生。龙卷风最大的特征在于它出现时，往往有一个或数个如同大象鼻子样的漏斗状云柱，同时伴随狂风暴雨、雷电或冰雹。

飓风成因：

热带气旋（飓风）的形成受到科里奥利力（Coriolis force）的影响。驱动热带气旋运动的原动力是低气压中心与周围大气的压力差，周围大气中的空气在压力差的驱动下向低气压中心定向移动，这种移动受到科里奥利力的影响而发生偏转，从而形成旋转的气流，这种旋转在北半球沿着逆时针方向而在南半球沿着顺时针方向，由于旋转的作用，低气压中心得以长时间保持。

Word List 36

扫码关注后回复 70879
免费下载配套音频

看看有没有已经认识的单词

- assault
- assemble
- assembly
- assert
- assign
- counsel
- counterfeit
- course
- courtship
- coyote
- craft
- drizzle
- droplet
- drown
- duplicate
- exposure
- expound

- extant
- extend
- faith
- famine
- famish
- feed
- guise
- hygiene
- hypnotize
- inventory
- inverse
- investigate
- lobby
- locomote
- locust
- locution
- motif

- motility
- motive
- motto
- obstacle
- obstinate
- obtain
- pinpoint
- pipe
- piracy
- pit
- pitfall
- recreation
- recruitment
- recur
- redeem
- redundant
- reef

- rudimentary
- rural
- rye
- suburban
- subvert
- succession
- succinct
- succumb
- suction
- suffice
- suffrage
- suffuse
- tumble
- tunnel
- weaken
- weary

□ **assault**
[əˈsɔːlt]

n. 攻击；袭击

英 as（一再）+ sault（跳）→跳起来→进攻

例 The rebels are poised for a new assault on the government garrisons. // 叛军准备好要对政府驻军发起新一轮的猛攻。

□ **assemble**
[əˈsembl]

vi. & vt. 装配；组合

例 assemble an IKEA bookshelf // 组装宜家书架

□ **assembly**
[əˈsembli]

n. 装配；集会

记 as（不断）+ sembl（相类似，一样）+ e→不断（走向）同一个地方→召集 + y（状态，性质）→集会

例 The bill must clear through the assembly before it becomes legal. // 这项法案必须经大会通过才算合法。

□ **assert**
[əˈsɜːrt]

vt. 声称；断言

英 If someone asserts a fact or belief, they state it firmly.

例 Mr Helm plans to assert that the bill violates the *First Amendment*. // 赫尔姆先生打算声明该法案违反了《宪法第一修正案》。

□ **assign**
[əˈsaɪn]

vt. 分派；分配

派 assignable *adj.* 可分配的

例 Later in the year, she'll assign them research papers. // 今年晚些时候，她将给他们指定研究论文。

□ **counsel**
[ˈkaʊnsl]

vt. 劝告；建议

记 coun（= con 一起）+ sel（召集）→召集在一起商讨，讨论

例 Crawford counsels her on all aspects of her career. // 克劳福德为她的职业生涯提供全方位建议。

□ **counterfeit**
[ˈkaʊntərfɪt]

adj. 假冒的；伪造的

英 making copies illegally

记 counter（反对，相反）+ feit（做）→和（真的）反着做→伪造

派 counterfeiter *n.* 伪造者

例 It is a crime to counterfeit money. // 伪造钱币是犯罪行为。

□ **course**
[kɔːrs]

n. 课程；行动方向；一道菜

例 The ill-fated ship was sent off course into shallow waters and rammed by another vessel. // 这艘倒霉的船偏离航道误入浅水区，被另外一艘船撞上了。

□ **courtship**
['kɔːrtʃɪp]

n. 求爱期；追求期

英 Courtship is the activity of courting or the time during which a man and a woman are courting.

例 They were more interested in courtship and cars than in school. // 比起上学，他们对谈恋爱和汽车更感兴趣。

□ **coyote**
[kaɪ'oʊti]

n. 郊狼（一种产于北美大草原的小狼）

□ **craft**
[kræft]

n. 技术；手艺

例 the arts and crafts of the North American Indians // 北美印第安人的手工艺

□ **drizzle**
['drɪzl]

vi. 下蒙蒙细雨；下毛毛雨

例 Clouds had come down and it was starting to drizzle. // 云层压低，开始飘起了毛毛雨。

n. 蒙蒙细雨

□ **droplet**
['drɑːplət]

n. 小滴；微滴

例 water droplet // 水滴

□ **drown**
[draʊn]

vi. 淹死；溺死

例 Many towns and villages drowned. // 许多城乡被淹没了。

□ **duplicate**
['duːplɪkeɪt]

vt. 复制；使加倍

记 du（二，双）+ plic（重复）+ ate（表动词，形容词或名词）→重复第二份→复制

派 duplicable *adj.* 可加倍的

例 duplicate expenses // 使费用加倍

□ **exposure**
[ɪk'spoʊʒər]

n. 暴露；揭发

记 ex（出）+ pos（放）+ ure（表名词）→放到外面→暴露

例 the potential exposure of people to nuclear waste // 核废料对人们造成辐射的潜在风险

□ **expound**
[ɪk'spaʊnd]

vt. 解释；详细讲解

英 If you expound an idea or opinion, you give a clear and detailed explanation of it.

例 The speaker has an hour to expound his views to the public. // 讲演者有 1 小时时间向公众阐明他的观点。

□ **extant**
['ekstənt]

adj. 现存的；仍然存在的

例 The oldest extant document is dated 1492. // 现存最古老的文献出自 1492 年。

□ **extend**
[ɪk'stend]

vi. & vt. 延伸；扩大

派 extensive *adj.* 广阔的
extensively *adv.* 广阔地

例 The caves extend for some 18 kilometres. // 那些洞穴延伸约 18 公里。

□ **faith**
[feɪθ]

n. 信念；宗教信仰

派 faithful *adj.* 忠实的

□ **famine**
['fæmɪn]

n. 饥荒

例 Thousands of refugees are trapped by war, drought and famine. // 成千上万的难民陷于战争、旱灾和饥荒之中。

□ **famish**
['fæmɪʃ]

vi. & vt. 使挨饿；感到极饿

例 a famished wolf // 一条饿极了的狼

□ **feed**
[fiːd]

vt. 喂养；给（人或动物）食物 *vi.* 进食

例 The longest chapter in almost any book on baby care is on feeding. // 几乎所有婴儿护理类的书籍中内容最多的一章都是关于喂养的。

□ **guise**
[gaɪz]

n. 伪装

例 He turned up at a fancy dress Easter dance in the guise of a white rabbit. // 他扮成白兔在复活节化装舞会上亮相。

vi. & vt. （使）伪装

□ **hygiene**
['haɪdʒiːn]

n. 卫生；卫生学

例 The hygiene that helped prevent typhoid epidemics indirectly fostered a paralytic polio epidemic. // 本来是用来避免伤寒疫情的卫生学却间接地助长了麻痹性脊髓灰质炎疫情的爆发。

hypnotize
['hɪpnətaɪz]

vt. 对……施催眠术

记 hypno（睡眠）+ tize（= ize 表动词）→施催眠术，使着迷，使恍惚

派 hypnotizable *adj.* 可被催眠的

例 A hypnotherapist will hypnotize me. // 一位催眠治疗师将对我实施催眠。

inventory
['ɪnvəntɔːri]

n. 存货清单；存货

记 in（进）+ ven（来，走）+ tory→进来的全部财产，清单

inverse
[ˌɪn'vɜːrs]

adj. 相反的；逆向的

例 There is no sign that you bothered to consider the inverse of your logic. // 你根本就不想把你的逻辑反过来考虑。

investigate
[ɪn'vestɪgeɪt]

vt. 调查；研究

记 in（进入）+ vestig（脚印，踪迹）+ ate（表动词）→根据踪迹调查→调查

派 investigatory *adj.* 研究的

例 A curious press is trying to investigate Garry's private assets. // 一家好奇的媒体试图调查加里的私人财产。

lobby
['lɑːbi]

vi. 为了支持或抵制某项特定目标游说

例 Gun control advocates are lobbying hard for new laws. // 枪械管制支持者正努力游说通过新法。

locomote
[ˌloʊkə'moʊt]

vi. 移动；行动

英 change location; move, travel, or proceed

locust
['loʊkəst]

n. 蝗虫；蚱蜢

英 Locusts are large insects that live mainly in hot countries. They fly in large groups and eat crops.

locution
[loʊ'kjuːʃn]

n. 语言风格；惯用语

例 a locution or pronunciation peculiar to the southern US // 美国南方特有的发音或者语言风格

motif
[moʊ'tiːf]

n. （文艺作品等的）主题

□ **motility**
[moʊˈtɪləti]

n. 运动性；机动性

例 I had my esophagus stretched and I've had the 24-hour motility study done, but nothing helps. // 我进行了食管拉伸，并做了 24 小时的运动研究，但没有任何帮助。

□ **motive**
[ˈmoʊtɪv]

n. 动机，主旨

记 mot（运动）+ ive（……的）→ *n.* 动机，目的 *adj.* 发动的，运动的

例 the motives and objectives of British foreign policy // 英国外交政策的动机和目标

□ **motto**
[ˈmɑːtoʊ]

n. 座右铭；格言

□ **obstacle**
[ˈɑːbstəkl]

n. 障碍（物）；妨碍

记 ob（反对）+ st（站，立）+ acle（东西，状态）→站着反对→障碍［物］

□ **obstinate**
[ˈɑːbstɪnət]

adj. 顽固的；固执的

英 If you describe someone as obstinate, you are being critical of them because they are very determined to do what they want, and refuse to change their mind or be persuaded to do something else.

例 He is very obstinate；you won't be able to make him change his mind. // 他这个人脾气犟，你可拗不过他。

□ **obtain**
[əbˈteɪn]

vt. 得到；获得

例 Evans was trying to obtain a false passport and other documents. // 埃文斯正试图取得一本假护照和其他证件。

□ **pinpoint**
[ˈpɪnpɔɪnt]

n. 针尖

派 pins and needles 如坐针毡

vt. 准确地指出；精准定位

例 It was almost impossible to pinpoint the cause of death. // 几乎不可能确认死因。

□ **pipe**
[paɪp]

n. 管子；烟斗

例 The pipe disgorges sewage into the sea. // 这根管道将污水排入大海。

□ **piracy**
['paɪrəsi']

n. 海上抢劫；盗版行为

英 You can refer to the illegal copying of things such as video tapes and computer programs as piracy.

例 protection against piracy of books and films // 对书籍和电影免遭盗版的保护

□ **pit**
[pɪt]

n. 矿坑；陷阱

□ **pitfall**
['pɪtfɔːl]

n. 陷阱；圈套

□ **recreation**
[ˌrekri'eɪʃn]

n. 消遣（方式）；娱乐（方式）；重建

例 Saturday afternoon is for recreation and outings. // 周六后是休闲和外出游玩的时间。

□ **recruitment**
[rɪ'kruːtmənt]

n. 征募新兵；招聘

派 recruit *vt.* 招聘；征募

例 campus recruitment // 校园招聘

□ **recur**
[rɪ'kɜr]

vi. 复发；重现

英 If something recurs, it happens more than once.

例 What attitude you'll adopt to the psychologist's advice will affect whether the nightmare recurs. // 你对心理医生的忠告采取什么态度会影响你的噩梦是否再来。

□ **redeem**
[rɪ'diːm]

vt. 兑现；偿还

英 If you redeem yourself or your reputation, you do something that makes people have a good opinion of you again after you have behaved or performed badly.

例 Work is the way that people seek to redeem their lives from futility. // 工作可以避免人们虚度生命。

□ **redundant**
[rɪ'dʌndənt]

adj. 多余的；累赘的

□ **reef**
[riːf]

n. 礁；礁脉

英 A reef is a long line of rocks or sand, the top of which is just above or just below the surface of the sea.

例 An unspoilt coral reef encloses the bay. // 未受破坏的珊瑚礁环绕在海湾周围。

□ **rudimentary**
[ˌruːdəˈmentəri]

adj. 基本的；初步的

例 a kind of rudimentary kitchen // 略显简陋的厨房

□ **rural**
[ˈrʊrəl]

adj. 乡下的；农村的

记 rur（农村）+ al（……的）→乡下的，田园的，乡村风味的

派 ruralism *n.* 乡下风味

□ **rye**
[raɪ]

n. 黑麦

□ **suburban**
[səˈbɜːrbən]

adj. 郊区的；近郊的

□ **subvert**
[səbˈvɜːrt]

vt. 破坏；颠覆

英 To subvert something means to destroy its power and influence.

例 Conflict and division subvert the foundations of society. // 冲突和分裂动摇社会的基础。

□ **succession**
[səkˈseʃn]

n. 继承人；继承权；一连串；一系列

派 successional *adj.* 连续性的

例 a succession of visitors // 络绎不绝的来访者

□ **succinct**
[səkˈsɪŋkt]

adj. 简明的；简洁的

英 Something that is succinct expresses facts or ideas clearly and in few words.

例 The book gives an admirably succinct account of the technology and its history. // 这本书极其简明扼要地介绍了这项技术及其发展史。

□ **succumb**
[səˈkʌm]

vi. 屈服；死亡

英 If you succumb to temptation or pressure, you do something that you want to do, or that other people want you to do, although you feel it might be wrong.

例 Don't succumb to the temptation to have just one cigarette. // 不要经不住诱惑，只抽一支烟也不行。

□ **suction**
[ˈsʌkʃn]

vt. 吸；吸入

例 fat suction // 吸脂术

□ **suffice**
[sə'faɪs]

vi. & vt. 足够（＋for）

记 suf（下面）＋ fice（做，制作）→在下面先做好→充足

例 A cover letter should never exceed one page; often a far shorter letter will suffice. // 附信不应超过一页，通常来说，一封非常简短的信就足够了。

□ **suffrage**
['sʌfrɪdʒ]

n. （政治性选举的）选举权

英 Suffrage is the right of people to vote for a government or national leader.

例 He was an advocate of universal suffrage as a basis for social equality. // 他提倡普选权，认为这是社会公平的基础。

□ **suffuse**
[sə'fjuːz]

vt. 弥漫于；布满

例 A dull red flush suffused Selby's face. // 塞尔比的脸庞泛起了淡淡的红晕。

□ **tumble**
['tʌmbl]

vi. 跌倒；摔倒

例 The dog had tumbled down the cliff. // 那只狗摔下了悬崖。

□ **tunnel**
['tʌnl]

n. 隧道；地道

□ **weaken**
['wiːkən]

vi. & vt. 衰减；（使）削弱

英 If you weaken something or if it weakens, it becomes less strong or less powerful.

例 The recession has weakened so many firms that many can no longer survive. // 经济衰退使许多公司实力大损，不少难以为继。

□ **weary**
['wɪri]

adj. 疲倦的；困乏的

英 If you are weary, you are very tired.

例 Rachel looked pale and weary. // 雷切尔看起来脸色苍白，疲惫不堪。

Check !

- ascribe
- exploit
- exponent
- fast
- fatigue
- guilt
- hydrogen
- ash
- asphyxiate
- corollary
- correlate
- corrode
- cortex
- drift
- inundate
- invalid
- litigation

- loan
- mortgage
- mosaic
- obsolete
- pierce
- pine
- recommend
- recording
- subsist
- substantial
- substantiate
- substitute
- subtly
- trumpet
- wander
- warehouse
- wax

- warrant
- ward
- trunk
- subtract
- subtle
- substantive
- substantially
- substance
- recount
- reconcile
- pineal
- pilfer
- physic
- observe
- mortify
- loath

- livestock
- litigant
- invade
- intuitive
- hydrocarbon
- guile
- fate
- fantasy
- explosive
- drill
- dredge
- corrupt
- corroborate
- corporation
- aspire
- aspect

Word List
37

扫码关注后回复 70879
免费下载配套音频

看看有没有已经认识的单词

- assist
- assort
- assume
- asteroid
- astonish
- astronomer
- crash
- crater
- credit
- creed
- crime
- criminal
- durable
- dwell
- dwindle

- dynamic
- extent
- exterminate
- extinct
- fair
- gulf
- gush
- hypothesis
- invoke
- involuntary
- involve
- ironically
- irony
- lode
- longevity

- loophole
- mourn
- multitude
- mummery
- obtrude
- occasional
- occupation
- pivot
- pivotal
- plague
- plank
- plate
- plaudit
- plausibility
- reflect

- refractory
- refrain
- refurbish
- sugarcane
- sulfide
- sulfur
- sunk cost
- superficial
- superior
- supersede
- supplicant
- turbulence
- weave
- wedge

□ **assist**
[ə'sɪst]

vt. 帮助；援助

例 Julia was assisting him to prepare his speech. //
朱莉娅正在帮他准备演讲稿。

□ **assort**
[ə'sɔːt]

vt. 把……分类

英 arrange or order by classes or categories

□ **assume**
[ə'suːm]

vi. & vt. 承担；假定

英 If you assume that something is true, you imagine
that it is true, sometimes wrongly.

例 It is a misconception to assume that the two
continents are similar. // 关于这两块大陆相似
的假设是一种误解。

□ **asteroid**
['æstərɔɪd]

n. [天文] 小行星

记 aster (星星) + oid (像……的) → 像星星的

adj. 星状的

□ **astonish**
[ə'stɑːnɪʃ]

vt. 使惊讶

例 It astonished her that he was able to survive. //
他竟然活了下来，使她大为惊讶。

□ **astronomer**
[ə'strɑːnəmər]

n. 天文学者；天文学家

派 astronomy *n.* 天文学

□ **crash**
[kræʃ]

vi. & vt. 碰撞；使发出巨响

例 The door swung inwards to crash against a chest
of drawers behind it. // 门朝里摆去，撞到了后
面的大衣柜。

n. 崩溃

□ **crater**
['kreɪtər]

n. 火山口；弹坑

□ **credit**
['kredɪt]

n. 信用；信誉

例 I think our credit has been overextended to
diversify. // 我认为我们的贷款到目前为止太
分散了。

□ **creed**
[kriːd]

n. 信条；教义

英 A creed is a set of beliefs, principles, or opinions
that strongly influence the way people live or
work.

例 their devotion to their creed of self-help // 他们坚信自力更生的原则

□ crime
[kraɪm]

n. 罪行；罪

例 More police officers out on the beat may help to cut crime. // 增加巡逻的警察可能有助于减少犯罪。

□ criminal
['krɪmənl]

adj. 犯罪的；刑事的　　*n.* 罪犯

派 criminality *n.* 有罪

例 The criminal broke away from his captors. // 那名罪犯摆脱了抓捕他的人。

□ durable
['dʊrəbl]

adj. 耐用的；持久的

例 durable goods // 耐用品

□ dwell
[dwel]

vi. 居住；沉湎于

例 I'd rather not dwell on the past. // 我不想再沉湎于过去了。

□ dwindle
['dwɪndl]

vi. 减少；变坏

英 become smaller or lose substance

例 The old man's health dwindled slowly day by day. // 老人的身体日渐衰弱。

□ dynamic
[daɪ'næmɪk]

adj. 动力的；动力学的

记 dynam 力量 + ic……的 → *adj.* 动力的，动力学的，动态的

派 dynamical *adj.* 动力（学）的

例 dynamic balance // 动态平衡

□ extent
[ɪk'stent]

n. 范围；程度

例 Things are not yet carried to that extent. // 事情还没有发展到那种程度。

□ exterminate
[ɪk'stɜːrmɪneɪt]

vt. 消灭；根除

英 To exterminate a group of people or animals means to kill all of them.

例 A huge effort was made to exterminate the rats. // 灭鼠花了大力气。

□ **extinct**
[ɪkˈstɪŋkt]

adj. 灭绝的；绝种的
派 extinction *n.* 熄灭

□ **fair**
[fer]

adj. 公平的；合理的
英 Something or someone that is fair is reasonable, right, and just.
派 fairly *adv.* 公平地
例 It didn't seem fair to leave out her father. // 将她父亲排除在外似乎不公平。
n. 集市

□ **gulf**
[gʌlf]

n. 海湾；（地面的）裂口

□ **gush**
[gʌʃ]

vi. & vt. 喷涌；迸出
例 Piping-hot water gushed out. // 滚烫的水喷了出来。

□ **hypothesis**
[haɪˈpɑːθəsɪs]

n. 假设；假说
英 A hypothesis is an idea which is suggested as a possible explanation for a particular situation or condition, but which has not yet been proved to be correct.
派 hypothetical *adj.* 假定的
例 Work will now begin to test the hypothesis in rats. // 现在开始在老鼠身上做实验以验证该假设。

□ **invoke**
[ɪnˈvoʊk]

vt. 唤起；引起；诉诸（法律等）
记 in（进）+ vok（出声，叫喊，看）+ e→喊进去，请求
例 It is said that the government invoked a law that protects refugees to help his son. // 据传政府援引了一项保护难民的法律来帮助他的儿子。

□ **involuntary**
[ɪnˈvɑːlənteri]

adj. 非自愿的；不受意志控制的
例 Another surge of pain in my ankle caused me to give an involuntary shudder. // 脚踝突然又一阵疼痛，痛得我直打哆嗦。

□ **involve**
[ɪnˈvɑːlv]

vt. 包含；牵涉
记 in（进入）+ volv（转，卷）+ e→转进去

□ **ironically**
[aɪˈrɑːnɪkli]

adv. 讽刺地

□ **irony**
['aɪrəni]

n. 具有讽刺意味的事

□ **lode**
[loʊd]

n. 矿脉

□ **longevity**
[lɑːn'dʒevəti]

n. 长寿；寿命

例 Human longevity runs in families. // 人类的长寿具有家族遗传性。

□ **loophole**
['luːphoʊl]

n. 漏洞；空子

例 It is estimated that 60,000 shops open every Sunday and trade by exploiting some loophole in the law to avoid prosecution. // 据估计，每逢周日开门营业的店铺有 6 万家，通过钻法律漏洞躲避检控。

□ **mourn**
[mɔːrn]

vi. 哀痛；服丧

例 Joan still mourns her father. // 琼仍在为父亲的死伤心。

□ **multitude**
['mʌltɪtuːd]

n. 大量；许多

例 There are a multitude of small quiet roads to cycle along. // 有很多可以骑车的宁静小路。

□ **mummery**
['mʌməri]

n. 哑剧表演

□ **obtrude**
[ɑːb'truːd]

vt. 强行向前；强迫

英 When something obtrudes or when you obtrude it, it becomes noticeable in an undesirable way.

□ **occasional**
[ə'keɪʒnl]

adj. 偶尔的；不经常的

派 occasionality *n.* 偶然性

例 I've had occasional mild headaches all my life. // 间或发作的轻微头疼困扰了我一辈子。

□ **occupation**
[ˌɑːkjuˈpeɪʃn]

n. 工作；占领

派 occupational *adj.* 职业的

□ **pivot**
['pɪvət]

n. 枢轴；中心点；中枢

例 The boat pivoted on its central axis and pointed straight at the harbour entrance. // 小船原地掉过头来，直指海港入口。

□ **pivotal**
['pɪvətl]

adj. 中枢的；重要的

例 The Court of Appeal has a pivotal role in the English legal system. // 上诉法院在英国法律系统中起核心作用。

□ **plague**
[pleɪg]

n. 瘟疫；灾害

派 plaguesome *adj.* 讨厌的

例 A plague on you and your damned percentages! // 你和你该死的百分比都见鬼去吧！

□ **plank**
[plæŋk]

n. 板（条）；厚板

□ **plate**
[pleɪt]

n. 盘子；盆子

派 plateful *n.* （一）满盘

□ **plaudit**
['plɔːdɪt]

n. 鼓掌；喝彩

□ **plausibility**
[ˌplɔːzə'bɪləti]

n. 似乎有理；能言善辩

例 the plausibility of the theory // 该理论的貌似合理性

□ **reflect**
[rɪ'flekt]

vt. 反射；反映

英 If something reflects an attitude or situation, it shows that the attitude or situation exists or it shows what it is like.

例 The Los Angeles riots reflected the bitterness between the black and Korean communities in the city. // 洛杉矶的暴乱反映出这个城市的黑人社区和韩裔社区之间的仇恨。

□ **refractory**
[rɪ'fræktəri]

adj. 执拗的；倔强的

例 refractory priests who refused to side with the king // 拒绝支持国王的桀骜不驯的牧师

□ **refrain**
[rɪ'freɪn]

vi. & vt. 忍住；抑制

英 If you refrain from doing something, you deliberately do not do it.

例 refrain from violence // 避免使用暴力

□ **refurbish**
[ˌriː'fɜːrbɪʃ]

vt. 刷新；使重新干净

例 We have spent money on refurbishing the offices. // 我们已经花钱对办公室进行了翻新。

□ **sugarcane**
['ʃʊɡərkeɪn']

n. ［植］甘蔗

□ **sulfide**
['sʌlfaɪd]

n. ［化］硫化物

□ **sulfur**
['sʌlfər]

n. 硫黄

□ **sunk cost**

沉没成本，已支付成本，隐没成本

例 the relationship between risk perception and sunk cost effects // 风险知觉与沉没成本效应之间的关系

解 沉没成本（sunk cost）：

沉没成本是指由于过去的决策已经发生了，而不能由现在或将来的任何决策改变的成本。人们在决定是否去做一件事情的时候，不仅是看这件事对自己有没有好处，而且也看过去是不是已经在这件事情上有过投入。我们把这些已经发生不可收回的支出，如时间、金钱、精力等称为沉没成本。

举一个很简单的例子，比如你开着租来的100万的宝马车去相亲，但是你第一眼就没看上那个姑娘。你租那辆100万的宝马车就是沉没成本。有可能因为这个沉没成本，你会选择和那个姑娘侃一小时的大山。而实际上，和这个姑娘聊天的收益很小甚至是负的，你主要是受到宝马车这个沉没成本的影响。

□ **superficial**
[ˌsuːpərˈfɪʃl]

adj. 表面（上）的；肤浅的

例 This guy is a superficial yuppie with no intellect whatsoever. // 这个家伙是个肤浅的雅皮士，没有什么头脑。

□ **superior**
[səˈpɪriər]

adj. 较高的；上级的　*n.* 上司

□ **supersede**
[ˌsuːpərˈsiːd]

vt. 取代；接替

英 If something is superseded by something newer, it is replaced because it has become old-fashioned or unacceptable.

例 Hand tools are relics of the past that have now been superseded by the machine. // 手工工具是历史的遗物，现在已经被机器所取代。

supplicant
['sʌplɪkənt]

n. 恳求者

英 A supplicant is a person who prays to God or respectfully asks an important person to help them or to give them something that they want very much.

例 He flung himself down in the flat submissive posture of a mere supplicant. // 他以一个卑微的哀求者绝对谦恭的姿态猛地趴在地上。

adj. 恳求的

turbulence
['tɜːrbjələns]

n. （海洋、天气等的）狂暴；动乱

记 turb（搅动，混乱）+ ulent（多……的）+ ce（名词）→狂暴，无秩序

派 turbulent *adj.* 骚乱的

例 a time of change and turbulence // 一个动荡不安的时期

weave
[wiːv]

vi. & vt. 编；织

例 The cars then weaved in and out of traffic at top speed. // 这些轿车就在车流中全速穿行。

n. 织物

wedge
[wedʒ]

vt. 楔入；挤进

例 I shut the shed door and wedged it with a log of wood. // 我关上小屋的门，并用一根木棍将门楔住。

n. 楔；楔形物

Check !

☐ counsel	☐ inverse	☐ pit	☐ weaken
☐ course	☐ lobby	☐ recreation	☐ weary
☐ coyote	☐ assault	☐ recur	☐ tunnel
☐ drizzle	☐ assemble	☐ redundant	☐ suffuse
☐ drown	☐ assert	☐ rudimentary	☐ suffice
☐ exposure	☐ locust	☐ rye	☐ succumb
☐ extant	☐ motif	☐ subvert	☐ succession
☐ faith	☐ motive	☐ succinct	☐ suburban
☐ famish	☐ obstacle	☐ suction	☐ rural
☐ guise	☐ obtain	☐ suffrage	☐ reef
☐ hypnotize	☐ pipe	☐ tumble	☐ redeem

☐ recruitment	☐ motility	☐ feed	☐ craft
☐ pitfall	☐ locution	☐ famine	☐ courtship
☐ piracy	☐ locomote	☐ extend	☐ counterfeit
☐ pinpoint	☐ investigate	☐ expound	☐ assign
☐ obstinate	☐ inventory	☐ duplicate	☐ assembly
☐ motto	☐ hygiene	☐ droplet	

阅读中常见的背景故事

联邦政府的构成

美国联邦政府（Federal Government）是依据三权分立与联邦制度、两大政治思想而制定的。

当初在起草宪法时因怕权力过分集中于个人或某一部门，危害人民的自由，因而将立法、司法、行政三种权力分别独立，互相制衡，以避免政府滥权。

立法机关：国会（Congress）包括两院（Chamber）——参议院（Senate）和众议院（the House of Representatives），并设两院制议会。美国国会决定行政官员与法官的薪金，但不能增加或减少总统的薪金，或减少法官在其任期内的薪金。国会亦会决定其议员的薪酬，但是《美国宪法第二十七号修正案》限制了国会议员薪酬增加的生效期，议会薪酬增加的议案要在下届国会选举时方能生效。众议院拥有弹劾行政官员与法官的权力；参议院则负责复核所有的弹劾提议。国会负责审查行政部门的组成，亦可影响司法部门的组成。国会可以成立次级法院并拥有独立的司法权。此外，国会负责限制法院组成人员的数量。法官则由总统在聆听国会建议并获得其认同后指派。

司法机关：以联邦最高法院（Supreme Court）为首，下设11个控诉法院、95个地方法院及4个特别法庭。法院有司法审查权，控制行政部门与立法部门。通过马伯里诉麦迪逊案的判决，法院有宣告国会通过的法律违宪的权力。美国首席大法官在总统被弹劾期间会在参议院里任议会主席，但参议院的规则并没有给予议会主席很多权力。

美国联邦最高法院由9个大法官组成。每个大法官都是由美国总统提名，经过参议院听证后批准委任。在9位美国联邦最高法院的大法官中，有1位是美国首席大法官。其产生过程与另外8位大法官一样。美国联邦最高法院大法官像所有美国联邦法官一样，其任期是无限的。除了去世、辞职或者自己要求退休外，他们唯一非自愿的去职是被美国国会罢免。联邦最高法院有权宣布国会的某个法律违宪而不被采用。

行政机关：以由人民直接选举的总统为最高行政首长，并以副总统辅之，下设几个行政部门。美国总统可以通常由行使议案否决权来控制国会，但参众两院若各有三分之二的票数反对该否决，则这议案否决权便无效。

联邦政府是指包括这三个机构在内的美国政府。

Word List 38

扫码关注后回复 70879
免费下载配套音频

看看有没有已经认识的单词

- atherosclerosis
- athlete
- atmospheric
- atom
- atrophy
- attach
- crisis
- criterion
- critic
- critical
- criticize
- critique
- crown
- crucial
- cursory
- curt

- curtail
- custom
- cynical
- earthquake
- eccentric
- eclipse
- fade
- Fahrenheit
- gut
- icon
- idealization
- identical
- irradiation
- irrelevant
- irritant
- irritate

- loyalty
- lubricant
- lucrative
- munch
- municipal
- muscle
- mussel
- offend
- offset
- plausible
- pledge
- plentiful
- pliable
- plight
- refuge
- refuse

- refute
- revive
- suppose
- suppress
- supreme
- surgical
- surmise
- surpass
- surrender
- surround
- susceptible
- suspect
- twist
- weed
- weird

□ **atherosclerosis**
[ˌæθərouskliˈrousɪs]
n. [内科] 动脉粥样硬化；动脉硬化

□ **athlete**
[ˈæθliːt]
n. 运动员；体育家
英 You can refer to someone who is fit and athletic as an athlete.
例 Daley Thompson was a great athlete. // 戴利·汤普森是位著名的运动员。

□ **atmospheric**
[ˌætməˈsferɪk]
adj. 大气的；大气引起的；有……气氛的
英 If you describe a place or a piece of music as atmospheric, you like it because it has a particular quality which is interesting or exciting and makes you feel a particular emotion.
例 beautiful, atmospheric music // 优美的、有情调的音乐

□ **atom**
[ˈætəm]
n. 原子；原子能

□ **atrophy**
[ˈætrəfi]
vi. & vt. 萎缩
记 a (无) + trophy (营养)→无营养引起的→肌肉等衰退
例 If you allow your mind to stagnate, this particular talent will atrophy. // 如果你老不用脑，那么这一特殊才能就会退化。
n. 萎缩；衰退

□ **attach**
[əˈtætʃ]
vi. & vt. 贴上；系
记 at (加强) + tach (接角)→接触上→附上
派 attachable *adj.* 可附上的
例 We attach labels to things before we file them away. // 存档前，我们先贴上标签。

□ **crisis**
[ˈkraɪsɪs]
n. 危机；危险期
例 economic crisis // 经济危机

□ **criterion**
[kraɪˈtɪriən]
n. (判断、批评的) 标准；尺度
记 crit (判断，分辨，评判) + erion→做出判断的依据标准

□ **critic**
[ˈkrɪtɪk]
n. 批评家；评论家
记 crit (判断，分辨，评判) + ic (人)→批评家，评论家，吹毛求疵者

例 The critic's criticism was turned against himself. // 批评家的批评反被别人利用来批评他。

□ **critical**
['krɪtɪkl]

adj. 危险的；决定性的
派 criticality *n.* 危险程度
例 critical moment // 关键时刻

□ **criticize**
['krɪtɪsaɪz]

vi. &vt. 批评；评论
英 If you criticize someone or something, you express your disapproval of them by saying what you think is wrong with them.
例 The regime has been harshly criticized for serious human rights violations. // 该政府因为严重侵犯人权而受到强烈指责。

□ **critique**
[krɪ'tiːk]

n. 批评；评论文章
例 He is a figure of critique. He's a figure of satire. // 他是一个备受批评和充满讽刺的人物。

□ **crown**
[kraʊn]

n. 王冠；花冠（有时象征胜利）；王权
例 a Minister of the Crown // 王国政府的大臣

□ **crucial**
['kruːʃl]

adj. 重要的；决定性的
记 cruc（十字形，交叉）+ ial（……的）→十字路口→决定性的
派 crucially *adv.* 至关重要地
例 She broke into the conversation at a crucial moment. // 她在关键时刻打断了谈话。

□ **cursory**
['kɜːrsəri]

adj. 粗略的；草率的
记 curs（跑，发生，快速做……）+ ory（……的）→快速做完→粗略的
派 cursorily *adv.* 粗糙地
例 a cursory glance // 匆匆一瞥

□ **curt**
[kɜːrt]

adj. 简短而失礼的；唐突无礼的
例 Her tone of voice was curt. // 她说话的语气唐突无礼。

□ **curtail**
[kɜːr'teɪl]

vi. &vt. 削减；剥夺（特权、官衔等）
英 If you curtail something, you reduce or limit it.
例 NATO plans to curtail the number of troops being sent to the region. // 北约计划缩减派往该地区的士兵数量。

□ **custom**
['kʌstəm]

n. 习惯

例 The custom of lighting the Olympic flame goes back centuries. // 点燃奥林匹克圣火的习俗可以追溯到几个世纪前。

adj. 定做的；定制的

□ **cynical**
['sɪnɪkl]

adj. 愤世嫉俗的；冷嘲的

例 He was so cynical that he sneered at everything that made life worth living. // 他也太玩世不恭了，凡是对人生有意义的事，他一概加以嘲笑。

□ **earthquake**
['ɜːrθkweɪk]

n. 地震；动乱

□ **eccentric**
[ɪk'sentrɪk]

adj. 古怪的；反常的

派 eccentrically *adv.* 反常地

□ **eclipse**
[ɪ'klɪps]

n. [天]（日、月）食；黯然失色

英 If one thing is eclipsed by a second thing that is bigger, newer, or more important than it, the first thing is no longer noticed because the second thing gets all the attention.

例 The gramophone had been eclipsed by new technology such as the compact disc. // 激光唱片等新技术使留声机黯然失色。

□ **fade**
[feɪd]

vi. 褪去；失去光泽

英 When a colored object fades or when the light fades it, it gradually becomes paler.

例 All colors fade—especially under the impact of direct sunlight. // 所有颜色都会褪色——尤其是在阳光直射下。

□ **Fahrenheit**
['færənhaɪt]

adj. 华氏温度计的

□ **gut**
[gʌt]

adj. 本能的

例 gut feeling // 直觉

n. 内脏

□ **icon**
['aɪkɑːn]

n. 偶像；崇拜对象

例 Only Marilyn has proved as enduring a fashion icon. // 只有玛丽莲是常青的时尚偶像。

□ **idealization**
[aɪˌdiːəlaɪˈzeɪʃn]

n. 理想化；观念化

例 Marie's idealisation of her dead husband // 玛丽对亡夫的理想化描述

□ **identical**
[aɪˈdentɪkl]

adj. 同一的；完全相似的

派 identically *adv.* 同一地

例 Nearly all the faces were identical. // 几乎所有的脸都一模一样。

n. 完全相同的事物；同卵双胞

□ **irradiation**
[ɪˌreɪdiˈeɪʃn]

n. 放射；照射

□ **irrelevant**
[ɪˈreləvənt]

adj. 不相干的

□ **irritant**
[ˈɪrɪtənt]

n. 刺激物

英 If you describe something as an irritant, you mean that it keeps annoying you.

例 Many pesticides are irritants. // 很多杀虫剂都具有刺激性。

adj. 刺激的；有刺激性的

□ **irritate**
[ˈɪrɪteɪt]

vt. 刺激；使兴奋

例 Their attitude irritates me. // 他们的态度激怒了我。

□ **loyalty**
[ˈlɔɪəlti]

n. 忠诚；忠实

□ **lubricant**
[ˈluːbrɪkənt]

n. 润滑油；润滑剂

英 A lubricant is a substance which you put on the surfaces or parts of something, especially something mechanical, to make the parts move smoothly.

例 Its nozzle was smeared with some kind of lubricant. // 它的喷嘴抹了某种润滑油。

Humor is a great lubricant for life. // 幽默是人生的上好润滑剂。

□ **lucrative**
[ˈluːkrətɪv]

adj. 赚钱的；有利可图的

□ **munch**
[mʌntʃ]

vt. 津津有味地嚼

英 If you munch food, you eat it by chewing it slowly, thoroughly, and rather noisily.

例 Sheep were munching their way through a yellow carpet of leaves. // 绵羊边吃边走，穿行在厚厚的一层黄色落叶中间。

□ **municipal**
[mjuˈnɪsəpl]

adj. 市的；市政的

记 muni（社区）+ cip（拿，抓，握住）+ al（……的）→ 抓社区管理的

派 municipally *adv.* 市政上

□ **muscle**
[ˈmʌsl]

n. 肌肉；力量

□ **mussel**
[ˈmʌsl]

n. 淡菜；贻贝；蚌类

英 Mussels are a kind of shellfish that you can eat from their shells.

□ **offend**
[əˈfend]

vt. 触怒；得罪

英 If you offend someone, you say or do something rude which upsets or embarrasses them.

例 He apologizes for his comments and says he had no intention of offending the community. // 他为自己发表的评论道歉并称无意冒犯该社群。

□ **offset**
[ˈɔːfset]

n. 补偿；抵消

例 The increase in pay costs was more than offset by higher productivity. // 提高的生产率抵消了增加的工资成本后仍有结余。

□ **plausible**
[ˈplɔːzəbl]

adj. 貌似有理的；花言巧语的

例 That explanation seems entirely plausible to me. // 那个解释在我看来完全说得通。

□ **pledge**
[pledʒ]

n. 保证；誓言

英 When someone makes a pledge, they make a serious promise that they will do something.

vt. 许诺

英 Mr Dudley has pledged to give any award to charity. // 达德利先生已承诺将所获的任何奖金都捐给慈善机构。

☐ **plentiful**
[ˈplentɪfl]

adj. **丰富的；充沛的**

英 Things that are plentiful exist in such large amounts or numbers that there is enough for people's wants or needs.

例 Fish are plentiful in the lake. // 这个湖里鱼很多。

☐ **pliable**
[ˈplaɪəbl]

adj. **柔韧的；柔顺的**

例 As your baby grows bigger, his bones become less pliable. // 随着宝宝的成长，其骨骼的柔韧性会降低。

☐ **plight**
[plaɪt]

n. **境况；困境**

例 the worsening plight of Third World countries plagued by debts // 受债务困扰的第三世界国家日益加深的苦境

☐ **refuge**
[ˈrefjuːdʒ]

n. **避难；避难所** *vt.* **给予……庇护**

☐ **refuse**
[rɪˈfjuːz]

n. **废物；垃圾**

☐ **refute**
[rɪˈfjuːt]

vt. **驳斥；驳倒**

例 It was the kind of rumor that it is impossible to refute. // 这是那种让人根本没法批驳的谣言。

☐ **revive**
[rɪˈvaɪv]

vi. & vt. **使复苏；（使）苏醒，复活**

例 Could a new business model revive drug discovery? // 新的商业模式能否使药品开发复苏？

☐ **suppose**
[səˈpoʊz]

vi. & vt. **假定；猜想**

派 supposable *adj.* 可假定的

例 I suppose your presence here today is not entirely coincidental. // 我认为你今天来这里不完全是碰巧。

☐ **suppress**
[səˈpres]

vt. **镇压；压制**

派 suppressive *adj.* 抑制的

例 Ultraviolet light can suppress human immune responses. // 紫外线能抑制人体免疫反应。

☐ **supreme**
[suˈpriːm]

adj. **最高的；至上的**

例 the Supreme Court // 最高法院

☐ **surgical**
['sɜːrdʒɪkl]

adj. 外科的；外科手术的

英 Surgical equipment and clothing is used in surgery.

派 surgically *adv.* 外科地

例 an array of surgical instruments // 一批外科手术器械

☐ **surmise**
[sər'maɪz]

vi. & vt. 揣测；臆测

英 If you surmise that something is true, you guess it from the available evidence, although you do not know for certain.

例 There's so little to go on; we can only surmise what happened. // 几乎毫无凭据，我们只能猜测发生了什么。

n. 推测

☐ **surpass**
[sər'pæs]

vt. 超过；优于

例 He was determined to surpass the achievements of his older brothers. // 他决心超越几个哥哥的成就。

☐ **surrender**
[sə'rendər]

vi. & vt. 使投降；使自首

例 The rebels surrendered their weapons. // 反叛者交出了他们的武器。

☐ **surround**
[sə'raʊnd]

vt. 包围，围绕

例 The small churchyard was surrounded by a rusted wrought-iron fence. // 不大的教堂墓地周边围着一圈生锈的熟铁栅栏。

n. 周围的事物

☐ **susceptible**
[sə'septəbl]

adj. 易受影响的；易受感染的

英 If you are susceptible to something or someone, you are very likely to be influenced by them.

例 Young people are the most susceptible to advertisements. // 年轻人最容易受广告的影响。

☐ **suspect**
[sə'spekt]

n. 嫌疑犯   *vt.* 怀疑

☐ **twist**
[twɪst]

vt. 扭成一束；搓

例 Her hands began to twist the handles of the bag she carried. // 她双手开始捻弄手提包的拎带。

☐ **weed**
[wiːd]

n. 杂草；野草

□ **weird**
[wɪrd]

adj. 鬼怪似的；怪诞的；奇怪的

英 If you describe something or someone as weird, you mean that they are strange.

例 Drugs can make you do all kinds of weird things. // 毒品可以让你做出各种各样奇怪的事情。
That first day was weird. // 第一天有些怪异。

Check !

□ reflect	□ gulf	□ weave	□ irony
□ refrain	□ hypothesis	□ supplicant	□ involve
□ sugarcane	□ involuntary	□ superior	□ invoke
□ sulfur	□ ironically	□ sunk cost	□ gush
□ superficial	□ lode	□ sulfide	□ fair
□ assist	□ loophole	□ refurbish	□ exterminate
□ assort	□ multitude	□ refractory	□ dynamic
□ asteroid	□ obtrude	□ plausibility	□ dwell
□ astronomer	□ occupation	□ plate	□ criminal
□ crater	□ pivotal	□ plague	□ credit
□ creed	□ plank	□ pivot	□ crash
□ durable	□ plaudit	□ occasional	□ crime
□ dwindle	□ supersede	□ mummery	□ astonish
□ extent	□ turbulence	□ mourn	□ assume
□ extinct	□ wedge	□ longevity	

Word List
39

扫码关注后回复 70879
免费下载配套音频

看看有没有已经认识的单词

- attain
- attenuate
- attest
- attorney
- attribute
- crude
- cruel
- crumple
- crust
- crystal
- cub
- culminate
- ecology
- edible

- efficient
- effluent
- facile
- facilitate
- faction
- faculty
- identify
- ideology
- idiom
- idiosyncrasy
- isolate
- isotope
- lumber
- luminous

- mustard
- mutate
- mutual
- mystical
- myth
- omit
- on a par with
- on account of
- plow
- pluck
- plummet
- plump
- regard
- regime

- regulate
- suspend
- suspension
- sustain
- swab
- swamp
- sway
- sweat
- swell
- swift
- udder
- ultimate
- welfare
- whale

□ **attain**
[əˈteɪn]

vi. & vt. **达到；获得**

记 at（加强动作）+ tain（拿住）→获得

派 attainable *adj.* 可到达的

例 Jim is halfway to attaining his pilot's licence. // 吉姆就快要拿到飞行员执照了。

□ **attenuate**
[əˈtenjueɪt]

vi. & vt. **减弱**

英 To attenuate something means to reduce it or weaken it.

例 You could never eliminate risk, but preparation and training could attenuate it. // 风险不可能完全消除，但可以通过防范和培训来降低。

adj. **稀薄的**

□ **attest**
[əˈtest]

vi. & vt. **作证；宣称……为真实的**

英 To attest something or attest to something means to say, show, or prove that it is true.

例 Police records attest to his long history of violence. // 警方记录证明他有长期进行暴力活动的前科。

□ **attorney**
[əˈtɜːrni]

n. **代理人；律师**

记 at + torn（转）+ ey→玩得转的人→律师

例 The attorney for the defense challenged the juror. // 被告辩护律师不同意这位陪审员的观点。

□ **attribute**
[əˈtrɪbjuːt]/
[ˈætrɪbjuːt]

vt. **认为……是；把……归于**

记 at（加强动作）+ tribut（给予）+ e→（把原因）给出→归因于

派 attributable *adj.* 可归因于……的

例 The mess was directly attributable to a corrupt and incompetent official. // 某个腐败无能的官员是导致这一烂摊子的罪魁祸首。

n. **属性**

例 Cruelty is a normal attribute of human behavior. // 残忍是人的天性之一。

□ **crude**
[kruːd]

n. **原油** *adj.* **简陋的**

cruel
['kruəl]

adj. 残酷的；残忍的

英 Someone who is cruel deliberately causes pain or distress to people or animals.

例 By a cruel irony, his horse came down on a flat part of the course. // 十分残酷而且极具讽刺意味的是，他的马在赛场的平地上摔倒了。

crumple
['krʌmpl]

vi. & vt. 弄皱；碎裂

英 If you crumple something such as paper or cloth, or if it crumples, it is squashed and becomes full of untidy creases and folds.

例 She crumpled the paper in her hand. // 她把那张纸在手里揉成一团。

n. 压痕

crust
[krʌst]

n. 硬外皮；地壳

crystal
['krɪstl]

n. 结晶，晶体；水晶

cub
[kʌb]

n. 幼小的兽；新手

culminate
['kʌlmɪneɪt]

vi. 到绝顶；达到高潮

派 culmination *n.* 顶点

例 The Christmas party culminated in the distribution of presents. // 圣诞晚会在分发礼物时达到最高潮。 This is the culmination of a struggle that has lasted more than a decade. // 通向奋斗顶点的过程超过 10 年之久。

ecology
[ɪ'kɑːlədʒi]

n. 生态学；社会生态学

记 eco（生态，经济）+ ology（学科）→生态学

派 ecological *adj.* 生态（学）的

edible
['edəbl]

adj. 可以吃的；可食用的

例 edible fungi // 食用菌

efficient
[ɪ'fɪʃənt]

adj. 有效率的；(直接) 生效的

记 ef（出）+ fici（做，制作）+ ent（……的）→能做出事来→有效的

□ effluent
['efluənt]

n. （注入河里等的）污水，工业废水

英 Effluent is liquid waste material that comes out of factories or sewage works.

例 The effluent from the factory was dumped into the river. // 那家工厂的废水被排入河中。

□ facile
['fæsl]

adj. 轻率做出的；不动脑筋的

英 If you describe someone's arguments or suggestions as facile, you are criticizing them because their ideas are too simple and indicate a lack of careful, intelligent thinking.

例 The subject of racism is admittedly too complex for facile summarization. // 不可否认，种族主义这个话题太过复杂，不可能一言以蔽之。

□ facilitate
[fə'sɪlɪteɪt]

vt. 促进；帮助

记 fac(做，制作) + ilitate(能够)→使能够做→促进

派 facilitative *adj.* [医] 促进的；助长的

例 The new Disney Land will facilitate the development of tourism. // 新迪士尼乐园将促进旅游业的发展。

□ faction
['fækʃn]

n. 派系；内讧

英 A faction is an organized group of people within a larger group, which opposes some of the ideas of the larger group and fights for its own ideas.

例 A peace agreement will be signed by the leaders of the country's warring factions. // 该国各敌对派系领导人将签署和平协议。

□ faculty
['fæklti]

n. 机能；能力

英 Your faculties are your physical and mental abilities.

例 The faculty agreed on a change in the requirements. // 全体教师一致同意修改规定。

□ identify
[aɪ'dentəfaɪ]

vt. 确认；识别

例 There are a number of distinguishing characteristics by which you can identify a Hollywood epic. // 好莱坞的史诗大片有许多与众不同的特点。

□ ideology
[ˌaɪdi'ɑːlədʒi]

n. 意识形态

派 ideological *adj.* 意识形态的

例 capitalist ideology // 资本主义意识形态

□ **idiom**
['ɪdiəm]

n. 习语；惯用语

□ **idiosyncrasy**
[ˌɪdiou'sɪŋkrəsi]

n. （某人特有的）气质；习性

英 If you talk about the idiosyncrasies of someone or something, you are referring to their rather unusual habits or characteristics.

例 Everyone has a few little idiosyncrasies. // 每个人都有点小嗜好。

□ **isolate**
['aɪsəleɪt]

vt. 使孤立；使脱离

例 This policy could isolate the country from the other permanent members of the United Nations Security Council. // 这一政策可能会使该国孤立于联合国安全理事会其他常任理事国之外。

□ **isotope**
['aɪsətoʊp]

n. [化] 同位素

□ **lumber**
['lʌmbər]

vi. & vt. （缓慢而笨拙地）挪动

例 He turned and lumbered back to his chair. // 他转过身来，蹒跚着走回到椅子边坐下。

n. 木材

□ **luminous**
['lu:mənəs]

adj. 发光的；明亮的

例 one of the most luminous and unstable stars in our Galaxy // 银河系里最明亮、最不稳定的恒星之一

□ **mustard**
['mʌstərd]

n. 芥末

□ **mutate**
['mju:teɪt]

vi. & vt. （使某物）变化；突变

派 mutation *n.* 变化

□ **mutual**
['mju:tʃuəl]

adj. 相互的；共同的

例 The East and the West can work together for their mutual benefit and progress. // 东西方可以为彼此共同的利益和发展而合作。

□ **mystical**
['mɪstɪkl]

adj. 神秘的

例 ancient Egyptian magical and mystical beliefs // 古埃及巫术和神秘主义的信仰

☐ **myth**
[mɪθ]

n. 神话；神怪故事

例 There is a famous Greek myth in which Icarus flew too near to the Sun. // 有一个著名的希腊神话，讲的是伊卡洛斯飞得离太阳太近的故事。

☐ **omit**
[oʊˈmɪt]

vt. 省略；遗漏

例 Omit the salt in this recipe. // 省略菜谱中放盐这一步。

☐ **on a par with**

与……一样

☐ **on account of**

由于；因为

例 The old worker retired on account of age. // 老工人因年老而退休。

☐ **plow**
[plaʊ]

n. 犁 *vt.* 耕；犁耕

☐ **pluck**
[plʌk]

n. 勇气；精神

例 Little companies are known for their pluck and perseverance, even in the face of a recession. // 小公司的勇气和坚毅是出了名的，即使面对经济衰退也是如此。

vt. 拔掉；采摘

例 I plucked a lemon from the tree. // 我从树上采了一个柠檬。

☐ **plummet**
[ˈplʌmɪt]

n. 重锤；坠子

☐ **plump**
[plʌmp]

adj. 丰满的；肥胖的

例 Maria was small and plump with a mass of curly hair. // 玛丽亚身材矮小丰满，一头卷发。

☐ **regard**
[rɪˈɡɑːrd]

vt. 认为；注视

英 If you regard someone or something as being a particular thing or as having a particular quality, you believe that they are that thing or have that quality.

例 He was regarded as the most successful Chancellor of modern times. // 他被认为是现代最为成功的财政大臣。

I have a very high regard for him and what he has achieved. // 我非常钦佩他的为人和成就。

□ **regime**
[reɪˈʒiːm]

n. 政治制度；政权；管理

记 reg（统治）+ ime→统治（体系）→政体，政权，政权制度

派 regiment *n.* （军队的）团

例 the collapse of the Fascist regime at the end of the war // 在战争末期法西斯政权的倒台
robust food, good enough to satisfy a regiment of hungry customers // 可以满足一大批饥饿的顾客的高能量食品

□ **regulate**
[ˈreɡjəleɪt]

vt. 调节；调整；校准

记 regul（统治，规定）+ ate（表动词）→管制，控制，调节，校准

派 regulative *adj.* 调整的，调节的

例 The powers of the European Commission to regulate competition are increasing. // 欧盟委员会对竞争的监管权越来越大。

□ **suspend**
[səˈspend]

vi. & *vt.* 暂停；悬

例 The union suspended strike action this week. // 这周工会暂停了罢工。

□ **suspension**
[səˈspenʃn]

n. 悬挂；暂停；中止

记 suspense（*v.* 担心；悬而不决）+ ion（表名词）→ *n.* 悬挂，暂停，停职；悬［置］架

例 The athlete received a one-year suspension following a positive drug test. // 该运动员因药检结果呈阳性而被停赛一年。

□ **sustain**
[səˈsteɪn]

vt. 支撑；承受

记 sus（下面）+ tain（握住）→在下面握住→支撑

派 sustainable *adj.* 可持续的

例 He sustained his social conscience. // 他保持了他的社会良知。

□ **swab**
[swɑːb]

n. 医用海绵；纱布 *vt.* 擦净

例 I swab the floor everyday. // 我每天都要擦地板。

□ **swamp**
[swɑːmp]

vi. & *vt.* 淹没

例 He is swamped with work. // 他工作忙得不可开交。

n. 湿地；沼泽（地）

□ **sway**
[sweɪ]

vi. & vt. **使前后或来回摇摆；使倾斜**

英 When people or things sway, they lean or swing slowly from one side to the other.

例 The people swayed back and forth with arms linked. // 人们手挽手，前后摇晃着。

□ **sweat**
[swet]

vi. & vt. **流汗；渗出**

例 Already they were sweating as the sun beat down upon them. // 在阳光的强烈照射下他们已经汗流浃背。

□ **swell**
[swel]

n. **肿胀**

例 When you develop a throat infection or catch a cold, the glands in the neck swell up. // 当咽喉感染或感冒时，扁桃腺就会肿起来。

□ **swift**
[swɪft]

adj. **快速的；快捷的**

例 The police were swift to act. // 警方行动迅速。

□ **udder**
[ˈʌdər]

n. **（牛、羊等的）乳房**

□ **ultimate**
[ˈʌltəmɪt]

adj. **最后的；首要的**

派 ultimately *adv.* 最后

例 The ultimate aim is to expand the network further. // 最终目的是为了进一步拓展该网络。

n. **顶点**

□ **welfare**
[ˈwelfer]

n. **福利**

例 I do not think he is considering Emma's welfare. // 我认为他没有考虑到埃玛的幸福。

□ **whale**
[weɪl]

n. **[动] 鲸；鲸鱼；巨大的事物**

例 I had a whale of a time in Birmingham. // 我在伯明翰度过了很长一段时间。

Check!

- custom
- earthquake
- eclipse
- Fahrenheit
- icon
- identical
- irrelevant
- irritate
- lubricant
- munch
- muscle
- offend
- plausible
- plentiful
- plight
- refuse

- atherosclerosis
- athlete
- atom
- attach
- criterion
- critical
- critique
- crucial
- curt
- revive
- suppress
- surgical
- surpass
- surround
- suspect
- weed

- weird
- twist
- susceptible
- surrender
- surmise
- supreme
- suppose
- refute
- refuge
- pliable
- pledge
- offset
- mussel
- municipal
- lucrative
- loyalty

- irritant
- irradiation
- idealization
- gut
- fade
- eccentric
- cynical
- curtail
- cursory
- crown
- criticize
- critic
- crisis
- atrophy
- atmospheric

阅读中常见的背景故事

几位常出现的历史人物

杜波依斯（W. E. B. Du Bois）：

1868 年出生于马萨诸塞州的大巴灵顿，是第一个获得哈佛大学博士学位的非裔美国人。1903 年出版了其最著名的作品《黑人的灵魂》（*The Souls of Black Folk*）。在 1903 年发表的《黑人问题》中，杜波伊斯批判了华盛顿对黑人进行工艺教育的主张。杜波伊斯主张，黑人中有才能的十分之一应接受大学教育，使他们成为整个黑人种族的领袖。

杜波依斯毕生致力于美国和非洲黑人的解放运动，故而称他为 20 世纪上半叶最有影响的黑人知识分子毫不为过。

乔治·华盛顿（George Washington）：

美国首任总统，美国独立战争大陆军总司令。1787 年他主持了制宪会议，制定了现在的美国宪法。1789 年，经过全体选举团无异议的支持他成为美国第一任总统。1793 年连任，在两届任期结束后，他自愿放弃权力不再续任，隐退于弗农山庄园。由于他在美国独立战争和建国中扮演了最重要的角色，故被尊称为"美国国父"。

华盛顿在任期内有许多的第一，比如：签署《银行法》（*Bank Act of 1791*），颁发许可证给北美银行，使其成为第一家近代的私营商业银行；签署 1792 年《铸币法》（*Coinage Act of 1792*），规定了美国的硬币铸币标准；签署《海军法》（*Naval Act of 1794*），创立了美国海军等。

弗罗伦斯·南丁格尔（Florence Nightingale）：

世界上第一个真正的女护士。南丁格尔年轻时，过着十分优越的上流社会的生活，随时有人服侍，但是她的内心非常空虚，直到她决定从事为人服务的护士工作时，她才感到生命真正的意义。19 世纪 50 年代，英国的战地战士死亡率高达 42%，南丁格尔主动申请，自愿担任战地护士。她竭尽全力排除各种困难，为伤员解决必需的生活用品和食品，对他们进行认真的护理。仅仅半年左右的时间伤病员的死亡率就下降到 2.2%。每个夜晚，她都手执风灯巡视，伤病员们亲切地称她为"提灯女神"。战争结束后，南丁格尔回到英国，用政府奖励的 4 000 多英镑创建了世界上第一所正规的护士学校。不幸的是，她在 1901 年因操劳过度而双目失明，1910 年 8 月 13 日，南丁格尔在睡眠中逝世，享年 90 岁。

Word List
40

扫码关注后回复 70879
免费下载配套音频

看看有没有已经认识的单词

- ☐ audaciously
- ☐ aura
- ☐ authenticate
- ☐ authority
- ☐ authorize
- ☐ avarice
- ☐ avenge
- ☐ awkward
- ☐ Aztec
- ☐ culpable
- ☐ culprit
- ☐ cult
- ☐ cultivate
- ☐ culvert
- ☐ curb
- ☐ curiosity
- ☐ currency

- ☐ eject
- ☐ elaborate
- ☐ elect
- ☐ extract
- ☐ extrapolate
- ☐ extrasensory
- ☐ extricable
- ☐ fabric
- ☐ fabricate
- ☐ fabulous
- ☐ ignite
- ☐ ignore
- ☐ illegible
- ☐ issue
- ☐ ivory
- ☐ lush
- ☐ luster

- ☐ naive
- ☐ opaque
- ☐ penetrate
- ☐ plunge
- ☐ plywood
- ☐ pod
- ☐ poignant
- ☐ poise
- ☐ poison
- ☐ rehabilitate
- ☐ rehearse
- ☐ reign
- ☐ swine
- ☐ swing
- ☐ switch
- ☐ synchronize

- ☐ symbolic
- ☐ symmetry
- ☐ sympathize
- ☐ symptom
- ☐ syndrome
- ☐ synonym
- ☐ synopsis
- ☐ syntactic
- ☐ syntax
- ☐ synthesize
- ☐ taboo
- ☐ tacit
- ☐ ultraviolet
- ☐ unaccompanied
- ☐ wharf
- ☐ wheat

□ **audaciously**
[ɔːˈdeɪʃəsli]

adv. 无畏地；放肆地

派 audacity *n.* 厚颜无耻

例 The insurgents audaciously sent their patrols outside the barricades. // 起义的人大胆地派遣了巡逻队到街垒外面去巡逻。

□ **aura**
[ˈɔːrə]

n. 气氛；气味

例 Rows of plants and crafts adorned the shelves, and two fireplaces added to the romantic aura. // 用植物和工艺品装饰架子，还有两个壁炉增加了浪漫的气氛。

□ **authenticate**
[ɔːˈθentɪkeɪt]

vt. 证明是真实的、可靠的或有效的

英 If you authenticate something, you state officially that it is genuine after examining it.

派 authentication *n.* 证明

例 He says he'll have no problem authenticating the stamp. // 他说自己可以对这枚邮票进行鉴定。

□ **authority**
[əˈθɔːrəti]

n. 权威；权力

例 He disrespected all authority figures. // 他蔑视所有权威人物。

□ **authorize**
[ˈɔːθəraɪz]

vt. 授权；批准

例 *The Small Business Act* of 1953 authorized the Small Business Administration (SBA) to enter into contracts. // 1953 的《小企业法案》授权小企业管理局（SBA）负责签订合同。

□ **avarice**
[ˈævərɪs]

n. 贪婪

英 Avarice is extremely strong desire for money and possessions.

例 He paid a month's rent in advance, just enough to satisfy the landlord's avarice. // 他预交了一个月的房租，正好满足房东的贪心。

□ **avenge**
[əˈvendʒ]

vt. 为……复仇；为……报复

英 If you avenge a wrong or harmful act, you hurt or punish the person who is responsible for it.

例 She had decided to avenge herself and all the other women he had abused. // 她决定为自己和所有其他被他侮辱的女性报仇。

□ **awkward**
['ɔ:kwərd]

adj. 笨拙的；令人尴尬的

□ **Aztec**
['æztek]

n. 阿芝台克人；阿芝台克语

□ **culpable**
['kʌlpəbl]

adj. 应受谴责的；应受处罚的

英 If someone or their conduct is culpable, they are responsible for something wrong or bad that has happened.

例 Their decision to do nothing makes them culpable. // 他们不采取任何行动的决定使他们难辞其咎。

□ **culprit**
['kʌlprɪt]

n. 犯人；罪犯

例 About 10% of Chinese teenagers are overweight. Nutritionists say the main culprit is increasing reliance on Western fast food. // 大约10%的中国青少年超重。营养学家指出主要原因是对西式快餐越来越依赖。

□ **cult**
[kʌlt]

n. 祭仪（尤其指宗教上的）；礼拜；狂热信徒

例 The Israelite cult is strikingly similar, particularly in the sacrifices I've just described. // 以色列宗教仪式很明显类似于我刚刚我说的那些献祭活动。

□ **cultivate**
['kʌltɪveɪt]

vt. 培养；培育

例 Cultivating a positive mental attitude towards yourself can reap tremendous benefits. // 培养一种自信的积极心态会让你受益匪浅。

□ **culvert**
['kʌlvərt]

n. 排水管；阴沟

例 After days of hard work, the culvert was at last completed. // 经过几天的苦战，终于把涵洞修好了。

□ **curb**
[kɜ:rb]

vt. 控制；勒住

例 I could not curb my anger. // 我按捺不住我的愤怒。

curiosity
[ˌkjʊrɪˈɑːsəti]

n. **好奇；好奇心**

记 curi（= cure 关心）+ osity（多……的状态）→ 关心多→好奇心

例 The rumors excite her curiosity. // 谣言引起了她的好奇心。

currency
[ˈkɜːrənsi]

n. **货币；通用**

例 His theory of the social contract had wide currency in America. // 他的社会契约论在美国广为认可。

eject
[ɪˈdʒekt]

vt. **喷出；驱逐**

派 ejection *n.* 射出

英 If you eject someone from a place, you force them to leave.

例 Officials used guard dogs to eject the protesters. // 官员们用警犬驱散抗议人群。

vi. **弹射出**

elaborate
[ɪˈlæbərɪt] /
[ɪˈlæbəreɪt]

vi. & *vt.* **详细制定**

英 If you elaborate a plan or theory, you develop it by making it more complicated and more effective.

记 e（出，出来）+ labor（劳动）+ ate（做）→劳动出来→精心制作的

例 His task was to elaborate policies which would make a market economy compatible with a clean environment. // 他的任务是制定详细政策，使得市场经济和清洁环境能够共存。

adj. **精心制作的；详尽的**

例 The most elaborate Easter eggs are not even real eggs. // 最精心制作的复活节彩蛋甚至不是真蛋。

elect
[ɪˈlekt]

vi. & *vt.* **选举；挑出**

派 electable *adj.* 有候选资格的

extract
[ɪkˈstrækt] /
[ˈekstrækt]

vt. **提取**

派 extraction *n.* 抽出

n. **摘录**

□ **extrapolate**
[ɪks'træpəleɪt]

vt. 外推；推断

记 extra（以外，超过）+ polate（放）→ 放到（事实）外→推断

派 extrapolation *n.* 推断

例 extrapolate public opinion from the public's known reactions to other issues // 从公众对其他问题的已知反应来推测民意

□ **extrasensory**
[ˌekstrə'sensəri]

adj. 超感官的

例 They are also said to have an extrasensory function, playing a part in empathic and instinctive responses. // 据说它们具有超感官作用，参与情感置入和本能反应。

□ **extricable**
['ekstrɪkəbl]

adj. 可救出的；可解救的

例 I want to help them find some extricable approaches. // 我想要帮助他们找到一些有效的方法。

□ **fabric**
['fæbrɪk]

n. 织物；布

例 small squares of red cotton fabric // 小块方形红棉布

□ **fabricate**
['fæbrɪkeɪt]

vt. 制造；捏造

例 All the tools are fabricated from high-quality steel. // 所有工具均由精钢制成。

All four claim that officers fabricated evidence against them. // 4 人全都声称警察捏造证据陷害他们。

□ **fabulous**
['fæbjələs]

adj. 惊人的；难以置信的

记 fabul（= fable *n.* 寓言）+ ous（……的）→ *adj.* 极好的；极为巨大的；寓言中的，传说中的

例 Today's weather is fabulous; the PM 2.5 index is only 125. // 今天天气真好啊，PM 2.5 指数才 125。

□ **ignite**
[ɪg'naɪt]

vi. & vt. 点燃；使激动

例 The bombs ignited a fire which destroyed some 60 houses. // 炸弹引发的大火烧毁了大约 60 栋房屋。

There was one teacher who really ignited my interest in words. // 曾经有一位老师真正激起了我对文字的兴趣。

☐ **ignore**
[ɪɡˈnɔːr]

vt. 忽视；不顾；[法律] 驳回（诉讼）

例 The government had ignored his views on the subject. // 政府没有理睬他对这一问题的看法。

☐ **illegible**
[ɪˈledʒəbl]

adj. 字迹模糊的；难辨认的

英 Writing that is illegible is so unclear that you cannot read it.

记 il（不）+ legible（清晰的）→不清晰的→难以辨认的

☐ **issue**
[ˈɪʃuː]

n. 问题；（报刊的）期，号；发行物

☐ **ivory**
[ˈaɪvəri]

n. 象牙；象牙制品

☐ **lush**
[lʌʃ]

adj. 苍翠繁茂的；多汁的

派 lushly *adv.* 繁荣地

☐ **luster**
[ˈlʌstər]

n. 光泽；光彩

例 The chair has a metallic luster. // 这把椅子有金属光泽。

☐ **naive**
[nɑːˈiːv]

adj. 天真的；幼稚的

例 It's naive to think that teachers are always tolerant. // 认为老师们总那么宽容是幼稚的。

☐ **opaque**
[oʊˈpeɪk]

adj. 不透明的；无光泽的

例 You can always use opaque glass if you need to block a street view. // 如果你不想从室内看到街景的话，可以使用不透明玻璃。

☐ **penetrate**
[ˈpenətreɪt]

vi. & vt. 穿透；穿过

☐ **plunge**
[plʌndʒ]

vi. & vt. 投入；下降

例 A soldier plunged a bayonet into his body. // 一名士兵将刺刀插进了他的身体。

□ **plywood**
['plaɪwʊd]

n. 胶合板

记 ply（重叠，重复）+ wood（木材）→ 木材重叠 → 合板

□ **pod**
[pɑːd]

n. 荚；豆荚

□ **poignant**
['pɔɪnjənt]

adj. （气味）浓烈的；辛酸的

英 Something that is poignant affects you deeply and makes you feel sadness or regret.

派 poignancy *n.* 辛辣

例 a poignant love story of an otaku // 一个御宅族辛酸的爱情故事

□ **poise**
[pɔɪz]

n. （优雅的）姿势；姿态

□ **poison**
['pɔɪzn]

n. 毒药

派 poisoner *n.* 放毒者

□ **rehabilitate**
[ˌriːhə'bɪlɪteɪt]

vt. 使康复；修复；使恢复名誉

例 Ten years later, Dreyfus was rehabilitated. // 10 年之后，德雷福斯的冤情得以昭雪。

□ **rehearse**
[rɪ'hɜːrs]

vi. & vt. 排练；排演；背诵

英 When people rehearse a play, dance, or piece of music, they practice it in order to prepare for a performance.

例 Anticipate any tough questions and rehearse your answers. // 预先考虑可能遇到的各种棘手问题，并且自己练习回答。

□ **reign**
[reɪn]

vt. 占优势

英 If you say, for example, that silence reigns in a place or confusion reigns in a situation, you mean that the place is silent or the situation is confused.

例 Confusion reigned about how the debate would end. // 在这一争论如何结束的问题上人们陷入了混乱。

vi. 当政；统治　*n.* 君主的统治

□ **swine**
[swaɪn]

n. 猪

派 swinish *adj.* 猪一般的

例 swine flu // 猪流感

swing
[swɪŋ]

vi. & vt. （使）摇摆；（使）摇荡

英 If something swings or if you swing it, it moves repeatedly backwards and forwards or from side to side from a fixed point.

例 The sail of the little boat swung crazily from one side to the other. // 小船的帆猛烈地左右摇摆着。

n. 摆动；秋千

例 a woman in a tight red dress, walking with a slight swing to her hips // 身着红色紧身连衣裙、走路时臀部来回轻微扭动的女人

switch
[swɪtʃ]

n. 开关；转换

例 a light switch // 电灯开关

synchronize
[ˈsɪŋkrənaɪz]

vi. & vt. （使）同步；（使）同时

例 It was virtually impossible to synchronize our lives so as to take holidays and weekends together. // 想让我们的生活步调保持一致好一起去度假和过周末几乎是不可能的事。

symbolic
[sɪmˈbɑːlɪk]

adj. 象征的；象征性的

英 If you describe an event, action, or procedure as symbolic, you mean that it represents an important change, although it has little practical effect.

例 A lot of Latin-American officials are stressing the symbolic importance of the trip. // 许多拉丁美洲的官员都在强调此行的重要象征意义。

symmetry
[ˈsɪmɪtri]

n. 对称；对称美

例 I loved the house because it had perfect symmetry. // 我喜欢这所房子，因为它非常对称。

sympathize
[ˈsɪmpəθaɪz]

vi. 同情；怜悯

英 If you sympathize with someone who is in a bad situation, you show that you are sorry for them.

例 I must tell you how much I sympathize with you for your loss, Professor. // 教授，我必须告诉您我对您遭受的损失深表同情。

symptom
[ˈsɪmptəm]

n. 症状；征兆

例 One of the most common symptoms of schizophrenia is hearing imaginary voices. // 精神分裂症的最常见的一个症状就是幻听。

□ **syndrome**
['sɪndroʊm]

n. 综合征

记 syn（共同）+ drom（跑）+ e→跑到一起→综合征

派 syndromic（*adj.* 综合病征的）

□ **synonym**
['sɪnənɪm]

n. 同义词

□ **synopsis**
[sɪ'nɑːpsɪs]

n. 大纲；摘要

例 For each title there is a brief synopsis of the book. // 每本书都对应一个简短的介绍。

□ **syntactic**
[sɪn'tæktɪk]

adj. 句法的

□ **syntax**
['sɪntæks]

n. 句法

□ **synthesize**
['sɪnθɪsaɪz]

vi. & vt. 综合；人工合成

记 syn（共同，相同）+ thes（= thesis 放）+ ize（表动词）→放到一起→综合

例 A vitamin is a chemical compound that cannot be synthesized by the human body. // 维生素是一种人体无法合成的化合物。

□ **taboo**
[tə'buː]

n. 禁忌；忌讳

英 If there is a taboo on a subject or activity, it is a social custom to avoid doing that activity or talking about that subject, because people find them embarrassing or offensive.

例 The topic of addiction remains something of a taboo. // 毒瘾仍然是个有些忌讳的话题。

□ **tacit**
['tæsɪt]

adj. 默认的；默许的；不言而喻的

英 If you refer to someone's tacit agreement or approval, you mean they are agreeing to something or approving it without actually saying so, often because they are unwilling to admit to doing so.

例 The question was a tacit admission that a mistake had indeed been made. // 问这个问题实际上等于默认确实出了差错。

□ **ultraviolet**
[ˌʌltrə'vaɪələt]

adj. 紫外线的　　*n.* 紫外光

□ **unaccompanied**
[ˌʌnəˈkʌmpəniːd]

adj. 无人陪伴的

例 Unaccompanied bags are either searched or removed. // 单独运送的包裹或是遭到搜查，或是被搬走。

□ **wharf**
[wɔːrf]

n. 码头；停泊处

例 They'd already driven along the wharf so that she could point out her father's boat. // 他们已经开车沿码头走了一遍，好让她指出哪艘是她父亲的船。

□ **wheat**
[wiːt]

n. 小麦

Check !

□ crystal	□ attenuate	□ whale	□ mustard
□ culminate	□ attorney	□ welfare	□ lumber
□ edible	□ crude	□ udder	□ isolate
□ effluent	□ crumple	□ swell	□ idiom
□ facilitate	□ on account of	□ sway	□ identify
□ faculty	□ pluck	□ swab	□ faction
□ ideology	□ plump	□ suspension	□ facile
□ idiosyncrasy	□ regime	□ regulate	□ efficient
□ isotope	□ suspend	□ regard	□ ecology
□ luminous	□ sustain	□ plummet	□ cub
□ mutate	□ swamp	□ plow	□ crust
□ mystical	□ sweat	□ on a par with	□ cruel
□ omit	□ swift	□ myth	□ attribute
□ attain	□ ultimate	□ mutual	□ attest

附录 GMAT 数学常见词汇

Algebra & arithmetic terms:
abscissa 横坐标
absolute value 绝对值
add (addition) 加
algebra 代数
algebraic expression 代数式
approximate 近似
arithmetic mean 算术平均值
arithmetic progression (sequence) 等差数列
average value 算术平均值
bar graph 柱图
binomial 二项式
coefficient 系数
combination 组合
common divisor 公约数
common factor 公因子
common logarithm 常用对数
common multiple 公倍数
common ratio 公比
complementary function 余函数
complete quadratic equation 完全二次方程
complex conjugate 复共轭
complex fraction 繁分数
complex number 复数
composite number 合数
consecutive even (odd) integer 连续偶 (奇) 数
consecutive number 连续整数
constant 常数
coordinate system 坐标系
cross multiply 交叉相乘
decimal arithmetic 十进制运算

decimal fraction 纯小数
decimal point 小数点
decimal system/decimal scale 十进制
decimal 小数
denominator 分母
difference 差
differential 微分
direct proportion 正比
distinct 不同的
divide 除
divided evenly 被整除
dividend 被除数，红利
divisible 可被整除的
division sign 除号
division 除法
divisor 因子，除数
domain 定义域
endpoint 端点
equation of the first degree 一次方程
equation 方程
equivalence relation 等价关系
equivalent equation 等价方程式
equivalent fractions 等值分数
estimation 近似
even integer/number 偶数
exponent 指数，幂
factor 因子
factorable quadratic equation 可因式分解的二次方程
factorial 阶乘
factorization 因式分解
frequency distribution 频率分布
geometric mean 几何平均数
graph theory 图论

improper fraction 假分数

incomplete quadratic equation 不完全二次方程

independent events 相互独立事件

inequality 不等式

infinite decimal 无穷小数

infinitesimal calculus 微积分

infinitesimal 无穷小

infinity 无穷大

integerable 可积分的

integral domain 整域

integral 积分

integrand 被积函数

integrating factor 积分因子

inverse function 反函数

inverse proportion 反比

inverse/reciprocal 倒数

irrational number 无理数

least common denominator 最小公分母

least common multiple 最小公倍数

like terms 同类项

linear 线性的

literal coefficient 字母系数

mean 平均数

median 中数

minor 子行列式

minuend 被减数

mixed decimal 混合小数

mixed number 带分数

mode 众数

monomial 单项式

multiplicand 被乘数

multiplication 乘法

multiplier 乘数

mutually exclusive 互相排斥

natural logarithm 自然对数

natural number 自然数

negative (positive) number 负 (正) 数

nonnegative 非负数

null set (empty set) 空集

number line 数轴

number theory 数论

numerator 分子

numerical analysis 数值分析

ordinal 序数

ordinary scale 十进制

ordinate 纵坐标

original equation 原方程

parentheses 括号

percentage 百分比

permutation 排列

polynomial 多项式

power 乘方

prime factor 质因子

prime number 质数

probability 概率

product 积

progression 数列

proper fraction 真分数

proper subset 真子集

proportion 比例

quadrant 象限

quadratic equation 二次方程

quarter 四分之一

radical sign 根号

range 值域

ratio 比率

real number 实数

recurring decimal 循环小数

root sign 根号

root 根

round off 四舍五入

round to 四舍五入

sequence 数列

similar terms 同类项

simple fraction/common fraction 简分数

standard deviation 标准方差

subtrahend 被减数

tens 十位

tenths 十分位

trinomial 三相式

union 并集

unit 单位

units 个位

weighted average 加权平均值

whole number 整数

yard 码

Geometry terms:

acute angle 锐角

adjacent angle 邻角

adjacent vertices 相邻顶点

alternate angel 内错角

altitude 高

angle bisector 角平分线

arc 弧

arm 直角三角形的股

bisect 角平分线

central angle 圆心角

chord 弦

circle graph 扇面图

circle 圆

circular cylinder 圆柱体

circumference (perimeter) 周长

circumscribe 外切

clockwise 顺时针方向

complementary angle 余角

complex plane 复平面

concentric circles 同心圆

cone 圆锥 ($V = \dfrac{1}{3}\pi r^2 h$)

congruent 全等的

convex (concave) polygon 凸 （凹）多边形

corresponding angle 同位角

counterclockwise 逆时针方向

cube 立方体

decagon 十边形

diagonal 对角线

diameter 直径

edge 棱

equilateral triangle 等边三角形

extent 维数

exterior (interior) angle 外角/内角

exterior angles on the same side of the transversal 同旁外角

hexagon 六边形

hypotenuse 三角形的斜边

included angle 夹角

inscribe 内切

inscribed triangle 内接三角形

intercept 截距

intersect 相交

isosceles triangle 等腰三角形

midpoint 中点

minor axis 短轴

nonagon 九边形

oblateness (ellipse) 椭圆

oblique 斜三角形

obtuse angle 钝角

octagon 八边形

origin 原点

parallel lines 平行线

parallelogram 平行四边形

pentagon 五边形

perpendicular 垂直的

pie chart 扇图

plane geometry 平面几何

polygon 多边形

pythagorean theorem 勾股定理

quadrihedron 三角锥

quadrilateral 四边形

radius 半径

rectangle 长方形

rectangular solid/polyhedron 正多

面体

regular polygon 正多边形

regular prism 正棱柱

regular pyramid 正棱锥

rhombus 菱形

right angle 直角

right circular cylinder 直圆柱体

right triangle 直角三角形

scalene cylinder 斜柱体

scalene triangle 不等边三角形

segment of a circle 弧形

semicircle 半圆

side 边长

slope 斜率

solid 立体

sphere 球体（S＝4πr², V＝$\frac{4}{3}$πr³）

square 正方形，平方

straight angle 平角 （180°）

supplementary angle 补角

trapezoid 梯形

vertical angle 对顶角

volume 体积

width 宽

Word problem terms：

apiece 每人

brace 双

cardinal 基数

cent 美分

common year 平年

compounded interest 复利

cumulative graph 累计图

decrease by 减少了

decrease to 减少到

depth 深度

dime 一角

discount 折扣

down payment 定金，预付金

dozen 一打

Fahrenheit 华氏温度

foot 英尺

gallon ＝ 4 quarts 加仑

gross ＝ 12 dozens 罗

intercalary year （leap year）闰年

interest 利息

margin/profit 利润

nickel 五美分

penny 一美分

per capita 每人

pint 品脱

retail price 零售价

score 二十

simple interest 单利

索 引